グローバル化の主役は、
どのように「モノ」から
「情報」になったのか？

物流の世界史

マルクス・レヴィンソン 著
田辺希久子 訳

Outside the Box
How Globalization Changed
from Moving Stuff
to Spreading Ideas

ダイヤモンド社

OUTSIDE THE BOX
by Marc Levinson

はじめに

　2006年8月16日午後5時30分、5隻のタグボートがエマ・マースク号をオーデンセ造船所から導き出し、後ろ向きに沖へと曳いていった。船は新しかろうが古かろうが、前進するものであって後ろに進むものではない。

　だがエマ・マースクはすべてが異例だった。全長はサッカー場四つ分、キールから甲板までの深さは35メートル弱。ライトブルーの船体はあまりに巨大で、水深の浅いオーデンセ・フィヨルドを抜け出すのは容易でない。ガベットの隘路をなんとか抜けて、フィヨルドから水深のふかい外海へと進んでいくと、浜辺に集まった何千ものデンマーク人たちの目の前に見事な光景が広がった。進水したその日、貨物も燃料も積んでいないエマ号は水面から高く浮き上がり、喫水線より下の白い船腹を露出させ、波の下で音もなく回転するはずの巨大な銅合金のスクリュープロペラも水面に顔を出していた。誰もがニュースで知っていたとおり、それはかつて製造されたもののなかで最大のプロペラだった。

　エマ号にはグローバル化への期待が託されていた。デンマークの由緒ある海運コングロマリット、Ａ・Ｐ・モラー・マースクの子会社マースクラインが所有するこの船を前にす

i

ると、半世紀におよぶコンテナ船の歴史に登場したどんな船も小さく見える。一握りの石油タンカーを除けば、これほど巨大な船はかつてなかった。エマ号とそれに続く7隻の同型船の建造費は、従来のコンテナ船を大きく上回る1隻当たり1億5400万ドルという高額だったが、それでも安上がりに思えた。一連の新型船が貨物を満載すれば、どんな船より国際物流を低コストにできるからだ。世界経済が拡大して長距離貿易が増えれば、こうしたコスト優位がシェア拡大につながるはずと、マースクラインの経営陣は計算していた。

コンテナ船はグローバル化の強力な担い手として、洗濯機から古紙に至るあらゆる貨物を入れた鉄の箱「コンテナ」を積み込み、遠く離れた港と港を結ぶ定期航路を展開している。貨物はそこからさらにトラック、列車、バージ船などに積み替えられ、何キロも内陸の都市まで運ばれる。急いで送りたいもの、あるいはダイヤモンドやディスクドライブのように高価な国際貨物なら空路が普通だが、それ以外の工業製品や農産物の多くは、長さ40フィート・幅8フィートの標準コンテナで運ばれる。20世紀最後の数十年間に、コンテナのおかげで物をどこで製造し、どこで栽培し、どうやって顧客に届けるかを決めるのに輸送コストはほぼ無視できるようになった。コンテナは世界貿易を変貌させ、十数カ国から部品を集めて完成車をつくることも、オーストラリア＝カリフォルニア間1万5000キロを、ワイン1本当たりわずか15セントで送ることも可能になった。中国が世界最大の工業国へと驚くべき変身を遂げたのも、高い輸送コストに守られてきた各国の国内市場が国境なきグローバル市場へと呑み込まれ、デトロイトからドルトムントに至る歴史ある工業地帯が衰退していったのも、コンテナのおかげである。

1956年、最初のコンテナ船がニューアークからヒューストンに向けて出航して以来、次々と新世代のコンテナ船が登場して、大型化とコスト効率の向上を実現していった。エマ号と一連の同型船が発注された背景には、こうした流れが継続し、一般家庭で冬に新鮮なイチゴを楽しめるようになり、メーカーが何千キロも離れた工場と物流拠点をつなぐ、より長大で複雑なサプライチェーンを構築できるようになるとの期待があった。その後もさらなる大型船の建造が何十隻も続き、なかには長距離輸送トラック1万1000台分以上の積載量を誇る船もあった。だが超高層ビルの建設ラッシュがしばしば不況の予兆となるように（1920年代後半に世界一を目指して建設されたエンパイアステートビルは、1930年代の大恐慌で多数の空室を抱えることになった）、世界のほとんどの港に入港できないほど巨大な船の建造もまた、過剰な熱狂の前触れだった。エマ号の進水時には誰も気づいていなかったが、貿易が拡大し続ける時代は終わろうとしていた。第二次大戦以後のグローバル化の流れがそのまま続くと信じた人々は、多大な代償を支払うことになった。

＊＊＊

「グローバル化（globalization）」は新しい概念ではない。最初に使われたのは1929年のベルギーと言われる。医師で教育者のJ・O・ドクロリは、幼児が自分以外の広い世界に関心を持つようになることをglobalizationと呼んだ。やがてこの言葉は、いろいろな意味に使われるようになった。例えば企業が大きくなり、国別モデルでなく世界共通の製品を売るようになること、国から国へとアイデアが伝わること、トップ選手が外国人の英国のサッカーチームを、米国人やケニア人、中国人が熱狂的に応援すること、等々。[1]宗教の世界的伝播もグローバル化のひとつだし、病気の流行、人々が安全や政治的・社会的自由、あるいは経済的な機会を求めて大規模に移住することなどもそうだ。そして言うまでもなく、国境を越えた経済交流が活発になることもグローバル化である。

見方によっては、世界はとうの昔から高度にグローバル化されていた。歴史家のユルゲン・オースタハメルやニルス・P・ピーターソンは言う。「ある意味、ドイツの『米国化』は1945年に始まったのではなく、18世紀に（新大陸から）ジャガイモが持ち込まれたときに始まっていた」。とはいえ、今日言われるような意味でのグローバル化が急速に広まったのは19世紀に産業資本主義が誕生したときだ。植民地主義のヨーロッパ列強がアフリカ・アジアに通商網を張り巡らせ、陸海軍や植民地官僚によって自分たちの利権を守ろうとした時代である。インドをはじめ、かつて製造業がさかんだった国はヨーロッパの工場の生産性に太刀打ちできず、繊維製品は外国製品との競争に敗れ、一次産品の輸出国の地位へと落ちていった。この第一のグローバル化では金融も国際化し、多くの国で輸出入が経済活動の大きな部分を占めるようになった。何千万人もが国境を超えて移住し、中国やタヒチのデザインがヨーロッパのアートに取り入れられた。世界は互いに強く結びつき、戦争はありえないかに見えたが、1914年8月の第一次大戦勃発で第一のグローバル化はあっけなく終わりを迎えた。[2]

グローバル化の進行は1914年から1947年頃までストップした。二度の世界大戦、相次ぐ地域紛争、そして大恐慌が起こった時代である。この間も多国籍企業の成長は続いたが、国境を越えた金融・商業・人的つながりはほとんど失われた。こうしたグローバル化の後退を喜ぶ人々もいた。1943年、米下院議員のクレア・ブース・ルースは、国際派を自任するウォレス副大統領を批判して、「グローバロニー（グローバル化といううたわごと）」をまき散らしていると痛烈に皮肉った。批判されて前言撤回し、「グローバル・ナンセンス」と言い換えたものの、彼女のこの造語をきっかけに、globalistic（グローバル主義の）、globalitis（グローバル病）、globalism（グローバル主義）などの言葉が米国人の語彙に加わり、移民受け入れや対外貿易、さらには国際協力などを揶揄するのに使われるようになった。[3]

第二次大戦で連合軍が勝利すると、1940年代後半から再びグローバル化が息を吹き返した。この動きを後押ししたのが、金ドル本位制為替レートの柔軟化、そして原材料や工業製品の貿易障壁を引き下げようとする各国の努力だった。その結果、世界中のすべての富裕国、そして貧しい国の多くも、四半世紀にわたる力強い経済成長を遂げることになる。1970年代には何度も経済危機が起きたが、工業品の貿易量は1950年から1986年にかけて約15倍の成長を遂げた。原油高のなか、スーパータンカー、具体的にはULCC（30万トン以上の超大型原油タンカー）の登場で、石油市場は完全にグローバル化された。大型タンカーはペルシャ湾からヨーロッパ、日本、北米の製油所まで、1回の航海で数百万バレルの原油を運ぶことができる。こうして産油国に流れ込んだオイルマネーは、ロンドン、ニューヨーク、東京の金融機関に蓄積され、これらの国から発展途上国政府への大型融資や、多国籍企業の世界展開への融資に使われていった。[4]

それでも第二のグローバル化は、第一のグローバル化と同じく、本当の意味でグローバルとは言えなかった。企業の対外進出は活発だったが、アイデンティティはあくまで母国にあり、経営陣もその国の出身者がほとんどだった。対外投資は急増したが一握りの富裕国に限られ、対外貿易も同様だった。貧しい国の多くは多額の債務を抱え、富裕国の投資家からの借り入れや、石油・コーヒーなどの一次産品の輸出によって、細々と国際貿易に参加するに過ぎなかった。だから1947年から1986年の40年間におけるグローバル化への最大の批判は、貿易自由化で豊かな国が貧しい国を搾取しているというものだった。移民受け入れも搾取と見なされることが多く、富裕国が看護師や教師を貧困国から移住させて、「頭脳流出」を起こしていると非難された。貧困や後進性を脱却するにはグローバル化などせず、独自に活動したほうが得策だというのが反対派の主張だった。事実、中国、インド、ソ連など、国土も人口も大きな国の多くがアウタルキー（自給自足経済）を選択し、貿易・投資・移住・観光・学術交流・宗教思想など、指導者が危険とみなす国際交流に厳しい制約を課した。[5]

1979年のマーガレット・サッチャーの英首相就任、それに続く1981年のロナルド・レーガンの米大統領就任に象徴されるように、富裕国で新自由主義が台頭すると国際貿易に新たな可能性が広がった。ホンダは1982年、日本企業として初めて四輪組立工場を米国に設立し、海を越えて何千キロも離れた本国からエンジンやトランスミッションを納期通りに取り寄せ、競合他社を脅かすようになった。1980年代後半になると、こうした長距離サプライチェーンが当たり前となり、第三のグローバル化が始まった。国際貿易は、根本から劇的に変化した。小売業者や製造業者にとっては、部品をある国で設計し、別の国で製造し、さらに別の国で完成品に組み立てるなど、国境とは関係なく半製品を動かすほうが効率的になった。物理的な立地と国籍が一致する必要はなくなった。マサチューセッツ州に本社を置き、27カ国に工場を持つ工業用研磨剤メーカーが、パリに本社を置き、オランダの年金基金・英国の投資信託・中東の政府を主要株主とする企業の子会社だとしたら、それは「フランスの会社」なのか「米国の会社」なのか、それとも単に「多国籍企業」なのか、誰も決められない。1989年に社会主義が崩壊すると、資本主義が最終的に勝利したかに思われた。市場経済を疑っていた国々が急速にこれを受け入れるようになり、国際貿易は世界経済全体の3倍近いスピードで成長していった。

搾取を批判する声は止まなかったが、今回のグローバル化の被害者は貧しい国の労働者ではなく、豊かな国の労働者である。1994年、英国の大富豪の投資家で、完璧な「国際派」一族に属するサー・ジェームズ・ゴールドスミスが、ベストセラー『落とし穴（*The Trap*）』で国境をなくすことの愚かさを批判した。フランスの作家ヴィヴィアンヌ・フォレステルは、1996年の著書『経済の恐怖』（邦訳・丸山学芸図書、1998年）で現代経済のあり方を非難、3年後の1999年には、英国の社会学者アンソニー・ギデンズが『暴走する世界』（邦訳・ダイヤモンド社、2001年）でグローバル化に警鐘を鳴らした。アンチ資本主義の人々、環境保護活動家、失業に不安を覚える人々、あるいは単にけんかっ早いだけの人々も含め、何万人もがシアトルに押し寄せて、世界貿易機関（WTO）閣僚会議への抗議行動を展開した。経済学者はこぞって自由貿易が世界を繁栄させると主張したが、ほとんど支持されず、自分たちも自由化して世界経済に参入したい貧困国の意向もほぼ無視された。2000年、2人の英国人ジャーナリストがグローバル化の将来を検討する共著を出版したが、『完璧なる未来（*A Future Perfect*）』というタイトルはいかにも的はずれに響いた。[6]

２００１〜２００８年のたった7年で世界の工業品貿易は１２０％増加し、中国では工業生産が急成長する一方、同じ7年間にカナダと米国で製造業の雇用の8分の1、英国では4分の1が失われた。当然、両者の関連が疑われた。製造業に続き、ＩＴやサービス産業でも雇用が国外に流出した。世界中のオフィスビルがインターネットでつながり、ビジネスプロセスアウトソーシング（ＢＰＯ）という新業種も登場した。フランクフルトやパリの企業が会計業務を低賃金のワルシャワやプラハなどに移し、北米の銀行が顧客向け電話対応をマニラの代理店に委託した。２００３年までに、米国のトップ企業５００社のうち２８５社が事務作業をインドに移した。米国のある下院議員は２００４年、「ホワイトカラーの仕事が大量に国外に流出している」と警告し、「米国が第三世界の経済システムを採用しようとしている明白な証拠」と指摘した。[7]

だが第三のグローバル化は、エマ・マースク出航の直後から人知れず後退を始めていた。２００８年夏にはサブプライム危機に端を発した世界的金融危機が起こり、国際貿易は大きく低迷。それまで5年間で3倍に増えた企業の対外投資もたちまち落ち込んだ。嘆かわしい変化だが、決して想定外ではなかった。過去の不況でも貿易や投資は不振に陥ったが、その後は回復に転じており、今回もこのパターンに倣うだろうと思われた。ところが世界経済が２０１０年に底を打っても、貿易と投資はこれまでのような立ち直りを見せなかった。経済指標や海運統計上の変化が徐々に国際企業の現実の動きに表れて、サプライチェーンや国外事業の縮小が相次いだ。ヨーロッパでも米国でも反移民の動きが強まり、グローバル化への激しい反発が続いていたが、一方でグローバル化そのものも変化しつつあった。２０１６年、大統領候補のドナルド・トランプが「行きすぎたグローバル化と労働者の権利剝奪」を批判し、その数カ月後にはフランスの政治家マリーヌ・ル・ペンが「我々の文明を危険にさらす、行きすぎたグローバル化」を批判。だがこうした怒涛の変化を引き起こした時代の流れは、すでに終わりを迎えようとしていた。２０１９年末にＣＯＶＩＤ－19と呼ばれるウイルスが中国の武漢から広がり（訳注：中国はこれを認めていない）、営業停止や自宅隔離など、ノルウェーからニュージーランドに至る全世界で商取引や移動が制限された。だが第三のグローバル化は、すでにまったく異なる国際関係のあり方へと変貌しつつあったのだ。[8]

＊＊＊

グローバル化を称賛し、非難し、あるいは単に定量化しようと様々な努力がなされてきた。だが本書はそのどれをもするつもりはない。言いたいのは、2世紀にわたって進展してきたグローバル化が、決して資本主義の必然的な帰結ではないということだ。グローバル化は2世紀のあいだに技術革新や人口動態上の変化、民間の起業活力や政府の意向に対応するように、なんども変貌を遂げてきた。2020年にグローバル化について論じようとすれば、1980年のグローバル化や、まして1890年のグローバル化とはまったく異なるテーマについて語ることになる。本書が扱うのは、1980年代後半から2010年代初頭にかけての四半世紀における「第三のグローバル化」、それまでのどの時代とも、その後のどの時代とも異なる、世界経済史における明確な一つの時代区分としてのグローバル化である。さらに輸送・通信・情報技術が、長距離バリューチェーンに基づく企業活動にどんな役割を果たしたかにも注目したい。こうした国際経済の形は、それまで存在したいかなる経済の形とも根本的に異なっていた。

私はジャーナリスト・経済学者・歴史家として、グローバル化について長年にわたって執筆活動を行ってきた。拙著『コンテナ物語――世界を変えたのは「箱」の発明だった』（2007年、2019年、日経BP）では、1980年代後半のグローバル化を象徴する長距離サプライチェーンのカギが、一見単純なイノベーションにあったことを明らかにした。『例外時代――高度成長はいかに特殊であったのか』（みすず書房、2017年）では、1973年前後から始まった世界経済の減速に対し、各国政府が分野を問わず規制緩和を行って競争を促し、国境を越えた企業活動を促したことを指摘した。本書『Outside the Box』ではこうした考察に加えて新たな資料調査やインタビューを行い、優れた学術的論考も参照して、21世紀に入ってからグローバル化が多くの国・企業にとって裏目に出ることになった原因を追求した。グローバル化の終わりが近いとの議論がさかんだが、私はこうした歴史学的視点から、グローバル化は決して終わっていないと考えている。むしろ、これまで何度もあったように、グローバル化は新たな段階に入ろうとしているのだ。世界経済の結びつきは依然として強く、ただそのあり方は我々が過去数十年に経験したものとは異なるものになるということだ。グローバル化の過去を理解することで、その未来が明らかになる。その未来において、他国との間に障壁を築くことで自らの繁栄を目指す時代には、決して後戻りすることはないだろう。

＊＊＊

全体として、グローバル化は世界にとって良いことだった。何億人もの人々が極貧状態を脱け出し、中国ではみんな飢えているのだから野菜を食べなさい、と米国人が子どもをたしなめていた時代は遠い昔となった。消費者は想像もできないほど多様な製品を安価に入手できるようになり、地球上で最も孤立した地域でさえ、かつては手の届かなかった最新技術のおかげで世界経済に参画できるようになった。企業は得意分野をグローバル展開する一方、その他の業務は外部委託できるようになった。こうしてグローバル化は企業の生産性を大きく高め、莫大な富を生み出した。国際紛争はなくなっていないが、国の繁栄が周辺諸国に依存する度合いが増し、そうした紛争にも歯止めがかかった。コロナウイルスが拡大し、世界中の病院で重症患者用の人工呼吸器が緊急に必要となったとき、部品の調達先が複数の国にまたがっていたことが増産の障害になった反面、グローバル市場の発達でバルブやチューブやモーターなどの部品調達が容易になったのも事実である。[9]

それでも、手放しでグローバル化を礼賛することはできない。アジアなどの最貧国が急速に工業化する一方で、ヨーロッパ、北米、日本の一部地域では過酷な産業の空洞化が始まった。国家間の所得格差はより公平になったものの、先進国内部の格差は拡大した。資金調達力のある人々が新たなビジネスチャンスで大もうけする一方、賃金労働者は遠い外国の低賃金労働者との競争にさらされ、成長の大部分が都市部に流れ、小さな自治体は衰退していった。この間、各国政府は経済への統制力を失っていった。最低賃金や雇用保障を守らせようとしても、企業は事業を国外に移転する、あるいは移転すると脅せば容易にこれを免れることができる。企業に対外進出の選択肢が広がったため、法人税の減免競争が起こって税収が減り、労働者が雇用不安に対処するための教育訓練や保障制度に資金を回せなくなった。次第に少数の企業が業界を支配するようになっていき、価格の上昇、イノベーションの停滞、さらなる収入格差にもつながりかねない。グローバル化がもたらした経済のゆがみは、長年かけて築いた国際協力体制を弱体化させ、ナショナリズムの言説がグローバル化の言説にとって代わり、新たな不確実性を生み出した。[10]

２００年におよぶ歴史において、グローバル化は直線的に進んできたわけではない。戦争や不況のために貿易・投資・人の移動が中断したこともあるし、特定の国が長期にわたって世界経済とのつながりを絶った例もある。例えば１９１７年の革命から１９８０年代後半までのロシア、共産党が全権を握った１９４９年から30年間の中国などだ。このことを考えると「グローバル化のピーク」は過ぎた、グローバル化された世界経済はブロック経済へと解体しつつある、などと断言するのは早計だろう。グローバル化が終わることはない。ただし、２０２０年代に入って世界中で巨大コンテナ船に空荷が生じるなど、グローバル化の形は大きく変わろうとしている。コンテナという金属の箱による流通はグローバル化の過去の姿だ。次なる経済発展の段階では、世界経済はアイデアやサービスの流通によって緊密に結びつくことになるだろう。

物流の世界史——目次

第5部 第四のグローバル化へ

第1部

融合する世界

1章 グローバル化の夢

1764年、ロンドンから船で到着したばかりの貿易商ピーター・ハーゼンクレヴァーは、ニュージャージー北部の山奥へ冒険の一歩を踏み出した。世界を股にかけるハーゼンクレヴァーは、正真正銘のグローバリストだった。1716年にドイツ・ラインラント地方に生まれ、ドイツ語、フランス語、スペイン語、英語に堪能だったと言われる。若い頃は製鉄所で修行時代を過ごしたのち、ドイツの毛織物工場向けに羊毛を買い付け、できあがった製品を遠くロシアやフランスまで売り歩くようになる。その後、ポルトガルやスペインに商社を設立し、工業化を進めるプロイセンのフリードリッヒ大王のもとで顧問を務めたりもした。1763年、成功して大金持ちになったハーゼンクレヴァーは、大西洋世界の覇者として急成長する大英帝国の中心地ロンドンに移る。70ポンドを払って英国議会から市民権を得ると、植民地にも投資できるようになった。そして起業家としての夢をかなえようと会社を設立。当時、世界最大の製造事業体だった英国海軍の造船所に、米国で鍛造した鉄を供給する事業を始めたのだった。

ハーゼンクレヴァーも共同出資者たちも、米国に渡るのは初めてだ。ニュージャージー植民地に購入した鉄鉱山は、地図で見るかぎりは繁栄する港町ニューヨークからわずか30、40キロと、理想的な立地に見えただろう。だが、いざ大西洋を渡ってみると、鉱山は入植者たちも寄り付かない険しい渓谷地帯の、深い森に覆われた傾斜地にあった。鉄鉱石は土砂と岩石と鉄のかたまりで、つるはしやシャベルで掘り出し、牛の引く荷車にのせ、水車を回せるだけの水量のある川の近くの製鉄所まで、何マイルも運んでいかなければならなかった。製鉄所では粉砕機で鉱石を砕き、高炉を使って無用の尾鉱を除去する。労働者は炉床や炉本体が発する高熱にさらされながら、溶けた鉄を取り出し、叩いて長さ14フィート一辺2インチの棒状に加工する。できあがった鍛鉄棒の一部は再び焼き溶かし、溶けた鉄に炭粉を浸透させて炭素鋼をつくった。これらの棒鉄や棒鋼は、近隣の集落で使われる限り、鍛冶屋が馬蹄や火かき棒をつくるのがせいぜいだった。本格的な利益を得るには、棒鉄を英国の造船所に運ばなければならない。当時、国際貿易を手がける業者の多くは、外国製品が到着したのを確かめてから買い手を探していたが、ハーゼンクレヴァーは造船に欠かせない金属を確実に英海軍に供給する、長距離サプライチェーンとでもいうべきものを構想していた。それができれば英国のニュージャージー植民地も繁栄するだろうし、ハーゼンクレヴァー自身も英国経済界のエリートの列に加わるはずだった。

だが土地を購入したラマポ山脈には鉱石を鉱山から製鉄所へ運ぶ道路も橋もなく、ハーゼンクレヴァーが設立したアメリカン社が独自に建設するしかなかった。英国人入植者はこんな奥地で製鉄のような危険でしんどい仕事をするより、農業のほうを好んだ。アメリカン社は大金をかけて熟練の石切職人や鉄鋼労働者をドイツから呼び寄せ、船賃を提供する代わりに長期の雇用契約を取り付けた。英国本国の投資家にも呼びかけ、高炉や製鋼に使う大量の木炭をつくるため森林8000ヘクタールを購入。さらには水車を動かすための堰堤《えんてい》や貯水池、運河の建設資金も募った。

輸送手段の欠如が、様々な面で事業の進展を阻んだ。森林の伐採が進むと製鉄所から森林までの距離が伸び、木材を運ぶ道路も、運搬用の牛も毎年増やさなければならなかった。完成品の棒鉄を製鉄所から運び出すにも、逆に鉱石を製鉄所に運び込むにも、そのつど荷車で運ばなければならないのだ。冬には運河や川が凍結して道路は通行不能になった。「米国の鉄は高くつきすぎる」とハーゼンクレヴァーは嘆いた。外洋航海はあてにならず、棒鉄をのせた船がいつデプトフォードやポーツマスの海軍造船所に到着するかわからない。アメリカン社は利益も配当も出せない状態で、大西洋を越えての不安定な資材納入は帝国海軍からも信用されなかった。ロンドンの共同出資者たちは早々に堪忍袋の緒を切らし、稼働開始から4年目の1768年、製鉄所の閉鎖を命じた。ハーゼンクレヴァーは借金の責任を問われ、あやうく債務者監獄に送られそうになった。その後、鉱山は再開されたものの、鉄の売り先は近隣地域に限られた。工業品の長距離サプライチェーンという考え方はすでに芽ばえていたのだが、実現を可能にする様々な技術開発が進んでいなかったのだ。[1]

貿易の富は限られた人たちに

物資の長距離輸送は、人類文明のごく初期から行われていた。4000年前、アッシリア人は何百キロもの距離を移動し、現在のトルコに商業植民市を建設した。紀元前1000年頃にヒトコブラクダが家畜化されると、香料を積んだキャラバンがアラビア半島を行き来するようになった。その1000年後にはイエメン沖の小島ソコトラが、インド＝ローマ間の海上貿易の中継点となった。さらに1000年後の11世紀初めには、北欧の探検家たちが北米に到達するのだが、残念ながら交易には至らなかった。一方で1271年にヴェネツィアを出発したマルコ・ポーロと父・叔父の一行は、シルクロード経由でかの有名な中国への旅に出て、こちらは交易に成功して富を得た。16世紀初頭には大西洋を横断する奴隷貿易が始まり、1750年以降は本格的な巨大ビジネスへと成長した。英国商人が銃やヤカン、織物、靴などをアフリカ沿岸に領有する貿易拠点へと運び、これらの品物を奴隷と交換し、奴隷をアメリカ大陸へ運んで売り、帰りの船に砂糖とタバコを積んで英国に帰るという三角貿易だった。アフリカの奴隷貿易はきわめて収益性が高く、高度にグローバル化されていた。3万6000回を超える大西洋横断航海によって推定1250万の人々が奴隷として拉致されたほか、南北アメリカ間でも50万の奴隷が海上輸送された。[2]

遠距離で交換されたのは交易品や奴隷だけではなく、病気も輸出された。1334年に中国で大流行した黒死病（ペスト）は1346年に黒海に達し、7年間でヨーロッパの人口8000万人のうち4800万人の命を奪ったとされる。[3] 思想も輸出された。仏教は2000年前にインドから中国に伝わり、610年頃にアラビア半島で興ったイスラム教は713年にスペインまで広まり、1540年代にはポルトガルの司祭がキリスト教を日本にもたらした。遠距離交易は経済的な混乱も引き起こした。1530年代からは中南米のスペイン植民地から銀が流出し、ヨーロッパに150年にわたる物価高騰をもたらした。大変動をもたらしたこの出来事は歴史上、「価格革命」と呼ばれている。さらに国家権力の強大化も促された。様々な国が貿易を通して支配を拡大し、植民地や属国から富を集め、税を吸い上げた。

今日でもジェノヴァやアムステルダム、イスタンブルなどに観光に訪れるとわかるが、それぞれが往年の国際貿易の中心地として、コンピュータやコンテナ船の時代のはるか前から、人とモノの交流によって莫大な富を生み出していた。交易がもたらした果実は、ヨーロッパの城館や邸宅を飾るペルシャ絨毯や中国製陶磁器にも見てとれる。だがこうしたイメージそのものが、19世紀の産業革命以前の国際経済が、今日考える「グローバル化」とは程遠いものだったことを証している。

　北ドイツの名高い商業都市同盟「ハンザ同盟」は、15世紀末まで３００年にわたってバルト海沿岸の貿易を独占し、リューベックやハンブルクなどの都市に大きな繁栄をもたらした。それでも現代の尺度からすると、貿易の規模はきわめて小さい。ハンザ同盟の商人たちが所有する船を全部合わせても、年間の貨物量は21世紀の中型コンテナ船1隻にも満たない。ハンザ同盟が歴史から姿を消してかなりたっても、長距離貿易の中身は相変わらず贅沢品と奴隷、あるいは凶作時の食糧暴動を避けるための小麦といった必需品がほとんどだった。19世紀末になっても、ヨーロッパの平均的な家庭にある輸入品と言えばせいぜい小袋入りの砂糖、ときたま手にする銀貨くらいのものだった。当時もっともさかんに取引されていた交易品の一つである紅茶でさえ、１人当たり年間消費は数オンスに過ぎなかった。当時の世界一の経済大国とされる中国は主に銀貨と黒胡椒を輸入。インドや日本は輸入らしい輸入すらしていなかった。ほとんどの国で、国際経済の重要性は非常に低かったのだ。[4]

　貿易に大きな利害を持っていたのは輸出入を扱う商人、輸送を請け負う船員、荷車業者や荷造り業者、輸出用のガラスや織物などの高級品をつくる職人、綿花畑や銀山で強制労働させられていた人々、そして貿易を税収源の一つと見ていた支配層だった。ところがヨーロッパの多くの都市では11世紀から18、19世紀まで、多くの商品の生産がギルド（職業別組合）の手に握られ、輸入障壁を設けることで組合員の製品価格が維持されていた。ほとんどの国で国民の大多数が農業に従事し、貨幣経済も浸透していなかったから、広い世界のことなどどうでもよかった。国際的経済活動がきわめて小規模だったことを示す指標の一つは、1820年に至っても世界の全船舶を合わせた輸送力がたった590万トンほどだったことだ。2018年の数字はその322倍にも達し、しかも航行速度はずっと速く、年間航海数もはるかに多いのである[5]。

かつて貿易を妨げたもの

それにしても、前近代の貿易はどうしてそんなに低調だったのだろう。最大の理由は、取引に時間と経費がかかったことにある。ヴェネツィアのガレー船は1300年頃から地中海を航行しはじめたが、1隻当たりの貨物量はおよそ115トン。現代の外洋船が運ぶ標準的コンテナに換算してたった8個分に過ぎない。全長40メートルに達するガレー船もあったが、風力と人力を使うため、漕ぎ手と食糧にかなりの空間を取られる。貨物スペースが限られていたので、香辛料や絹などの高級品しか載せられず、安価な商品は取引の対象にならなかった。その200年後のヴェネツィアでは大型船が導入され、綿花や麦といったかさばる商品をシリアから輸入したり、樽入りのワインをヴェネツィア領クレタからイングランドまで輸送したりした。だが大変な手間と準備が必要なわりに、運べる荷物は驚くほど少なかった。1499年にヴェネツィアに向けて航海した107隻の商船の総輸送量は、貨物・人員合わせて2万6000トンにも満たなかった。2020年なら、1隻でその何倍も運べただろう。[6]

数年後にはポルトガルがヴェネツィアを抜いて世界最大の海洋国家となる。ポルトガル船がインドとヨーロッパを直接結び、仲介業者に高い手数料を払ってイラクやエジプトから地中海まで陸上輸送する必要がなくなったためだ。それでもなお、1500年から1600年の間に武装したキャラベル船やガレオン船に護衛されて、半年かけてこの航路を行き来した商船は年平均7隻に過ぎなかった。だとするとポルトガルのインド貿易は年間5000トン程度と推測され、現代の北米の大陸横断鉄道の貨物列車1編成の輸送量より少ない。当時のポルトガルの人口がたった100万だったことを考えても、名高いアジア貿易の規模の小ささは驚くばかりだ。ポルトガルは商船隊が持ち帰ったコショウなどの香辛料貿易で富を得たが、アジア航路の船は貨物スペースが狭く、それ以外のものはほとんど何も運べなかった。[7]

その後、大型船が外洋航路に導入されるようになったが、運賃は相変わらず高く、かさばる荷物や安価な商品の輸送は採算が合わなかった。最も多く取引されたのが金や銀だったのは、重量・容積の割に高価だったからだ。繊維貿易がさかんになりはじめた1600年代後半でも、取引の中心はヨーロッパや中国向けの高級インド綿と、ヨーロッパや日本の富裕層向けの中国の絹糸だった。早くも1660年代には、このインド綿のせいでイングランドの織工たちが生活苦を訴える事態となるが、当時の人々が着ていたのはごわごわの国産ウールや綿の衣類で、輸入品は高くて手が出なかった。[8]

当時の国際貿易では、海路より陸路のほうが高くつく。整備された道路なら荷馬車で品物を運べるが、経済史家ダン・ボガートが指摘するように、17世紀のイングランドでは「悪路では荷馬のほうが優れた方法」だった。他の国も状況はほぼ同じだった。荷馬車が通れる広さがあり、降雨による侵食に耐える堅牢な道路は、建設にも維持にも費用がかかった。例外は、通行量が多く、通行料を徴収するターンパイク（有料道路）に民間投資が期待でき、地域住民を徴用して道路建設が行える場合、あるいは軍事目的のため政府が費用を負担する場合くらいだった。ターンパイクの建設でイングランドの都市間の移動が容易になった1800年当時でも、1トンの貨物をわずか1マイル運ぶのに農場労働者の日束に相当する金額が必要だった。輸送費がこれほど高かったのは、道路が徐々に整備される一方で、荷馬車に進歩がなかったためだ。海上輸送はたとえ遠回りでも陸上輸送より安価だったが、航行可能な水路のない町では輸送費が跳ね上がってしまう。中国では何世紀も前に大規模な運河ネットワークが構築されてこの問題は解消していたが、ヨーロッパで運河システムが普及するのは19世紀初頭、北米ではさらに後のことだった。[9]

当時は輸送に仲介業者が必須だったため、貿易コストはいっそう高くなった。手工業が農村部に集中したのは、過密な都市よりコストがかからず、冬の農閑期に織物や金属加工に従事できるからだが、ほとんどの製品は狭い作業場で生産されていた。ヴェネツィアでは１４９７年に定められた法律で（必ずしも守られてはいなかったが）、絹布業者が６人以上の織工を雇うことが禁止されていた。２世紀後の南仏のクレルモン＝ド＝ロデーヴでも、18ある織物工場に29台の織機しかなかった。ニューイングランドでは１８３０年代後半になっても、馬車製造は小さな工房や職人がになっており、労働者１００人以上の工場は大きすぎて利益を上げられなかった。こんな小さな規模では、製造業者が自力で製品を輸出することなど望めない。せいぜい最寄りの村の商人に製品を納め、それを大都市の商人が買いとり、港町の業者に輸出を手配してもらうくらいだろう。もちろん移動のたびに手数料がかさんでいくから、外国の顧客が手にする頃には値段もどんどん高くなる。[10]

税金も貿易を妨げた。古くは古代ギリシャの都市国家も輸出入に２％の関税を課していた。１２０３年には、ノルマンディー侵攻で財政難に陥ったイングランド王ジョンが関税制度を確立し、各港に税官吏を配置して、商人たちから輸出入品の15分の１に当たる関税を徴収した。ヨーロッパ各地でも地方の支配者や聖職者が、物資が川を渡ったり町に入ったりするたびに通行料を取り立てた。ドイツがまだ侯国・公国・自由都市国家など領邦の集合体だった16世紀後半、スイスの貿易商がバーゼル＝ケルン間で通行料を31回支払ったとの記録が残っている。さらにその子孫は、１７６５年にバイエルンだけで５００カ所近くで関税を課されたという。日本は１６３５年から２００年以上、ヨーロッパと中国との交易をそれぞれ1カ所に限定した。これは外国の思想が広まるのを防ぐためだったが、輸入税の徴収にも好都合だった。中国は１６８５年に全輸入品に20％の関税を課し、１７５７年には貿易品すべてに南部広州港の税関を通過することを義務づけた。貿易商がこうした関税を支払おうと、あるいは袖の下を使って関税逃れをしようと、余計な出費は輸入業者への請求書に上乗せされることになった。[11]

　輸送の信頼性という問題もあった。荷馬車は概ね予定通り運行したが、外洋船はそうはいかない。帆船は港を回って荷物を集め、満船になってから出発するのがふつうだった。航海の途中で暴風雨や海賊、あるいは敵国の軍艦によって貨物が損害を受けることも多い。内陸水路でも、商人や貨物を危険にさらすのは強盗だけでなく、強欲な役人の存在もあった。例えばフランスのロワール川では、「哀れな船乗りは関税だけでなく税官吏への賄賂も強要され、払わなければいつまでも足止めされる」と、１７０１年に地元の役人が苦情を申し立てている。19世紀初頭のナポレオン戦争では、英国はフランスとの海上貿易を全面封鎖し、フランス側もヨーロッパの属国に英国との貿易を禁止。さらに米国も英仏に反発して国民に両国との貿易を禁じ、そのせいで不況に苦しむ結果になった。こうした状況だから、輸入業者は商品が何月何日に届くのか、あるいは本当に届くのかさえあてにできなかった。到着に何カ月何年とかかるうちに輸出先の市場が大きく変化し、当初想定していた利益が得られなくなることもあった。長期保存できない商品の交易などは、ばかばかしくて問題にもならなかった。[12]

勝ちか、負けか

何世紀にもわたって支配的だった考え方に従えば、国富は原材料を輸入し、完成品を輸出することで生み出されるとされていた。こうした考え方は18世紀に重商主義と呼ばれるようになるが、そのはるか前、ルイ14世の大蔵大臣ジャン＝バティスト・コルベールが重商主義にあたるものを法律に盛り込んでいた。１６６４年、コルベールは各地でバラバラに実施されている関税を廃し、全国に統一的な関税率を導入した。そして3年後には靴下や毛織物など、国産品と競合する製品の関税を引き上げた。イングランドやオランダをはじめとする各国も同様の対抗措置をとった。イングランドの手工業は関税のおかげで繁栄し、18世紀後半には織物や陶器工場が、保護された国内向けだけでなく輸出にも積極的に乗り出すようになった。[13]

重商主義では、国際貿易を勝ち負けの競争ととらえる。輸出が輸入を上回れば勝ち、貿易赤字になれば負けである。こうした考え方はまったく非合理的とは言えない。当時の国際経済を支えていたのは銀で、輸入業者は購入代金を銀で支払い、輸出業者は代金を銀で受け取っていた。輸入が輸出を上回れば、その国が保有する銀は減り、輸入を続けることも、戦争に備えて軍備や兵員を調達することも難しくなる。逆に貿易黒字が続けば銀の備蓄を増やすことができる。こう考えてくると、コルベールの関税引き上げは、フランスの貿易収支が赤字から黒字に転じたのだから大成功といってよい。フランスの貴族は外国製の絹の靴下や羽毛つき帽子により高い金額を払うことになったが、そんなことは問題ではない。1793年、清の乾隆帝が英国のジョージ3世に「貴国の製品などいらない」と伝えたのは、外国の流行がもたらす有害な影響を心配したからだけではない。英国人は買うことより売ることに熱心だと見抜いていたからだ。

重商主義の考えでは、生産したものを輸出することで富は得られる。だから輸入するのはその国が生産できないものに限るべきなのだ。英国人の誰もが、インドから紅茶を輸入し、バルバドスから砂糖を輸入することに異を唱えないだろう。だが国産品と競合するような品物の輸入は避けなければいけない。この図式に従えば、植民地の役割は原材料や貴金属を本国に供給し、本国でつくられた製品を購入して税収をもたらすことだ。例えば1699年の羊毛品法では、英国の毛織物業者を保護するため、アイルランド産羊毛の輸出先をイングランドとウェールズに限定して原材料の安定供給を確保する一方、北米植民地には羊毛や麻の紡績糸・織物を植民地外に持ち出すことを禁止した。英国のニューヨーク領事コーンベリー卿はこのことを念頭において、1705年、本国政府にこう助言している。「これらの植民地が今後も英国に完全に依存し従属するようにすべきです。自分たちは英国人なのだから、本国人と同じようにこの地で製造業を営んで構わないなどという考えを抱かせたら、そうはいかなくなる」と。フランス、スペインをはじめとするすべての宗主国の政府も似たような考えだったはずだ[14]。

それから60年後のピーター・ハーゼンクレヴァーの時代も、事情はほとんど変わりない。短命に終わったとはいえ、アメリカン社の創業には重商主義が関係していた。ハーゼンクレヴァーが議会から英国市民権を得ていたからこそ創業できたのであり、プロイセン市民だったら投資は許されなかった。重商主義の原則によれば、外国人が投資によって利益を得れば英国の富が減少するからだ。アメリカン社がニュージャージー植民地から棒鉄を輸出できたのも議会が条件つきで輸入を許可したからこそであり、英国内の製鉄所が鉱山周辺の樹木を切り尽くし、木炭が払底していることを議会が認識していたからだ。それでもなお、英国の船を使い、英国向けにしか出荷できなかった。壮大な野心を持ったアメリカン社も、時代の限界を破ることはできなかったのだ[15]。

英国やオランダなど、重商主義の時代に国際貿易が市民生活にまで浸透した国もあったが、必ずしも良い結果はもたらさなかった。18世紀後半、英国の織物を世界の覇者にした紡績技術のイノベーションは、人件費を劇的に縮小させたが、同時に紡績工場で副収入を得ていた多くの農民を貧困に追い込んだ。１７９７年、英仏戦争で悪化した財政を立て直そうと英国議会が銀行に紙幣の金《きん》兌《だ》換《かん》を禁ずると、信用収縮が起こって、それが米国に飛び火して不況をもたらした。一方で中国・日本・ロシア、そして巨大なオスマン帝国に至るほとんどの国では、国境を超えた経済関係は限られていた。世界の人口の大部分は自給農業で生活していて、貨幣経済とはほぼ無縁だった。港や交易ルートから遠ければ、国際的な商品流通や対外債務の影響は遠い世界の話でしかなかった。経済成長の歴史の第一人者である英国の経済学者アンガス・マディソンは、その規模感を示すため、１８１３年の国際貿易額が２０１３年の２０００分の１以下だったとの試算を挙げている[16]。

グローバル化を可能にするには外洋汽船、電信ケーブル、そして国際貿易に関する発想の大転換という三つのイノベーションが必要だった。そのいずれもが、予想もしなかった資本主義の台頭によって実現したのだ。

2章　第一のグローバル化

グローバル化への道を開いた思想家が、自らもグローバル化の申し子だったのは偶然ではないかもしれない。デヴィッド・リカードはセファルディ系ユダヤ人の家に生まれた。ポルトガル出身の父の家系は、16世紀初頭の異端審問を逃れてイタリアに渡り、1662年頃、当時急成長しつつあった金融センターのアムステルダムに移った。父エイブラハム・リカードは1760年にアムステルダムからロンドンに移住し、アビゲイル・デルヴァッレと結婚した。アビゲイルの一族は、1656年に英国でユダヤ人の居住が正式に認められた直後にロンドンに移住しており、デルヴァッレという姓はスペイン系のルーツを思わせる。1772年、少なくとも17人いた子どもの3番目としてデヴィッドが生まれる頃には、エイブラハムは市民権をとり、株や債券の売買で財をなしていた。そしてデヴィッドが11歳になるとアムステルダムに送って2年間勉強させたのち、家業を学ぶため英国に呼び戻した。[1]

デヴィッド・リカードには生まれながらに金融の才があり、証券仲買人として成功し、証券取引所の経営者評議会にも連なった。国際人であり、複数の言語を話し、知的論争に好んで加わった。当時の最大の話題の一つは外国貿易であり、リカードはこれについて型破りな見解を持っていた。その考え方が公刊されたのは1815年のことで、そのなかで「穀物法」が定める輸入関税への批判が展開された。英国の農民を外国との競争から守るのは賢明ではないという斬新な主張を展開し、輸入を認めて穀物価格を下げるべきだと指摘したのだ。そうすれば地主は収入が減って資本を製造業に振り向けるだろうから、今度は工業製品を輸出して、自給農業では実現できない量の穀物を買い入れられるようになり、地主も国も潤うとリカードは書いている。

2年後、リカードはこうした考え方を『経済学および課税の原理』という著書にまとめた。「完全な自由貿易制度のもとでは、各国は自ずからその資本と労働を自国にとって最も有利となる用途に差し向ける。こうした個別的利益の追求が、全体の普遍的利益と見事に結びつく」。これが「比較優位」の理論であり、リカードに不朽の名声を与えることになる。重商主義者が言うように、貿易は単に他国から富を引き出す手段なのではない。むしろ英国は輸出だけでなく輸入からも利益を得られるし、相手国も同じように利益を得られる。リカードのこうした主張は、国境を越えた物流が普通の人々にとっても重要となる時代、すなわち産業資本主義の時代にぴったりと合致するものだった。[2]

資本主義の台頭と市場開放

資本主義を定義するのはむだな努力であり、その起源を特定するのも不可能である。だが1820年代から1830年代にかけて、大規模な私企業が目につくようになったのはデータから明らかだ。最初は英国で、その後はヨーロッパや北米の各地に登場した。確かに工業生産の大部分は、まだ小規模な工房で行われていたが、数百人規模の工場も現れてきた。並行して各国政府も、慎重にではあるが国内経済に市場原理を導入しつつあった。こうした動きは国によって違いがあるとはいえ、「資本主義」という言葉が使われるようになる1860年代になると、根本的な変化が起きていることは誰の目にも明らかだった。工業化の初期は機械化によって賃金が下がり、スラムが増えるなど、生活水準は大きく低下したが、時とともに回復していった。都市では上下水道が整備され、小学校に資金が投入されて、すべての子どもに読書と算数を教えるようになった。交通革命・通信革命によって農村は孤立から脱し、国内の商取引は容易になった。経済史家のラリー・ニールとジェフリー・ウィリアムソンがいうように、一言で言えば「19世紀にそれぞれの形で資本主義を導入した国はどこでも、近代的な経済成長が始まった」のである。[3]

資本主義の台頭とともにグローバル化も始まった。そのことを示す最初の兆候の一つは、1824年に英国王ジョージ4世が署名した法律で、「職人を誘惑」して外国で働かせることを禁じた法令6件以上を廃止する、という内容のものだった。これらの法令は古くは1719年に遡るもので、英国の技術で他国が繁栄するのを防ぐためのものだった。要するに自国経済を強くするには他国経済を弱くするという、重商主義の考え方である。しかし製造業を独占するより二国間貿易のほうが英国に有利であるとのリカードの主張で、熟練職人の移民禁止令は説得力を失った。しかも失業が増えたことで法令を廃止する理由ができた。自動織機に取って代わられた労働者を、外国で働けるようにするためだ。その リカードは1823年に亡くなっていたが、その主張を支持する人は増えていった。その影響のもとに、続く20年に一連の法律が生まれて英国は外国製品に市場を開放し、他の国々も追随するようになっていく。[4]

市場開放は利他主義ではない。英国は世界をリードする抜きん出た工業大国であり、主力産業は綿紡績だった。1784年に英国の輸出品の6%に過ぎなかった綿製品は、半世紀後には49%を占め、貿易量は30倍になった。マンチェスターの紡績・織布・染色工場を効率的に稼働させるには、これまでにない量の輸入綿を調達し、これまでにない量の輸出織物の需要を確保しなければならなかった。自国市場を開放するだけでなく、他国市場の開放を促すことが喫緊の課題であり、リカードはこの自由市場という新たなイデオロギーに知的論拠を与えていたのである。これは強力なイデオロギーだった。リカードが著書を執筆した当時、ヨーロッパ列強は戦争状態にあり、国際貿易は何年にもわたって停滞していた。それがわずか数年で、輸入品の関税は下がり、北欧・西欧の国々では貿易コストが下がって、全体的な貿易量が急速に増大しつつあった。[5]

綿花のサプライチェーンは長距離化し、ミシシッピ州のプランテーションからリヴァプール港にある仲介業者の倉庫、イングランド・ミッドランズの織物工場、さらには世界中の織物仲買人へと伸びていった。グローバル化する綿産業の競争は熾烈で、経費縮小の圧力は高まり、綿を栽培・輸送・加工する人々の労働条件はどの国でも悪化した。米国では１８２０年代から１８３０年代にかけて奴隷制が西に広がり、アラバマやミシシッピ州の産業プランテーションにまで波及した。インド、ブラジル、エジプトなどでは、自家消費用の作物を栽培していた小規模農家が、英国の際限ない綿需要に応えるため否応なく小作人に変えられていった。英国の都市部で紡績や織布に携わっていた人々の労働環境も似たりよったりだった。工場はどんどん増え、雇われた労働者で都市はひしめき、１８３０年代から１８４０年代には平均身長も平均余命も下がっていった。綿の粉塵が充満するなかでの12時間労働は当たり前で、それをなんとか乗り越えても、ひっきりなしの織機の騒音で難聴になる者もいた。チャールズ・ディケンズは、都会に出てきたばかりの１８３０年代の労働者家庭の様子を印象的に描いている。「部屋は狭く、汚く、通気も悪く、家のなかの泥や汚物よりも、さらに空気のほうが汚れているように見えるほどだ」。ディケンズが描き出したサウスロンドンの暮らしぶりは、そのままマンチェスターやボルトンにもあてはまっていたはずだ[6]。

それでも経費削減の努力は一定の成果を上げ、のちにファースト・ムーバー・アドバンテージ（先手優位）と呼ばれるものを英国にもたらした。1820年代以後、アジアでは安価な英国綿が地元産の綿を駆逐していった。インドは長年にわたって綿織物の最大の生産国であり輸出国でもあったが、宗主国英国にその地位を奪われることになった。インドは1820年代に中東と北アフリカの市場からも淘汰され、19世紀後半までにインド亜大陸の繊維消費の3分の2を英国製品が占めるようになった。ある試算によれば、1840年の中国の綿花生産量は、人口が半分だった1750年よりも低かったという。19世紀半ば、フランスやベルギーなど大陸の国々が英国にならって近代的繊維産業を立ち上げようとしたが、競争力で太刀打ちできなかった。英国と同じコストで綿布を生産するには、安価な英国糸に頼るしかなかったからである[7]。

蒸気船と電信がもたらした革命

世界規模で綿花産業を展開するには、安上がりな交通手段が不可欠だった。英国の膨大な綿花需要を受けて輸送に投資が行われた結果、1830年頃から米国産の綿を英国の工場に輸送するコストは低下していき、それにつれて英国の繊維輸出もさかんになっていった。もともと原綿を効率よく輸送するのは難しかった。船上のスペースは限られているのに、綿繊維は隙間が多く、小麦や石炭などと比べてトン当たりの容量がはるかに大きい。そこで船主は米国の港で綿を蒸気プレスで「圧縮」するようになり、船上での綿1ポンドの占有空間は１８１０年から１８６０年にかけて半分にまで縮まった。輸出需要の増加は大型船の建造をも促した。ほぼ２００年後のエマ・マースク号と同じで、1回に運ぶ貨物の量が多いほど経費は節約できる。１８４０年代初頭になると、北大西洋を横断しての綿の輸送費は20年前の4分の1にまで低下し、英国向けの原綿を主力とする米国の輸出はほぼ倍増した。[8]

ロバート・フルトンが設計し、商業的に成功した最初の蒸気船であるクラーモント号は、１８０7年にニューヨークから乗客をのせてハドソン川をさかのぼった。しかしグローバル化を実現させる蒸気船を設計したのは英国人技師、イザムバード・ブルネルだった。グレート・ウェスタン汽船会社に雇われたブルネルは、蒸気船は外洋には向かないという通念に挑戦。６００トンの貨物を積んだグレート・ウェスタン号が１８３８年に大西洋を横断した。外輪をスクリュープロペラに変え、木造を鋼鉄製に変えた改良型の蒸気船によって航行速度は向上した。１８４０年代にはリヴァプール＝ニューヨーク間で蒸気船の定期運行が始まり、運航の安定しない帆船から大きな進歩を遂げた。

長距離航海での蒸気船の経済性は高くない。燃料を食うボイラーに大量の石炭が必要なため、貴重な貨物スペースが占有されてしまうからである。このため蒸気船による長距離貿易の大変革が実現するのは、最初の大西洋横断航海から30年も後のことだった。1869年にはスエズ運河が開通し、ヨーロッパ・インド・東アジア間の距離は短縮されたが、それが意味を持つのはジブラルタル、エジプト、アデン、シンガポールなどに英国が管理する石炭補給ネットワークがあり、燃料の石炭を減らして貨物スペースを確保できたからである。それでも蒸気船がスエズ航路で採算をとれたのは、大型帆船が運河を利用できず、アフリカを迂回して長く困難な航海を強いられていたからに過ぎない。他の長距離航路のほとんどは相変わらず帆船に支配されていた。だが1870年代に入って石炭の燃焼を効率化させる新技術の複合エンジンが導入されると、蒸気船でも採算がとれるようになった。19世紀の最後の数十年はより安価な鋼板が実用化され、大型で高速の蒸気船が建造できるようになり、貨物料金は一挙に安くなった。1896年のオーストラリアから英国への羊毛トン当たり輸送費は1873年の半分、北大西洋航路での小麦のトン当たり輸送費は1820年の8分の1ほどまで下がった[9]。

発着に変更が生じにくい蒸気船は、海運業に抜本的な変化をもたらした。日程を決めて航行できるので、製造業者も商人も売買のタイミングを判断し、商品の到着に合わせて計画を練ることができた。この蒸気船という新技術をより有効に活用するカギとなったのが電信だった。

電信は19世紀の通信に起きた最大の変化である。外洋汽船と同様、電信も発明から実用までにかなりの時間がかかった。最初の商用電報は1838年に英国で、米国ではその6年後に、有名なサミュエル・モールスの技術を用いて送信された。だが、信頼性の高い電信サービスが米国・ヨーロッパ・インド・オーストラリア・日本を結んだのは、1860年代から1870年代にかけてのことである。この電信によって、外国の商品価格をリアルタイムで知ることができるようになった。輸出業者が運を天に任せて出荷し、数カ月後に利潤が得られることを期待するしかないという状況はなくなった。船が錨を下ろす直前まで、出荷先を変更したり、顧客への販売価格を吊り上げたり、値上がりを見込んで商品を倉庫に置いたりすることもできるようになった。輸入業者のほうも、価格や供給動向の最新情報に基づいて契約を決め、アントワープで売りさばく小麦をロシア、オーストラリア、アルゼンチン、北米のどこから買えば良いかをギリギリまで吟味できるようになった。

この蒸気船と電信という二つの技術が遠距離貿易に革命をもたらし、1860年代にはギリシャ出身のヴァリアーノ兄弟をはじめとする起業家たちが、ロシアの黒海沿岸、コンスタンティノープル、マルセイユ、北西ヨーロッパ、ロンドンなどを結び、年間何十万トンもの穀物や石炭の購入・売却・移動を仲介するようになった。この頃には第三の要因も加わった。1870年代末までに、世界の主要貿易国のほとんどが通貨を金に固定したのだ。それまで貿易には、いわゆる通貨リスクと呼ばれるものが付きものだった。例えばスウェーデンの貿易商が1820年9月にドイツから輸入すると、6月に輸入した場合より代金は7％高くなった。スウェーデン通貨がドイツ通貨に対して値下がりしたからだ。だがその国が金本位制に移行すると、同じく金本位制を取る国の通貨に対する価値は固定される。ただしこれには柔軟性を失う弊害もあり、政府が景気対策として紙幣増刷によって支出を刺激することはできなくなる。それでも為替の変動で輸入コストが上がったり、契約後に輸入品の価格が下がってしまったりするリスクは確実に排除できた。[10]

運賃が低下し、為替レートが安定すると、世界中で商品価格が均質化していった。例えばフランスの繊維工場が生糸を輸入するとしたら、日本で同じような生糸がもっと安く買えるのに、わざわざインドの生糸に高い金を払うだろうか。原材料貿易がグローバル化し、ある国でコストが上昇すれば別の国から輸入できるようになると、原材料価格は下落し、その原材料を使って消費財を生産する製造業者が繁栄することになった。[11]

ヨーロッパが主導した第一のグローバル化

1980年代に起きた様々な変化が世界経済を変貌させたように、第一のグローバル化も混乱をもたらした。製造業はいっせいに国境を越えはじめた。1851年にニューヨークで創業したシンガーはミシンを実用化して販売に乗り出し、1855年にパリに支店を、1867年にグラスゴーに工場を開設した。その後の50年間に、主にヨーロッパや米国に拠点を置く繊維・化学・機械・消費財のメーカーが世界中でブランドを確立した。18世紀末に創業したスコットランドの紡績メーカー、J&Pコーツはロシア・ブラジル・日本などの遠隔地に工場を買い取るなど、1896年から1913年の間に40件の対外投資を行っている。国際競争が激化すると、鉱山会社、ガラスメーカー、セメントメーカーなどは輸入品による市場の混乱を防ぐため、国際カルテルを結成した。

国際金融がさかんになると、莫大な富がロンドンをはじめとする特定の場所に集中するようになり、新たな社会格差を生み出した。フランス、ドイツ、とくに英国の銀行家や富裕な投資家が巨額の資金を外国に貸しつける一方で、米国・カナダ・アルゼンチンなどの債務国は鉄道建設や産業振興のため、外国の貸し手や投資家に大きく依存するようになる。米国の鉄道建設が最高潮を迎えた1880年代、鉄道に投下された資金の5分の2はヨーロッパからの資金だった。1913年になると英国の富の3分の1が外国に投資され、アルゼンチンの全事業資産の半分が外国人の所有となった。外資が所有する事業資産がグローバル経済に重要な位置を占めていた点で、半世紀後の世界経済とよく似ている。当時の企業も、そうした事業資産を使って技術やマーケティングのノウハウを世界に広めていった。ただしほとんどの場合、重要な経営・研究・技術開発などの業務はあくまで本国に置かれた。これらの会社は国際企業ではなく、国外で事業展開してはいるものの、あくまで英国やドイツや米国の会社だったのだ。[12]

20世紀末から21世紀初頭にかけてそうだったように、第一のグローバル化も大量の人の移動を伴った。「かつては少数の特権階級だけが外国に出かけていたが、今では銀行員や職工や商人までがフランスやイタリアを訪れている」。第一次大戦前の時代を、オーストリアの作家シュテファン・ツヴァイクはこう回想している。「国境を越えた移動」がどれくらいの規模だったのか、真相はなかなかわからない。大帝国の時代だから、リビアからレバノンに移住してもオスマン帝国内の移動に過ぎないし、ダブリンからリヴァプールに移住しても英国内の移動である。したがって、1841年から1855年にかけてアイルランド人の4分の1ほどが移民したという見積もりは、おそらく実際より少なめなのだろう。だが他の国については人の移動を示すデータがたくさんある。1880年代にノルウェーの人口の10分の1が国を離れ、20世紀初頭には毎年イタリア人の50人に1人が移住している。受け入れ側を見ても、19世紀後半の米国在住者の7人に1人が移民であり、1914年のアルゼンチン人の3分の1近くが外国生まれ、おそらくはイタリアやスペインなどで生まれている。[13]

データとして把握できない人の動きも多く、大規模な移民の波が外国へと流れていった。1914年までの数十年で、推定2900万のインド人がフィジー、ガイアナ、ケニアなどの多様な土地に移民し、中国南部からは推定2000万がビルマ、シンガポール、オランダ領東インド、インドシナなどへ移住した。さらに北に目を転じると、数百万のロシア系住民や、数百万の中国人が中央アジアやシベリアに移住した。これらを合わせると、20世紀初頭はそれ以前のどの時代をも上回る、年間300万人以上が国境を越えて移動していたことになる。[14]

さらに見過ごせないのは、第一のグローバル化がヨーロッパ主導だったということだ。国際投資の約4分の3はヨーロッパ資本によるもので、その大部分が中南米やアジアの貧しい地域の鉱山やプランテーションに投資された。貿易額は爆発的に増加し、1913年には100年前の約30倍に膨らんだが、世界貿易の40%はヨーロッパの国同士で行われていた。ヨーロッパ大陸には鉄道や内陸水路が張り巡らされ、各国経済が密接に結ばれ、さらに国際協定も整備されて貿易促進がはかられた。スイスアルプスを貫くゴットハード鉄道トンネルは、イタリア・スイス・ドイツ政府が建設費を補助して1882年に完成した。また国際機関「ライン川航行中央委員会」がライン川の主要流路の直線化、水深確保のプロジェクトを多数手がけ、1890年から1914年までに、オランダ=ドイツ間のバージ船による貨物運賃は4分の1まで低下した。こうして国際間の往来が緊密化したことで、一部の製造業ではヨーロッパの複数の国で事業展開することが当たり前になり、ミシンが英国からイタリアに、化学製品がドイツからフランスに定期的に出荷されるようになった。[15]

さらに世界貿易の37％も、ヨーロッパと他の地域の間で行われたものだった。大部分は植民地経営によるもので、ヨーロッパの国々が植民地を拠点として自国で生産できない鉱物や農産物を調達したり、自分たちの輸出品を植民地に輸出して本国の工場労働者の雇用を守ったりした。最もあくどい例はベルギー領コンゴである。コンゴは1885年から1908年にかけて国王レオポルドの私領だったが、その後はベルギー政府が統治する植民地となった。住民はジャングルで輸出用のゴムの収穫にかり出され、ノルマを果たせないと残虐な罰を受けた。また1913年の世界貿易のうち、ヨーロッパ域内＝植民地間を除くヨーロッパの主要貿易相手国は米国だった。米国の輸出の約3分の2がヨーロッパ向けで、綿花・小麦・銅などの天然資源を中心に、わずかながら機械類や農機具も輸出された。ただしヨーロッパと違い、米国は19世紀に国内工場保護のためたびたび関税を引き上げたから、その間に工業製品の輸入量は着実に減少していった。[16]

　第一のグローバル化のピーク時、ヨーロッパ以外の国同士の貿易は世界貿易の4分の1にも満たなかった。1840年代から1850年代にかけて、英国をはじめとする列強が敗戦国・中国にインド産アヘンを含む大量の輸入を強要したが、それでも世界経済における東アジアの役割は小さく、しかも縮小傾向にあった。インドについても同じことが言える。1853年に米海軍の砲艦によって貿易の扉をこじあけられた日本は例外で、1860年代以降は貿易が急速に増えたとはいえ、そもそもゼロからの出発であり、

1913年時点の輸出高は米国の8分の1に過ぎなかった。また中南米でも域内の貿易はほとんどなく、米国からの輸入も少なかった。[17]

このように貿易が活発化しても、世界経済が国内経済や労働者の生活にまで影響を及ぼすことはなかった。英国ではジャマイカ産の砂糖、ロシア産の小麦、デンマーク産のバターなど、摂取カロリーの3分の2近くが輸入品で占められていたが、中国での数字はおそらくゼロに近かっただろう。経済学者の試算によれば、世界全体のGNP（国民総生産）に占める輸出入の割合は、ワーテルローでのナポレオンの敗北でヨーロッパに平和がもたらされた1815年に3%未満だったが、1913年には8〜12%に上昇している。しかし高速の外洋船が世界の港を結ぶようになっても、1913年当時の貨物の中心は一次産品、すなわち昔ながらの貿易品である鉱物・繊維・食料だった。しかもニカラグアのバナナ、オーストラリアの羊毛と金、タイのコメといったように、交易品が1種類ないし2種類しかない国が多かった。それぞれの国民レベルでは、貿易の全体的動向よりも特定の製品の価格のほうが影響が大きかった。例えばヨーロッパでココア需要が低迷したり原産地のアフリカで供給過剰が起きたりしてココアが値下がりすれば、ココア輸出国は苦境に立たされた。グローバル化とはいっても、資本主義が登場するずっと以前の時代は、多くの国の経済は特定分野に依存しすぎていたのである。[18]

20世紀の初頭、原材料より工業製品を多く輸出していたのは日本・米国・ヨーロッパの一部など、一握りの国に過ぎなかった。現代的な意味でのサプライチェーン、すなわちある国の工場が特定の部品や化学品を製造し、別の国の工場へ送るといったかたちは皆無と言ってよかった。当時の貿易に関する米政府の調査によれば、1906年に「製造原材料として使用するために部分的または完全に製造された物品の輸入」は約1億1300万ドルとされている。政府の算定では、米国の製造現場21万6262カ所で使用された原材料の総額は85億ドルだから、米国の工場が仕入れた製造原材料のうち、輸入された製造物の割合はたった1・3%しかなかったことになる。[19]

とはいえ世界経済がこのまま急速に工業化していけば、いずれは各国の産業間により複雑なつながりが生じ、より複雑なサプライチェーンが出現するはずだった。だがそうはならなかった。1914年、第一のグローバル化はあっけなく中断されてしまうのである。

3章 戦間期の後退

第一のグローバル化が終わった日は、ある程度正確に特定することができる。1914年6月28日、オーストリア=ハンガリー帝国の皇位継承者が、当時の帝国領ボスニア・ヘルツェゴビナの首都サラエボで暗殺された。1カ月にわたって威嚇や派兵が繰り返された末、各国がそれぞれの同盟国を支援しようと介入し、ヨーロッパ全域で戦争が勃発した。オーストリア=ハンガリー帝国がセルビアに宣戦布告した7月28日、モントリオール、トロント、マドリードの証券取引所が閉鎖された。7月30日にドイツとロシアが軍隊を出動させると、ウィーンからパリに至る取引所もことごとく閉鎖された。7月31日、ドイツ軍がベルギーとフランスへの侵攻を計画していることが明らかになり、ロンドン証券取引所が業務を停止した。それから数時間後、ニューヨーク証券取引所には開場の10時を前に仲買人たちが立会場に集まっていたが、取引開始を知らせる鐘を鳴らす役の男性は待機を命じられた。
閉鎖を決断したのは、世界中の取引所が閉鎖されるなかで「その日の朝に取引を再開すれば、ニューヨークに世界的パニックが集中する」はずだからだと、取引所の所長はのちに語っている。だがこれは真実の一部でしかない。取引停止の決定には財務長官ウィリアム・マカドゥが深く関わっていたのだ。マカドゥが恐れたのは、午前10時の取引開始の鐘とともに外国人が手持ちの株や債券を売り払い、その代金で金を購入してヨーロッパに持ち帰り、戦費の補塡に使うことだった。米国ではヨーロッパの大半の国と同様、金が金融システム全体を支えており、銀行は求められれば公定価格で紙幣を金に変える義務があった。米国の金が海を越えて吸い上げられれば、銀行はもはやこの義務を果たすことができず、まさに「パニック」が起きていただろう。銀行からの融資は干上がり、企業は給料を払うこともできず、経済全体がストップしていただろう。[1]
かつては1ドルで購入できる金の量を減らすか、ドルを金ではなく銀で兌換することで金流出の問題を解決することができた。だがヨーロッパの主要通貨に対するドルの固定相場は、金に基づいて設定され、それによって為替リスクを取り除いて外国から米国への投資を呼び込んでいた。外国企業全体で米国の国内生産の約5%を占め、外国人が繊維工場やタイヤ工場、約27億ドルの鉄道債券、そして米最大の会社「米国鉄鋼公社」の株の4分の1を所有していた。米国はこうした投資によって1870年代以降、変革を遂げてきたのだ。外資が逃げないようにするには、金本位制を維持するしかなく、それには金融のグローバル化を一時的に停止する必要があったのだ。外国為替取引は停止され、グローバル化の最大の担い手の一つだったニューヨーク証券取引所は、９カ月近く通常業務を停止した。[2]

金融市場の混乱は、モノとカネが国境を越えて自由に移動する世界というビジョンへの最初の一撃に過ぎなかった。第二の衝撃は国際貿易の激減だった。貿易を混乱させることは同盟側（当初はドイツ、オーストリア＝ハンガリー、オスマン帝国）、協商側（フランス、ロシア、英国、日本）のいずれにとっても重要な戦略目標だった。第一次大戦の開戦と同時に、英国海軍はドイツを封鎖。ドイツ行きの船は拿捕《だほ》され、ノルウェーやオランダなど中立国に向かう船も英国の港に強制入港させられ、ドイツ向けに積み替える恐れのある荷物はすべて当局に押収された。戦況不利なドイツの商船隊の多くは、ブレーメン、ハンブルク、リューベックなどの港に足止め状態となった。後に英国の高官が述べたように、ドイツには「船に関する問題はいっさいなかった。そもそも船を出す機会がなかった」。ドイツ側は対抗措置として、英国行きの商船をすべて撃沈すると宣言した。船舶の保険料を引き上げて、貿易活動を阻もうという意図は明らかだった。英国、ノルウェー、米国ではただちに政府が船舶保険に補助を出し、貿易活動の維持に努めた。[3]

こうした状況で、地理的条件と海軍力でまさる英国は有利な立場にあった。最初の数カ月は封鎖も完璧ではなく、ドイツの繊維工場は当時中立の立場にあった米国とスウェーデンを経由して、オーストラリア産羊毛を輸入していたし、米国もドイツの繊維染料を輸入する権利を主張していた。それでも１９１５年になると、ヨーロッパ第二の貿易国ドイツの通商活動は劇的に制限され、ロシアに宣戦布告したことから東からの穀物輸入も途絶えた。英国は封鎖を強化するため、ドイツへの食糧・鉄鉱石の輸出を止めなければ石炭の供給を止めると言って、スカンジナビア諸国を脅した。容赦のない圧力を受けて、ドイツの対外貿易は１９１３年から１９１７年までの４年間で４分の１に縮小した。[4]

　商船の往来が途絶えたことは、西部戦線での血みどろの塹壕戦よりはるかに大きな打撃となった。１９１４年夏の時点で、英国は世界の外洋海運の半分近くを支配していた。蒸気船最大手のペニンシュラ・アンド・オリエンタルや、東南アジア全域に貨物・旅客を輸送するチャイナ・ナビゲーション・カンパニーなど、英国籍の船会社がアジア貿易で巨大なシェアを占めていた。その持ち船の多くは英国政府によって軍事用に徴収され、残りの船も新設された海運省と呼ばれる機関の管轄下に入った。そして海運省は英国だけでなく、フランスやイタリアの貿易までも実質的にコントロールすることになった。商船はどんな貨物を、どこに運んでよいかを指示され、不要な貨物が貴重な輸送力を奪うことがないよう、承認を受けた製品しか輸入が許されなかった。[5]

　開戦翌年の１９１５年、世界貿易は１９１３年より26％も減少した。ヨーロッパの輸出は半分に落ち込み、戦場から何千キロも離れた中南米でも、輸出業者はコーヒーや肉を運ぶ船を見つけるのに苦労するようになった。新船建造の見通しはほとんど立たず、それまで世界の造船トン数の3分の2を占めていた英国の造船所では、労働者が戦争にかり出されて生産を続けられなくなった。米国では1916年に造船ペースが加速したものの、1917年4月にドイツに宣戦布告したのちは、新造船は兵士や軍需品の輸送に徴用され、貿易に回されることはなかった。さらにはドイツ軍の潜水艦攻撃で中立国や協商国の商船隊に大損害が生じ、船舶トン数の不足はさらに深刻化した。英国当局は被害が軽微であるかのように装い、1917年初めには毎週2500隻の船が英国の港に入港していると宣伝して、国民の士気を高めようとした。実際にはそのうち2360隻が外洋航海のできない小型船で、残りの140隻も小麦や牛肉などの必需品を運ぶ船だということは伏せられた。こうして海運が縮小した結果、1913年から1918年にかけて中国の輸入は34%、イタリアは62%、イランはなんと75%も減少した。第一次大戦の4年3カ月の間に、世界貿易はおよそ3分の2にまで縮小した。[6]

第一次大戦による打撃

1918年11月、休戦によって戦争は終結した。そして休戦条約の調印と同じ頃、世界中でスペイン風邪が流行して1億人ともいわれる死者が出た。さらにヨーロッパ各地で旧秩序の打倒を目指す革命の嵐が巻き起こり、大陸の国々は重い債務を負い、これから何年にもわたる復興の歳月へと向かおうとしていた。戦勝国が真っ先に目指したのは、新たな植民地の獲得、金準備の再構築、そしてドイツ、オーストリア＝ハンガリー、オスマンの各帝国崩壊後の廃墟から領土を奪いとることだった。貿易・投資の回復は、優先順位のはるか後ろに回された。歴史学者のマイケル・B・ミラーによれば、第一次大戦はヨーロッパを弱体化させ、代わって日本と米国を世界経済の担い手とすることでグローバル化を促進したという。しかしその効果が現れるのは、ずっと先のことだった。[7]

ある意味では、むしろグローバル化を抑制することが戦後外交の目標だった。パリ近郊ヴェルサイユでの和平交渉は帝国、少なくとも一部の帝国の終わりの始まりと見られていた。米国のウッドロウ・ウィルソン大統領が一番に目指したのは「民族自決」、つまり同一言語・同一民族を国家主権の基礎に据えるべきだというあやふやな概念の実現にあった。イタリアのシドニー・ソンニーノ外相は、「この戦争は間違いなく民族意識を過剰に刺激する効果を持った」と指摘した。「米国がそうした原則を後押ししたことが、この傾向に拍車をかけたと思われる」。こうしてナショナリスティックな考え方が経済政策を支配するようになった。貿易障壁は再び引き上げられ、外国資本に疑惑の目が向けられ、商船を国が管理することが戦略上の緊急課題とされた。ロシア帝国を倒したボリシェヴィキ（レーニン率いる左派勢力）もまた、新生ソ連邦に権力を集中させようと同様の政策を採用した。ただしその動機は異なり、外国資本を遠ざけることが目的だったが。[8]

グローバル化を測る尺度の一つは、その国の経済がどこまで世界貿易に「開かれているか」である。これを数字で算出しようとすると、当然、意見の食い違いが出てくる。例えばプラハからウィーンへの輸送は、1918年までは同じ帝国内の国内輸送だが、帝国崩壊後は国際輸送となる。これをどう反映させればいいのだろう。だがこうした技術的問題を脇におけば、根底にあるトレンドは一目瞭然だ。戦争直前の1913年には、世界のGNPの約12％を輸出が占めていた。戦後は短期間、回復へ向かったものの、1920年と1921年の戦後不況で国際貿易は大きく落ち込んだ。1924年には経済成長も貿易も回復に転じたが、1920年代後半は輸出が世界のGNPの10％程度に過ぎず、戦前の水準を大きく下回った。世界経済は、それまでより「開かれて」いない状態になったのである。[9]

こうした結果になることは必然だった。1920年代には、どの国も国内の製造業者や農民を戦禍から立ち直らせるため関税を引き上げた。1世紀にわたって自由貿易の旗振り役を務めてきた英国では、1921年に議会で産業保護法が可決され、課税によって外国の光学機器・試験機器・有機化合物などの製品が30％以上値上がりした。この法律は、製造コスト以下で販売されていると判断された輸入品に対して政府が罰則を科すことも認めていた。この条項は26以上の国との間で条約違反に相当するものだったが、国内の産業別組合には歓迎された。米国も1921年、1922年と二度にわたって関税を引き上げた。輸入品の3分の2は関税を免除されたが、残りの輸入品は荷揚げ時点で価格が100ドルから平均139ドルに跳ね上がった。スペインの平均輸入関税率は1913年の33％から1925年には44％に、英領インドでは4％から14％に引き上げられた。ある国が新たな輸入規制をかけると、他の国も同様の規制で報復に出ることが多かった。1925年から1929年にかけてヨーロッパ26カ国のほか、オーストラリア、カナダ、ニュージーランド、さらに中南米の多くの国も関税を引き上げた。[10]

運賃の低下傾向が戦前並みにまで回復していたら、関税引き上げの影響も相殺されていたかもしれない。19世紀末以来、造船は他の産業よりずっと速いペースで生産性を向上させていた。その主たる要因は、鉄の代わりに鋼を使うことで輸送能力の高い大型船の建造が可能になったことにある。こうして海上貿易のコストは低下し、ある船会社では1885年から1914年にかけてトン当たり輸送費が平均60％低下したと試算している。だが輸送費の値下がりは1920年代になるとストップした。原因については歴史学者のあいだでも諸説あるが、いずれにせよ1920年代の平均輸送費（インフレ調整後）が、1913年のそれとほとんど変わらなかったことは事実である。もはや輸送費の値下がりが貿易を促進することもなくなっていた。[11]

国際貿易の停滞に加え、対外投資も減少した。第一次大戦前、外国人が所有する資産は国債から工場に至るまで、世界の産出量の約18%に達していた。だがこの数字は１９２０年代を通じて減少し続け、１９３０年には8%まで低下した。もちろん人目を引くような外国からの投資もたくさんあった。フォード・モーターは戦前から米国製部品を英国とフランスで組み立てるなど、長距離サプライチェーンの先駆けとして、１９２０年代末にはヨーロッパの13カ所に工場を所有していた。だがフォードの活動が広域に及んだことそのものが、戦間期のグローバル化に特有の限界を示している。つまり関税が高いため1～2カ所の効率の良い大工場からヨーロッパ全域に製品を輸出するのは現実的でなく、デンマークのような小国にまで工場をつくらざるを得なかったのだ。ＩＢＭなどはフランスとドイツの工場で、米国からの輸入部品を使って作表機を生産していたが、多くの外国企業は部品や原材料を輸入するより、現地工場にライセンス生産させて関税を回避する道を選んだ。例えば米国の自動車メーカーは英国の関税を免れるためカナダ経由で輸出していたが、カナダでは一定の割合で国産部品を使わざるを得ず、米国製の部品を使うと高い関税がかけられた。全体として、金融と製造業は１９２０年代に国際化が大幅に後退した。関税や通貨切り下げといった貿易障壁への対策が常に必要になるため、投資は国内に振り向けられがちだった。[12]

人の移動も減った。最大の移民受け入れ国である米国は、１９０５年から１９１４年の10年間のうち6回、１００万以上の移民を受け入れた。だが１９２４年に厳しい移民規制が導入されると、移民は年平均約30万となり、しかも3分の1近くが遠隔地でなくカナダからの移民だった。当時、ヨーロッパからの移民が多かったもう一つの国アルゼンチンでは、戦前は年間約20万を受け入れていた移民数が、1920年代には平均で半分ほどに減った。またこの時期には中国が移民の最大の供給源となり、何百万人もが東南アジアに、さらに何百万人もが日本支配の強まる満州へと移り住んだ[13]。

大恐慌から第二次大戦へ

物資・投資・人の自由な移動が早期に回復するとの希望を完全に打ち砕いたのは大恐慌だった。1929年10月29日火曜日、ニューヨーク証券取引所で株が暴落し、取引が混乱して株価を表示するティッカーに数時間の遅れが生じた……大恐慌はこんなふうに始まったと一般には信じられている。だがそれはタブロイド紙上の話に過ぎない。ブラック・チューズデー(暗黒の火曜日)のはるか以前から、世界各地でデフレが進んでいた。最大の原因は経済政策の失敗にある。金が不足しても各国政府が自国通貨を金で固定することにこだわったため、国内金利が上昇し、経済成長が阻害され、銀行は不良債権に悩まされることになった。データが示す通り、1930年になると日本からイタリア、カナダに至る経済大国が、こぞって物価下落の長期化に苦しめられていた[14]。

デフレは経済成長にはマイナス要因となる。物価が下がることがわかっていれば、企業は設備投資を先送りし、消費者はお金を使わなくなる。こうした状況が１９３０年代初めに世界中で起こり、失業があらゆる国に蔓延した。ほとんどの国でこの時期のデータは断片的とはいえ、公的統計による米国の失業率は経済が比較的安定していた１９２９年には約３％だったが、１９３０年には９％に急増している。特に農業の状況はきわめて深刻で、農場労働者の日給は部屋なし食事なしで２・15ドルと、10年前の３分の１まで落ち込んだ。ヨーロッパでも状況は似たり寄ったりで、どの国の政府も財政再建や金準備に汲々となり、失業対策は後回しになった。大恐慌以前のＧＮＰの水準まで回復するのにオランダは８年、カナダは９年、フランスは10年かかった。ニューヨーク株式市場で最もよく知られた指標であるダウ工業株30種平均は、大恐慌以前の水準を回復するのに１９５４年11月までの25年間、あるいはこの間のインフレ率を調整するなら、もっと長い時間がかかった[15]。

こうした景気後退は、もちろん貿易にはマイナスである。消費者はお金を使いたがらず、１９３０年には世界の輸出入はなんと８％も下落した。だがこれは序の口だった。１９２９年４月、米議会は苦境に立つ農業部門の訴えに応じ、新たな関税法の策定に取りかかっていた。最初は農民を助けるためのささいな措置だったが、たちまち悪循環を引き起こして制御不能に陥った。ニューヨークの株式大暴落の８カ月後に施行された「１９３０年関税法」、通称「スムート・ホーリー関税法」は、関税対象品目を増やし、かつ税率を引き上げるというものだった。関税率の多くは、輸入品の製品価格でなく、輸入品の重量当たりのドル価格に設定されたため、デフレの進行で物価が下がるにつれ、輸入品価格に占める関税の割合は大きくなっていった。スムート・ホーリー法により、1932年までに多くの鉱物・農産物・工業製品の米国への輸出コストは59％増加することになった。[16]

1930年当時、米国は全貿易の約7分の1を占める世界一の貿易国だったから、貿易相手国はこの新たな関税措置に激怒した。それでなくても製造業の需要が落ち込んでいるのに、これでは輸出がストップしてしまう。カナダとヨーロッパ諸国は、対抗措置として米国の輸出品に対する関税を引き上げた。その後、1931年夏にヨーロッパ全域に銀行危機が拡大すると、各国政府は自国通貨の金への紐付けを解除し、低迷する経済に中央銀行が金融政策を行えるようにした。こうして金本位制は崩壊し、為替相場は乱高下するようになった。各国が相次いで為替管理を導入したため、輸入代金の支払いに必要な外貨を確保することは難しくなった。

世界貿易（インフレ調整後）は1929年から1933年に3分の1近く減少し、その後も思うように回復しなかった。同じ時期の工業製品の貿易は42％も減少した。外国からの投資は、各国が国民の海外送金を制限するようになったため、ほぼストップした。国際連盟の統計によれば、1931年9月1日からの16カ月間に23カ国が全面的に関税を引き上げ、50カ国が特定品目の関税を引き上げ、32カ国が輸入割当や輸入許可制度を導入した。国際連盟の報告書は、「1932年半ばまでに、国際貿易メカニズムが国際通貨システムと同様の完全崩壊の危機に立たされていることが明らかになった」と警告している。[17]

経済危機は長期化し、国際貿易と対外投資の崩壊によって事態はさらに悪化。政策にも大きな影響を与えた。失業率の上昇と生活水準の低下を受けて、米政府とカナダ政府は異例の積極策を打ち出し、農業支援や公共事業の拡大、貧困者・高齢者・失業者への支援など、政府の介入を大幅に拡大した。経済回復はもはや民間企業だけの問題ではなくなった。ヨーロッパでは経済危機で民主政治が揺らぎ、ロンドンでもパリでも権威主義的なナショナリズム運動のデモが起き、ドイツ、ハンガリー、ポルトガルなど各地で独裁政権が誕生した。

アフリカやアジアにあるヨーロッパ列強の植民地など、農産物や天然資源などの一次産品を輸出の主力とする地域の状況は特に深刻だった。ヨーロッパや北米の富裕国が高い貿易障壁を設定すれば、一次産品の輸出国は国内製造業を育成できなくなる。もはや農場や鉱山の産品を売るしか生き残る道はないが、それも危うくなった。1929年に銅価格が暴落すると、チリの輸出額（ドル換算）は3年間で88%も急落した。コーヒーと砂糖の輸出がさかんで、製造品の輸出がほぼ皆無のブラジルでは、輸出額が3分の1にまで落ち込んだ。ゴム、羊毛、パーム油、錫などはいずれも1930年代初頭に大幅に値下がりし、輸出と引き換えに購入できる輸入工業製品の量も減った。第二次大戦前の軍備拡大で新たな需要が生まれるまで、多くの一次産品の価格は長期にわたって低迷し、貧困国の生活水準は、ヨーロッパや北米や日本のそれから大きく引き離されることになった。[18]

1930年代後半、世界はいくつかの貿易圏に分裂した。それぞれの貿易圏内で友好国が優遇され、それ以外の国は関税によって排除された。ただし大英帝国は別枠で、カナダ、インド、オーストラリア、南アフリカの輸出品のほとんどは、帝国内で関税なしで取引できた。すでに韓国を併合していた日本は、1930年代に満州（中国東北部）を占領して日本の輸出品の主要市場とする一方、中国の対日本以外の貿易はほぼ途絶した。ドイツでは北米との貿易が消滅したためヨーロッパへと対象を切り替え、その一部の属国化を目指すようになった。イタリアも、リビアを中心とするアフリカの植民地との貿易が増え、それ以外の国との貿易は減少した。対外投資も対外融資もなくなり、国同士の経済的つながりが失われたことが、戦争への道を開いていった。1939年9月1日、ドイツ軍150万がポーランドに侵攻し、世界中のほとんどの地域を荒廃へと向かわせる血みどろの戦争が始まった。

4章 第二のグローバル化

1944年7月、歴史上最も破壊的な戦争、第二次大戦は6年目を迎えようとしていた。連合軍がヒトラー率いるドイツを東西から挟み撃ちする一方、太平洋では北上して日本本土へと迫るなか、44カ国の経済専門家がニューハンプシャー州ホワイト山地にあるリゾート地、ブレトンウッズに集まり、戦後世界に向けての構想を話し合った。与えられた課題は、第二次大戦前の数十年に起きたような経済危機を招かずに、国際貿易と対外投資を回復するにはどうすれば良いかということだった。そのためにはまず、為替相場を管理する方法を見つけなければならなかった。

ブレトンウッズの交渉担当者たちには、大恐慌時代の経験が強烈に焼き付いていた。ソ連以外は、どの国も世界経済自由化のメリットを認めていた。しかし同時に、為替相場を金に結びつけたことが大恐慌を悪化させたことも明らかだった。そのせいで各国政府はマネーサプライで経済を活性化させ、大量失業や生活水準の悪化・社会不安に対処することができなかった。確かに為替相場の不安定化は問題だが、かといって金価格があらゆるものに優先する時代に逆戻りすることも、ありえない選択肢だった。[1]

ブレトンウッズの最終合意で選択されたのは、より柔軟な金本位制、すなわち各国の為替相場を米ドル建てで表示する方法だった。そして米国側も、各国の中央銀行が所有するドルを1オンス35ドルで金に兌換することを承諾した。こうすれば、すべての主要通貨が金に対しても、他国の通貨に対しても固定される。だが新しいシステムには二つの抜け穴が用意されていた。第一は、各国政府が為替レートを発足時から10％以内なら変動させることができ、金利を小幅に操作して国内経済を管理できるようになっていたこと。もう一つの抜け穴は、ある国が「根本的な不均衡」（その定義は明確にされなかった）に陥った場合、新設された国際通貨基金（ＩＭＦ）の許可を得るという条件で、為替レートを変更できるというものだった。その根底にあったのは、柔軟な金本位制を導入して自国通貨への信頼を高めると同時に、深刻な経済問題が起きたときは為替レートの操作で対処できるようにしようという発想だった。

実際に、一部の通貨は抜群の安定性を獲得した。例えばスイス・フランは１９４６年から１９７０年まで１ドル＝４・３というレートをきっちり維持したし、スウェーデン・クローネは20年以上にわたって１ドル＝５・18というレートを、変動幅１パーセント以内で維持した。一方で経済に問題を抱える国は通貨の切り下げを余儀なくされた。インフレに苦しむフランスでは1945年に1ドル＝119フランだった相場が、1960年初めには490フランのフラン安となり、政府は通貨安定のため旧100フランに相当する「新フラン」を発行した。さらに、よほどの非常事態でなければやってはいけない禁じ手は、自国通貨を安定させるために輸入を制限することだった。そもそもブレトンウッズ体制の目標は貿易自由化にあったからだ。それでもこの体制を機能させるには、決して自由化してはならない品目があった。それは通貨である。もし投資家が自由に英ポンドを売ってフランス・フランに替えられるようになったら、ポンド＝フランの為替レートが混乱してしまう。だから国際資本移動は規制する必要があった。英国の経済学者ジョーン・ロビンソンは1944年にこう指摘している。「富を私有する者は、自分の都合で資金を世界中に移動させる権利を有しない」。平たく言えば、政府が金融業界を厳重に管理し、国境を越えた投資を制限したり、さらには国民の誰が貴重な外貨を入手できるかを決定したりするということだ。金融のグローバル化は許されなかったのである。[2]

GATTの誕生

ブレトンウッズに集った交渉担当者たちは、国際貿易を拡大することを単なる経済的目標とは考えていなかった。二度の壊滅的な世界大戦を経験した彼らは、第三次大戦を回避するには国家間の経済的結びつきが不可欠と考えていたのだ。だがその一方で、ほとんどの国で家族経営の農家や企業が経済の中核を担っていることもわかっていた。貿易障壁や投資制限によって小規模で非効率的な企業は守れるが、成功した企業の対外進出は難しくなる。特に工場から車を飛ばせば別の国の顧客に会えたりするヨーロッパでは、国境を越えた取引が容易になれば会社が大きくなって最新の設備を導入し、研究に資金を投じ、生産性を向上させ、ひいては大陸全体の生活水準を向上させることもできるはずだった。

だからブレトンウッズ協定は、国際貿易機関（ITO）を設立して国際貿易を管理させ、こうした貿易拡大のプロセスを推進しようとしたのだ。だが国際機関が貿易政策を規制することに米国内の反発が強く、ITOの設立は見送られた。その代わり、23カ国が合意してより権限の弱い組織「関税及び貿易に関する一般協定」（General Agreement on Tariffs and Trade＝GATT）が設立された。GATTの目標は、輸入関税の削減に向けて各国のコンセンサスを取り付けることだった。1947年から1956年にかけて4ラウンドの交渉が行われ、各加盟国は他国も同様に関税を引き下げることを条件に、特定品目の関税引き下げを約束した。各ラウンドで何千もの関税引き下げ品目リストが作成され、中には重要品目の価格の20％以上が引き下げられ、国内の生産者が競争力を維持するには生産を効率化せざるを得なくなるケースもあった。GATTはしばしば「おしゃべりの場」と揶揄され、加盟国が増えるにつれ、関税引き下げ交渉は時間のかかる煩雑なものとなっていった。工業製品の関税引き下げでは成果があり、関税がゼロになることもあったが、農産物の関税引き下げはほとんど実現しなかった。サービスに関する貿易障壁は関税でなくライセンス要件などの形をとったが、問題があまりにも山積みであり、この分野はほとんど手付かずのまま終わった。

GATTにはいろいろ欠点もあったが、二つの革新的手法によってグローバル化の進展に大きな影響を与えた。一つは関税引き下げに拘束力を持たせることであり、例えばトラックのアクセルの輸入関税を15％から5％に引き下げることに合意した国は、二度と関税を引き上げられないという仕組みだ。これが保険となって、将来の政府が特定の輸入品の関税を引き上げ、輸出側の計算が狂わされることはなくなる。もう一つの革新的手法は、1国が関税引き下げに合意したら、それがすべての加盟国に平等に適用されるという点である。それまでの貿易協定は二国間（例えば米国とニカラグアは1936年に協定を結んでいた）や大英帝国に属する国々など、特定の国同士で結ばれるのが通例だった。だがGATTの場合、いったん関税引き下げに合意すると、それはどの国からの輸入にも適用された。特定の国同士がGATT以上の条件で関税同盟を結ぶ場合は、その協定が両者の「実質上のすべての貿易」を対象にしていること、あるいはGATT加盟国の3分の2の承認をとりつけることが条件となる。この条項から一連の画期的な関税同盟が結ばれ、最終的にはヨーロッパの大部分を含む単一市場への道を開くことになった。[3]

マーシャル・プランの効果

戦後世界に繁栄はなかなか戻らなかった。1945年の終戦から数年間、北米経済は問題を抱え、ヨーロッパやアジアの多くの地域の状況はもっと厳しかった。1930年代から続く輸入制限（GATTによる関税引き下げが始まるのは1948年）は、経済回復を阻む障害の一つに過ぎなかった。多くの国の金準備・ドル準備は戦費に費やされて枯渇しており、トラクターや工場機械、食肉、穀物、石炭を輸入しようにも資金がなかった。米国やカナダは生産設備が無傷で残ったとはいえ、主要な輸出市場は失われていた。長年にわたる物価や賃金の統制で労働者の購買力は低下し、労働争議が起きて民間企業の国営化が叫ばれていた。フランスでは1947年、ストライキによる労働損失日数が2200万日を超えた。同年、ヨーロッパとアジアの食料生産は10年前の水準を大きく下回り、製造業者は最高価格統制措置が不公平として投資を手控えた。経済成長は不安定で、多くの国では1948年に至っても、1人当たり所得（インフレ調整後）が戦前の水準を回復できなかった。[4]

苦境を打破するきっかけとなったのは、米国からの援助だった。1948年に米議会でマーシャル・プランが承認され、4年間で130億ドル近くをヨーロッパ諸国に投入し、経済復興に必要な機械・原材料・食料・飼料を輸入できるようにした。マーシャル・プランの基本戦略は、戦後世界で覇権を確立した米国が、平和に対する最大の脅威と目するソ連に対し、政治的にも経済的にも対抗できる同盟国を形成することにあった。ソ連とその衛星国はマーシャル・プランの受け入れを拒否し、貿易や対外投資の拡大もいっさい否定した。ソ連の占領地封鎖を受け、西側が占領する3区域を統合したドイツ連邦共和国（西ドイツ）が生まれ、新たな通貨ドイツ・マルクが採用された。これにより、戦前のヨーロッパ大陸で最大かつ最も工業化された経済が復活することになった。[5]

マーシャル・プランの支援には条件があった。受け入れ側のヨーロッパ17カ国は物価統制を廃止し、民間企業を奨励することを約束しなければならない。こうして東側が採用する国営経済とは異なる、需要供給に基づいて価格が決まる自由な市場経済を基本とすることが確約された。[6]また米国は、ヨーロッパ各国が協調体制をとることも要求したが、成人のほとんどが二度にわたる戦いの記憶を持つ敵国同士の協力は容易ではなかった。具体的な一歩が踏み出されたのは1951年、6カ国が電力用・工業用の石炭、そして主要な工業製品である鉄鋼をめぐり、不公平な商慣行を全面的に撤廃することに合意したことだった。こうして生まれた欧州石炭鉄鋼共同体が、貿易拡大の扉を開くことになった。優良な鉱山や製鉄所は成長して西欧全域に製品を販売できるようになり、効率の悪い業者は姿を消していった。共同体の執行機関である「最高機関」は様々な決定を調整し、石炭・鉄鋼に課される鉱業税を財源として、製鉄所の近代化のために融資を行ったり、離散労働者に助成金を提供したりした。

もちろん目指したのは雇用の確保だけではない。真の目的は、フランスのロベール・シューマン外相が述べているように、加盟各国をより緊密に結びつけて、「フランスとドイツ間のいかなる戦争も、単に考えられなくなるばかりでなく、物理的に不可能にする」ことだった。各国政府が貿易の一部を国際機関に委ねるという発想はあまりに過激で、計画立案にあたったフランスの外交官たちは自国政府にさえ極力秘密にしていた。ベルギー、フランス、イタリア、ルクセンブルク、オランダが加盟したのは、ヨーロッパの復興に西ドイツの復興が不可欠であると知っていたからだけでなく、ドイツがその経済力を使って再び戦争を起こさない保証を求めていたからである[7]。

厳密に言えば、欧州石炭鉄鋼共同体は「実質上のすべての」貿易を対象としてはいなかったため、GATTの規則には違反していた。だがGATTで最も発言力のある米国も、この規則違反には異議を唱えなかった。米国がこの共同体の成功を願ったのは、ヨーロッパ諸国が米国の輸出品を不当に扱うのを防ぐこと以上に、共産主義に対する防波堤を築きたかったからだ。イタリア、フランスなどでは親ソ連の共産党が勢力を伸ばしており、これに対抗するには労働者の生活水準を向上させるのが一番とみられていた。そのために米国からの輸入よりヨーロッパ間の貿易を増やすほうが効果的なら、その程度の代償は問題にならなかった。

この戦略は大成功だった。関税引き下げ、通貨の安定、さらに朝鮮戦争の特需もあって、ヨーロッパ経済は上向きに転じた。１９５０年から１９５２年にかけて、西ドイツから他のヨーロッパ諸国への輸出は87％、スウェーデンからのそれは45％、オランダからのそれは36％増加した。１９５３年には、西ドイツの輸入品の90％が無関税となった。ヨーロッパ企業が外国で多額の投資を行い、米国の製造業者がヨーロッパ各地に工場を開設するなど、対外投資も活発化した。貿易と対外投資が拡大すると、生産性も急速に向上した。１９５５年のオランダの平均的労働者の生産高は１９５０年より25％、西ドイツのそれは40％増えた。生活水準も同様で、イタリアの工業品輸出が１９５０年から１９５７年にかけて2倍以上に増えると、何百万もの貧しい農民が南部の僻村から急成長する北部の都市へ移住しはじめた。北部では工場の仕事で安定収入が望め、屋内には給排水設備が整い、ショウウィンドウには最新ファッションが並んだ。イタリア人が戦後を「イル・ミラコロ（奇跡）」と呼んだのも当然だった。[8]

ヨーロッパの指導者の中には、二度の大戦を引き起こした国境をなくしてしまおうという、さらに大きな夢を抱いた人々もいた。こうして１９５７年のローマ条約により欧州石炭鉄鋼共同体は欧州共同体に生まれ変わり、石炭と鉄鋼だけでなく、加盟国からの全輸入品に対して制限を撤廃することになった。これは非常に画期的な出来事であり、政府が貿易政策に関する権限を無償かつ全面的に委譲するなど、かつてないことだった。欧州共同体の域内では貿易が自由化され、ヨーロッパの製造業者はいやおうなく国際企業にならざるを得ない。おそらく競争激化で時代遅れの工場は消え、近代化された工場がより高賃金の新たな雇用を生み出して、その埋め合わせをするはずだった。そしてこの賭けは、みごとに成功する。

「北主導」による第二のグローバル化の始まり

1948年、GATTの最初の合意が発効したときが、第二のグローバル化の始まりだった。世界貿易は急成長したものの、貿易パターンは第一のグローバル化とあまり変わらなかった。貿易も対外投資も、戦前の先進工業国だった西欧・米国・日本を中心に行われ、当時はこれらの地域を、その人の政治信条によって「北」「中心」「先進国」などと呼んでいた。そして「北」では製造業が比較的高給の雇用を数百万単位で生み出したことから、国際貿易はおおむね歓迎された。

だがそれ以外の国々は、これらの「先進国」に原材料を供給するという形で第二のグローバル化に参加した。「南」「周辺」「後進国」とされる地域では、1人当たりの平均的工業品消費はヨーロッパや北米に比べて著しく少なく、工場で生産されるのは衣料品くらいのものだった。製品を輸出しようにも輸送費が高く、しかも富裕国は高い関税を課していたから、綿花を布地に、鉱石を棒鉄に加工して経済発展の階段をのぼることはできない。賃金も生活を維持するのがやっとのレベルだった。こうした格差を見事に浮き彫りにする統計がある。1959年の製造業生産で、中南米・アフリカ・アジアを合わせても世界全体の10％にも満たなかったのである。[9]

むろんこれらの国々は終戦を機に長年の植民地支配を脱し、鉱物・食品・繊維の輸出で潤っていた。コーヒーからジュート、石油に至る一次産品は、1955年のブラジルの輸出の10分の9、インドとトルコの輸出の4分の3を占めていた。だがこれらの産品は富裕国で十分に生産できないか、まったく生産できないものに限られていた。チリの銅やインドの紅茶には外国市場があったが、コロンビアの砂糖は米国では需要がなく、タイの米は日本では売れなかった。しかも、ほとんどの国が1品目か2品目に極端に依存していたから、ゴムやスズの価格が暴落すると大打撃を受ける恐れがあった。だから貧しい国の人々は自分たちこそが犠牲者であり、国際貿易や国際投資は繁栄よりも貧困をもたらすものと受け止めた。こうした感情は、ヨーロッパ支配の脱却を目指す地域で強力なナショナリズム感情と結びついた。[10]

アルゼンチンの経済学者ラウル・プレビッシュは、それとは別の新たな道を提案した。独立機関である中央銀行のトップだったプレビッシュは、1943年の軍事クーデタで職を追われ、最終的には亡命に追い込まれた。1949年3月、仕方なくチリに本部を置く無名の国連組織「ラテンアメリカ経済委員会」のコンサルタントとなる。最初に任されたのは中南米経済の調査だった。そして5月の会議でその報告書が発表されると、大きな反響を巻き起こした。プレビッシュはその報告書の中で、自由貿易は規模の大きい先進国に利益を与えるが、「世界経済の周辺部」に置かれた国々に損失を与えると主張したのだ。デヴィッド・リカードによれば、それぞれの国が最も効率的に生産できるものを生産し、それ以外のものを輸入すれば最も利益が得られるというが、それでは周辺国の労働者の生産性も生活水準も向上しないとプレビッシュは言う。一次産品は工業品に比べて技術発展により価格が下落することから、周辺国はあたかもランニングマシン上を走るように、同じ量の工業品を輸入するのに原材料の輸出をどんどん増やさなければならなくなる。だから自由貿易を歓迎しないで、消費財の輸入を抑え、機械や工場設備を導入すべきである。消費財は国内産業を高関税で保護し、逆に富裕国に輸出すればいい。このやり方をとれば、やがては生産性も向上し、段階的に経済を開放していけるというのだ。

プレビッシュのビジョンは「輸入代替工業化」政策と呼ばれ、世界の多くの国に受け入れられた。中南米では英米による経済支配を転換させる代替策となり、アジアとアフリカでは旧宗主国の経済支配を脱するための指針となった。独立したばかりのインドでは1950年に計画委員会を発足させ、旧英領黄金海岸では1957年にガーナとして独立する前から計画省を設置するなど、各国政府が専門家を動員し、どの産業をどう発展させるべきかを検討しはじめた。輸入代替の考え方は、国家統制型の共産主義ソ連とも、米国が提唱する資本主義とも異なる経済発展の「第三の道」を示し、これを支持するアフリカ・アジア22カ国の指導者は1955年、インドネシアのバンドンで第一回非同盟国会議を開いた。指導者たちはほぼ例外なく、世界の富裕国との関係を不平等なものと感じていたのである。

このような不均衡を是正するには、自国経済を苦しめる一次産品の価格変動を抑えるしかないと指導者たちは考えた。1958年、GATTの依頼を受けた著名な経済学者グループが、一次産品輸出国の主張には一理あり、国際市場の変動を抑制することは有効であると結論づけた。一次産品の価格安定はどの国も望むことで、すぐに77カ国（「G－77」）が実現を支援するよう国連に要請を出した。国連は欧米の反対を押し切り、開発途上国の懸念に対処する「国連貿易開発会議」（UNCTAD）を1964年に設立した。事務総長に指名されたプレビッシュは富裕国と貧困国の関係を抜本的に改革することを主張し、一次産品の価格安定に向けて協力すること、輸入代替工業政策によって開発途上国の製造業を強化すること、そして対外援助を拡大することなどを呼びかけた。これら一連の提案は、他の提案も加えて「新国際経済秩序」と呼ばれるようになる。[11]

こうした考え方は理論的には説得力があるが、実践となると話は別だった。コーヒーのような一次産品については、第一にそれぞれの生産国が生産量を制限し、さらに各生産者の収穫量を管理しなければならない。第二に、国際基金をつくって一定量のコーヒーを購入・貯蔵・販売し、国際価格を安定させなければならない。膨大な資金が必要だし、高値なら貯蔵分を販売に回し、安値なら買い占めるといったタイミングを見極める知識も求められる。それだけの資金と知識を確保するのは簡単ではない。輸入代替工業化についても、役人が輸入認可や補助金を与えるので不正の温床になる恐れがあるし、外国との競争がないため、非効率な産業をつくりだす恐れもあった。輸入代替工業化を試みた国の中での成功例は韓国と台湾、そしてずっと遅れての中国など、ほんの一握りだった。多くの国はUNCTADの助言に従って商船団を創設し、海上貿易の一部を担わせたが、経営の不備もあって資金を提供した政府、これを利用せざるを得なかった輸出業者の双方に多大な損害を与えた。[12]

1960年代末の時点で、貧しい国の多くはいまだに世界経済とのつながりを持てずにいた。アジアの発展途上国はベトナムやラオスでの戦争、度重なるインド=パキスタン紛争、南北朝鮮間の軍事的緊張、中国のプロレタリア文化大革命の混乱などで引き裂かれた状態で、UNCTADによれば1967年のこの地域の乾式貨物輸出は世界全体の1%にも満たなかった。アフリカ経済は低迷を続け、中南米において輸入代替工業化がもたらしたのは対外債務の山くらいのものだった。世界の多くの国々は、国際貿易は「北」が「南」を支配するための陰謀と見なし、貧しい国々のほとんどが国際貿易に関わろうとしなかった。だがそれから数年後、立場は逆転することになる。[13]

第2部

貿易自由化と二極化

5章 コンテナ革命

長い歴史の中で、1956年は二つの意味で重要な年だった。工業製品の貿易額が一次産品のそれを初めて上回った年であり、画期的な輸送手段であるコンテナ輸送が実用化された年でもあった。どちらの出来事も当時はあまり注目されなかったが、第二のグローバル化における歴史的な出来事であり、第三のグローバル化における世界経済の劇的な変化に道を開く出来事でもあった。

第二次大戦後、物資の輸送コストが国際貿易の大きな障害となっていた。商船の大きな進歩、つまり帆船から外航蒸気船への転換、船体の鉄から鋼への転換、蒸気船のための効率的な複合エンジンの開発などは、すでに何十年も昔の話となっていた。鉄道による国際物資輸送は時間がかかり、運賃も高かった。ヨーロッパの国営鉄道では旅客サービスのほうが優先され、貨物は軽視されていた。北米では貨物料金に対する規制が鉄道会社の利益を圧迫し、線路や貨物ヤードへの投資は進まなかった。アジアでは国境を越える鉄道はほとんど存在しなかった。大型タンカーやドック用のフォークリフトなどの技術革新はあったが、貨物輸送費の絶えざる上昇を抑えることはできなかった。

一次産品の輸出は単純そのものだった。小麦や鉄鉱石はコンベアベルトでばら積み船の船倉に積み込み、原油やガソリンはタンカーに積み込めばいい。いずれの場合も時間や労力はほとんどかからない。だが「ブラックバルク・フレート」と呼ばれるもの、例えば洗濯機、袋入りのコーヒー豆、段ボールに入ったプラスチック製の人形など、個別梱包された品物を輸出するには面倒な作業が必要だった。木箱や金属製のドラム缶、麻袋からボール箱に至るまで、品物はあらゆる形に梱包されて工場や加工場から送り出されてくる。多様な荷物を、一つのトラックや貨車に一緒くたに積み込まなければならない。船便で輸出する場合も、港まで運んでトラックや列車から降ろし、倉庫に運び入れ、出航準備ができるまで数週間ほど保管する。船に積み込むには、それぞれの貨物をドックに運び、他の貨物と一緒に網や木製パレットに入れ、ウインチで船内の貨物倉まで持ち上げる。そこで港湾労働者が荷物のかたまりから品物ごとに選別して、船のどこに収納するかを決めるのだ。このようにドラム缶入りの化学薬品であれ、段ボールに入れた靴であれ、出航までに何度も積み替えられていたのだ。[1]

1950年代、大西洋を横断する標準的な貨物船は、圧縮梱包された綿花から4ドアセダンに至る品物を20万点ほど積むことができた。こうした貨物の積み込みだけで2週間かかり、100人以上の港湾労働者が必要だった。航海が終わって積み降ろされた品物を、さらに最終目的地まで輸送するのも同じくらい大変な作業だった。米国の工場から主たる輸出先であるヨーロッパの顧客まで、輸送には3カ月かかり、運賃は商品価格の10~20%を占め、しかも盗難や損害のリスクも少なくなかった。輸送時間と輸送費を最小限に抑えるため、港の周辺に工場が密集していることも多く、ロンドン、ハンブルク、ニューヨーク市などの大きな港は製造拠点にもなっていた。輸送費を抑え、手間をなるべくかけないことが工場立地を決める重要な判断基準だった。

こうした貨物をコンテナ（容器）に入れて輸送費を削減するという発想は、決して目新しいものではなかった。18世紀には運河船の着脱式貨物室という形で試験的に用いられていた。19世紀にはフランスと英国の鉄道で輸送用の木箱を運び、これを手動のクレーンで長物車《ながものしゃ》から馬車に移して輸送していた。米国では1920年代に様々な鉄道で貨物を小さな鉄製の箱に入れ、特別に設計された車両に並べて運んでいたが、コンテナの使用には鉄道を管轄する州際通商委員会（ICC）が難色を示した。というのも、従来から鉄道貨物は品目ごとに別々の料金を設定するよう定められていたからである。委員会はコンテナ内の最も高額な商品を基準にして、重量当たりで課金することを決めた。このため鉄道会社はコンテナを一つひとつ開け、中身を調べなければならなかった。これでは輸送の迅速化や運賃の値下げはとうてい無理である。

再びコンテナ輸送が試みられるようになったのは第二次大戦後だった。太平洋の島々への上陸用に設計された舟艇が、米大西洋岸でトラックを自走で積み込むロールオン・ロールオフ（RORO）船に転用されたのだ。1933年にヨーロッパの鉄道会社が設立した国際コンテナ協会も、貨物列車で小型の木製コンテナを使うことを再び奨励しはじめた。米国では軍が兵士の所持品の輸送に小さな鉄製の箱（通称コネックス・ボックス）を採用していたし、一部の鉄道会社では専用のトラックや鉄道車両に乗せて運ぶコンテナを開発していた。さらに船舶輸送でも、少数だがコンテナが使われていた。

だがいずれの場合も、国際的な輸送コストの削減には結びつかなかった。鉄道のコンテナシステムと船舶のコンテナシステムには互換性がなく、船に積み込むには、まず港湾労働者がはしごでコンテナの上に登り、四隅にフックを取り付け、ウインチでコンテナを船倉に下ろした後、別の労働者がコンテナの上に登ってフックを外し、さらにコンテナを他の積荷に合わせて所定の位置に移動させる必要があった。船上の積荷スペースは希少であり、大きな金属の箱には向かない設計だった。「コンテナより個別に積み込んだほうが、間違いなく貨物の占有面積は小さくてすむ」と、フランス港湾労働者協会の会長は1954年に述べている。またたとえコンテナを使ってコストが削減できても、空のコンテナを送り返すコストが上乗せされてしまう。1950年代半ばまで、貨物の取扱コストが国際貿易の大きな障害であることを誰もが認識していたが、それでも変化はなかなか訪れなかった。[2]

コンテナが起こした革命

コンテナの時代が始まったのは1956年4月、軍事用から転用されたタンカー、アイデアルX号がデッキにアルミコンテナ58個を積み、ニュージャージー州ニューアークからテキサス州ヒューストンまで航海したときのことだ。コンテナ輸送という考え方が世界経済を大転換させるだろうとは、当時の誰も想像していなかった。当初の目的はまったく違うところにあり、ノースカロライナ＝ニューヨーク間のトラック輸送コストを節約するためだった。

アイデアルX号を使ったのは、マルコム・P・マクリーンというトラック業界の大物だった。1913年にノースカロライナの片田舎に生まれたマクリーンは、大恐慌のさなかにトラック会社を興し、自分が経営するガソリンスタンドに少しでも安いガソリンを仕入れるため中古トレーラーを使いはじめた。第二次大戦中にマクリーン・トラックは急成長し、1945年には162台のトラックを所有し、ノースカロライナ州からフィラデルフィア、ニューヨーク、ニューイングランドまで織物やタバコを運ぶようになった。さまざまな規制があって運送会社が新ルートを開設するのは難しかったため、マクリーンは新たな市場を開拓しようと中小のトラック運送会社を買収した。そして1954年には売上高で全米8位、税引き後利益で3位のトラック運送会社にまで成長した。

鉄道と同様、トラックの運賃は州際通商委員会の承認を必要とした。競合他社より低価格を提示して新規顧客を開拓したいなら、その料金で利益を出せることを証明しなければならない。低料金を実現するには、呵責なくコストを削減することが成功の鍵だった。こうしてマクリーンは1953年、新たな輸送方法を考案した。戦後は自動車が飛ぶように売れて交通渋滞が深刻化し、トラックの運行が遅れて輸送費を押し上げていた。そこでマクリーンはノースカロライナ州、ニューヨーク市、ロードアイランド州の港にターミナルを建設し、トラックがスロープを渡って、引いてきたトレーラーを荷物ごと船に積み込むという方法を考えついた。こうすれば交通渋滞を避けて海岸沿いを船で輸送できる。そして港に到着したら別のトラックがトレーラーを引き取り、目的地まで配送するというわけだ。

マクリーンはさらに研究を重ね、トレーラーのスチール製の荷台・車軸・車輪を取り外し、本体だけを船で移動させるほうが合理的と判断した。そしてこのアイデアを実行しようと、大西洋沿岸とメキシコ湾沿岸での運航権を持つ小さな海運会社、パンアトランティック汽船の買収を計画した。だが規制当局はトラック会社が船舶を所有することを認めなかった。買収の承認を得るため、マクリーンはトラック会社を手放し、パンアトランティックを買い取ったうえで、同社が持つルートでコンテナ船の運航に乗り出した。パンアトランティックの収益の柱は米国本土と米国領の島国プエルトリコを結ぶ路線で、トラックや列車とは競合しない。港湾労働組合はコンテナの出現で大半の組合員が失業することを恐れて抵抗したが、これは当然のことだった。それでもハワイやアラスカ向けの航路で、他の船会社が徐々にコンテナを導入していった。[3]

草創期のコンテナ輸送には一つの特徴があった。それは、それぞれの船会社が自分たちの事業内容に合ったコンテナを使っていたということだ。パンアトランティックのコンテナは長さ35フィートだったが、これはニュージャージー州の集荷所に向かう高速道路で認可されていた荷台の長さにあたる。他の船会社は長さ8フィート、17フィート、24フィートなどのコンテナを使っていた。フォークリフトで運搬できるよう、底に溝をつけたタイプもあった。また溝はないが、港湾労働者がフックを吊り下げるためのリングが上部に設けられたものもあった。後部ドアや側面ドアがあるもの、積み重ねに耐えるよう内部に支柱のあるもの、ないものなどもあった。業界標準を統一すると、自社の事業内容に合わないコンテナを使わざるを得なくなると船会社は感じていた。だが有事に補助船を徴用する権限を持つ米海軍は、コンテナ規格がバラバラでは後方支援活動が煩雑になると懸念した。政府の要請を受け、海運業界はコンテナの長さ・強度・吊り上げ機構などに規格を設ける委員会を設置。3年にわたる激論の末、委員会は1961年にこの難題に答えを出した。コンテナの長さは10／20／30／40フィートの4種類とし、それぞれを組み合わせられるようにした。例えば10フィート2個と20フィート1個を組み合わせると、40フィート1個と同じ長さになるという具合だ。

その後、国際標準化機構（ＩＳＯ）も関与するようになった。１９６１年9月には11カ国の代表がニューヨークでコンテナに関する協議を行い、15カ国がオブザーバー参加した。コンテナの寸法・内部構造・ドアの配置などについて、米国で3年を費やした議論が国際レベルでも繰り返された。早急なルールづくりが必要なことは誰の目にも明らかだった。国際コンテナ輸送は専用の船舶があってこそ成り立つが、コンテナに新たな国際標準が適用される可能性があるなら、誰も特定サイズのコンテナに合わせた船の建造に投資したりしないからだ。最大の争点はコンテナを持ち上げ、トラックの車台に固定したり、コンテナ同士をつないだりする方法だった。コンテナメーカーはこぞって自分たちのコンテナが国際標準に選ばれることを望んだ。委員会がようやく合意に達したのは１９６５年のことで、コンテナの四隅に設置するスチール製の継手のデザインが統一され、標準型40フィートのコンテナが世界中どこの港や鉄道ターミナルでも使えるようになった。コンテナ輸送がグローバル化される準備が、ようやく整ったのである。

＊＊＊

1966年3月、コンテナ船に改造された2隻の船がコンテナと通常貨物を混載して米国と北欧を結ぶ航路に就航した。この時点では採算はまだ度外視されていた。コンテナに加えて通常貨物も荷揚げするとなると、港に何日も停泊しなければならず、コンテナ輸送のコスト優位は失われるからだ。翌月、最初のコンテナ専用船がロッテルダムに入港した。シー・ランドと改名されたマルコム・マクリーンの会社が運航する船だ。積荷のコンテナ226個は、待機していたトラック会社の手でヨーロッパ各地に発送されていった。以後、シー・ランドの船は毎週、大西洋航路を定期運航した。競合他社もすぐに追随した。そしてコンテナ船が初めて大西洋を横断してわずか2年後の1968年には、北大西洋航路にコンテナ船が週10便就航し、ばら積みの従来船はこの航路から完全に姿を消した。

太平洋航路へのコンテナ船導入は、これより少し遅れた。専門家は太平洋横断のコンテナ輸送は採算が取れないと指摘していた。北米とアジアを結ぶ航路は距離が長く、港より海上で過ごす時間が長いため、いくら積み下ろしを迅速化してもコスト節約にならないからだ。まして1960年代のアジアは、あまり有望な市場ではなかった。貿易大国は日本だけで、文化大革命の渦中にあった中国では外国からの投資や私営企業が禁止され、国外との貿易もほとんどなかった。韓国はまだ貧しく、工業化が始まったばかりで、輸出の主力はネクタイや靴などの労働集約的製品であり、輸入も最小限に抑えていた。ベトナムは米国との戦争で国が二つに割れ、外国との通商はほぼなかった。

ところがベトナム戦争が、思いがけずインターモーダル輸送（物品を積み替えることなく運ぶ輸送形態。主としてコンテナが使われる）に革新をもたらすことになった。南北900キロの南ベトナムは近代的な軍事行動にはまったく適さなかった。深海港はサイゴンだけで、老朽化した鉄道路線が一つあったがほぼ機能せず、高速道路はほとんど未舗装だった。このようにインフラが未整備の中、1965年初頭には南ベトナム軍の「軍事顧問」として2万3000の米兵が派遣され、ベトコンと呼ばれる国内ゲリラと、これを支援する北ベトナム軍の双方を相手にした戦闘がいつ果てるともなく続いていた。1965年4月にリンドン・ジョンソン大統領が大規模な派兵を決断すると、海軍の軍事海上輸送部は急遽、軍靴や建築資材、通信機器や武器などを送りこまなければならなくなった。サイゴン港の埠頭には到着した貨物が山積みになったが、前線の部隊は最低限の装備すら事欠く状態だった。事態が深刻化するにつれ、雑誌報道などもあって、ベトナムにおける物流の混乱が米政府を悩ます大問題にまで発展した。

この問題を解決しようと、軍の調査班が輸送手順の抜本的変更を勧告したのは1965年12月のことだ。第一の提案は、ベトナム向けの全輸送を「ユニット化された梱包」で行うことで、これはコンテナの別名である。当初は軍内の抵抗が強かったが、1967年3月にはシー・ランドが、米国本土とベトナムのカムラン湾に新設される港を結ぶコンテナ船の運航を請け負うことになった。同年末に運航は開始され、最初のコンテナ船が609個のコンテナを輸送した。これは標準的な在来船で軍事物資を運んだ場合の10隻分に当たる。カムラン湾ルートにシー・ランドの船が就航したことで、コンテナ船は長距離の太平洋航路で採算がとれるのかという疑問は完全に払拭された。こうして日米間のコンテナ輸送が1967年に始まった。3年後には香港、オーストラリア、台湾、フィリピン航路も就航し、これらの国は日米欧に独占されてきた国際貿易システムにより深く関与することになった。

コンテナ輸送は国際通商を劇的に進化させ、グローバル化を世界規模の現象へと拡大させた。米国の自動車輸入は1967年に百万台を突破したが、その大半はドイツ製だった。自動車はコンテナで運ぶわけではないが、整備に必要な部品はコンテナで運ばれる。国際コンテナ輸送が始まってからの10年間で、米国のタイヤやチューブの輸入は、フランスと日本からの製品を中心に年率25%の割合で増加し、日本とドイツからのカメラ輸入も同様の割合で増加した。米国では1972年、19世紀以来初めて工業品の輸入が輸出を上回った。1968年から1978年にかけて、米企業の国外工場への投資が2倍以上に増える一方で、米国内に外国企業が所有する製造資産の価値も3倍に増えた。その一例はペンシルベニア州に新設されたフォルクスワーゲンの組立工場で、これは大西洋を横断してエンジンやトランスミッションを安く輸送できるコンテナ船があったからこそできたことだった。[4]

コンテナ輸送によって日本は輸出大国となり、先進的な日本製品がヨーロッパやアジアの市場に浸透するにつれ、日本から海外への投資も増えていった。従来は内向きだった日本企業も、1978年の米国への投資額は10年前の10倍に達した。台湾や韓国でも現地工場で日本製部品を組み立て、低価格のラジオや目覚まし時計を他の発展途上国に輸出するようになった。また米国の大企業もマレーシア、シンガポール、フィリピンの工場で米国製部品から組立部品を製造し、米国の工場に供給するようになった。1980年までに日本を除くアジアからの輸出は70年代初頭の11倍に達し、アジアへの輸入もほぼ同様のペースで拡大した。こうして国外工場での組立てによって国際的なサプライチェーンが形成され、グローバル化はまったく新たな段階へと踏み出して行くことになる。[5]

6章 ホットマネーの功罪

第二次大戦後の四半世紀は、安定した為替レートが接着剤となって世界経済を一つにまとめてきた。その接着材が剝がれはじめたのは1960年代終わりのことだ。経済は混乱し、グローバル化する金融システムの緊張と圧力にもはや各国政府が耐えられないことは明らかだった。それでもなお国際金融はグローバル化を続け、一般大衆に莫大な代償を強いることになる。

1944年に合意されたブレトンウッズ協定は、為替レートの変動を最小に抑えることを目指していた。そのためには厳格な金融規制によって、国境を越えた資金移動を抑制する必要があった。多くの国の政府は銀行の対外融資を厳しく制限し、輸入に認証制度をもうけて貴重な外貨の流出を防ぎ、海外旅行に持ち出せる現金にさえ上限額を設定した。外国企業を買収しようとすれば買収費用を持ち出すために政府の輸出許可が必要だったし、買収先の会社が配当を対外送金することを先方政府に認めてもらわなければならなかった。輸入部品を使って製造を行う場合は、部品を輸入するのに必要なドルや円が入手できないリスクがつきまとった。このように国境を越えた経営は金融面のリスクが高かった。

外国為替制度は全面的に米国に依存していた。米国が戦後の復興を支援したり、西欧や日本での米軍駐留コストを肩代わりしたりしたので、外国の中央銀行の金庫にはドルがたまっていた。各中央銀行がこのドルを輸入や対外投資に融資してもリスクは一切なかった。米国が常時1オンス35ドルでドルと金の交換を保証していたからだ。だが１９５０年代から１９６０年代初めにかけて、例外的な1年を除いて米国からは毎年のようにドルの流出が流入を上回った。流出したドルを買い戻すために米国の金保有は徐々に減り、外国の政府・中央銀行のドル保有が米国の金保有を上回るようになった。もし各国が一斉にドルを金に交換しようとすれば、米国の金保有は枯渇して国際金融体制の根幹となるドル金相場が揺らぐことになる。だがドルが世界の基軸通貨である以上、ドルの国外流出を阻止することは不可能だった。ドルが十分にばらまかれていなければ、国際貿易・国際投資に資金を供給し、世界経済の目覚ましい発展を支えることは難しかったからだ[1]。

この矛盾の中で、ブレトンウッズ体制は崩壊を始めた。ブレトンウッズ体制への批判勢力も崩壊に拍車をかけた。フランスのシャルル・ド・ゴール大統領は１９６５年、米国の覇権に揺さぶりをかける狙いで、フランスの保有ドルを米国の金と交換すると脅しをかけた。米政府はドル流出を阻止すべく、形ばかりの対策を取った。1961年には米国人観光客が持ち帰れる免税品の限度額を引き下げる規定を、1964年には国内での外国株式や外国債券の発行に税金を課す規定を設けた。さらに銀行に対しても、対外融資の削減を要請した。こうした措置が発表されるたびに、銀行や投資家の間では、固定相場は生き残れないとの確信が強まった。1967年、慢性的な貿易赤字で外貨不足に陥った英国が突如ポンドの切り下げを発表し、世界中の市場に衝撃が走った。さらに1971年には、ニクソン大統領がドル=金交換の保証を停止することを発表した。緊急首脳会議が相次いで開かれ、各国首脳は為替安定のための新たな方法を模索した。1972年、首脳たちはさじを投げ、通貨の価値を市場に委ねることを決めた。[2]

変動相場制への移行で、国際金融を厳格に規制する必要はなくなった。1973年、米政府は自由な財の移動だけでなく、自由な資本の移動が世界経済を開かれたものにするうえで重要と宣言したが、各国はこれに強く反発し、ベルギーのウィリー・デ・クレルク財務相は、「そんな投機的な移動が国際貿易の流れや、ひいては世界中の無数の人々の雇用を左右してよいものだろうか」と批判した。それでも最大の金融市場と最強の通貨を持つ米国は主張を貫いた。数年のうちに規制は次々と撤廃され、さまざまな国で外国の投資家・銀行家・企業による株式発行・工場建設・現地企業買収への門戸が開かれていった。貿易には相変わらず多くの規制や煩雑な手続きがつきまとったが、国際金融は完全に自由化された。[3]

銀行が国際化で抱えたリスク

ブレトンウッズ体制の崩壊と時を同じくして、中東の産油国が生産を削減し、石油価格を引き上げることを決定した。石油は世界のどこでも米ドルで取引されていた。1973年に原油価格が急騰すると、サウジアラビアやリビアのような産油国は突如として莫大なドルを手にしたが、使い方がわからない。ロンドン、ニューヨーク、東京の銀行家たちが喜んで手を差し伸べたが、自分たちの国は原油高で不況に陥っていたから、産油国から流れ込んだ「オイルダラー」をどこかで活用しなければならない。こうして第一次大戦以後初めて、銀行が中南米・東欧・アフリカ・アジアの貧困国に巨額の融資を行うようになった。開発の遅れた後発開発途上国（ＬＤＣｓ）と呼ばれる国に低金利の長期融資が集まり、経済成長を促すための道路・ダム・工場建設などに投入された。

多くの場合、こうした融資は大手銀行によって証券化され、借り手のことをほとんど知らない他の銀行に分散売却された。その結果、アトランタやデュッセルドルフの銀行の命運が、ブエノスアイレスやジャカルタの借り手が期限内に返済するかどうかに左右されることになった。融資はきわめて大規模で、ＬＤＣｓ向け融資が米国の銀行が保有する全融資の6分の1に達した。同時に富裕国の企業も変動相場を利用して外貨を借りるようになったから、グローバル金融はさらに複雑なものになった。資金流入に備えるため、1971年から1974年までにヨーロッパの主要金融センターに、169の外国銀行の支店が開設された。歴史学者ハロルド・ジェイムズによれば、「1970年代は銀行が本当の意味で国際化した10年」だった。[4]

銀行は新たなリスクがどのようなものかわかっていなかった。融資先の評価はできても、為替リスク（例えば銀行がドル預金でリラや円建ての融資をまかなっている場合、為替レートが悪化すれば預金者にドルを払い戻せなくなる）の恐れがあるのだが、そんなことは予想していなかった。LDCsの企業向け融資では、たとえ借り手の事業計画が正当なものでも、予期せぬ通貨切り下げや輸入規制のため不良債権化する可能性がある。富裕国の政府は銀行にLDCs向け融資を奨励していたから、銀行は当然ながら融資が焦げ付いた場合の救済措置を期待する。そもそも国際通貨基金や世界銀行といった国際機関は、まさにその目的で設立されたのだ。ニューヨークに本拠を置くシティバンクのCEOで、当時最も著名な銀行家だったウォルター・リストンは、銀行は国際融資に熟達しているから、大きな損失を被ることはないと断言した。ましてリストンの有名な言葉にもあるように、「国家は破綻しない」のだ。[5]

各国の銀行制度の保全をはかる監督機関は、対外融資に警戒感を抱いていた。だが国内銀行は監視できても、国際金融となると話は別だ。スイスの銀行秘密法により、米当局がチューリヒでの自国銀行の業務を調査することはできないし、そもそも米連邦準備制度理事会（FRB）は国外に銀行検査官を置いていなかった。監督機関の権限では、ニューヨークにある日本の銀行から融資を受けた借り手が返済不能に陥り、東京にあるその銀行の本社に損害が及ばないかどうかを調べることはできない。米当局も日本当局も、その銀行の融資状況を完全には把握できないのだ。融資先や貿易相手国が返済不能に陥っても、銀行が確実に預金を払い戻しできるための自己資本（株主が払い込んだ資本金）比率に国際的合意はなかった。したがって自己資本比率の低い弱小銀行でも融資競争で資金力のある銀行と渡り合え、どんどん低水準に収斂《しゅうれん》していく「底辺への競争」へと向かい、万が一不況となれば銀行を追い込みかねない状況だった。さらにある国の問題が他の国に飛び火する危険も、まったく警戒されていなかった。

これらのリスクが、1974年の春から夏にかけて一気に表面化した。きっかけとなったのは、ニューヨーク市郊外に本拠を置く中規模の金融機関フランクリン・ナショナル銀行で、違法な為替取引の損失隠しが捜査当局の手で明らかになったことだった。フランクリンは世界中の銀行と何百件もの取引をしており、破綻が宣告されて閉鎖されれば取引先の一部が連鎖倒産する恐れもあった。米当局はフランクリンの倒産を防ぐため資金を注入することを余儀なくされ、徐々に負債を清算していくことにした。それから1カ月後、ドイツのヘルシュタット銀行が、内部監査の目を盗んだ為替取引で巨額の損失を出したことが明らかになった。ドイツの監督当局はただちにヘルシュタットを閉鎖したが、この銀行が外国の銀行と大量に取引していたことは把握していなかった。ヘルシュタットから外国銀行への送金が停止されると、それらの銀行の資金繰りが悪化した。さらにヘルシュタットの破綻をきっかけに、他行でも国内の規制を逃れて国外の子会社間で資金移動を行っていたことが判明した。銀行がスリーカードモンテ（さくらを使って客を騙すインチキ手品）に手を染めていたことがわかったのだ。監督当局が比較的小さい銀行の問題を把握していないことが明らかになると、より大規模で複雑な金融機関の問題も把握していないのではないかとの疑念が生まれた。

1930年代以降初めての国際金融危機に直面したヨーロッパ・北米・日本の銀行監督当局は、定期的に会合を開いて国際的銀行取引を安全なものにする方策を協議しはじめた。駆け引きは熾烈だった。法律で他国の監督当局との情報共有を許されていない監督当局もあったし、どの国も自国の銀行が不利になるような基準には抵抗しようとした。最終的な国際合意では、国境を越えて活動する金融機関の監督責任をどの国が負うかなど、難しい問題は先送りされた。「それぞれの状況によって、監督責任をどこに置くのが最善かを明確に決めるのは不可能」と、各国の当局者たちは結論づけた。フランクリン事件やヘルシュタット事件のような危機を防ぐための新たなルールは決まらなかった。各国の銀行に一律の株主資本比率を求めるべきかどうかは政治的にデリケートな問題であり、監督当局の委員会は１９７６年10月、この問題について議論しないことを決めた。国際金融に対する監督責任の問題は未解決のまま残されたのだ。[6]

銀行監督当局の話し合いが長びいている間にも、産油国の口座にはどんどんドルが流れ込み、世界中に貸し出されていった。１９７２年に１７０億ドルだった開発途上国への商業融資（コマーシャル・ローン）は、１９８１年には２０９０億ドルにまで膨らんだ。こうした銀行の目覚ましい成長の陰で、その経営基盤は脆弱化しつつあった。

１９７９年10月、ＦＲＢは景気を減速させ、インフレ率の高止まりを是正するための利上げを決定した。米財務省が発行する１年物国債の利回りは前年６月の９・４％から、１９８１年には17％へと上昇した。米国経済の規模ゆえに、ＦＲＢのこの動きは全世界に痛みを広げることになった。米国では住宅市場が壊滅状態となり、自動車販売も落ち込み、大恐慌以来最悪の失業率を記録した。金利の上昇に加え、米国でのトヨタやＢＭＷの売上が減少して、日欧も大打撃を受けた。だが世界中に影響が広がる中で、最大の打撃を受けたのは発展途上国だった。途上国融資の多くは変動金利であり、米金利が上昇するたびに銀行への返済は膨らんだ。ポーランド、ウルグアイ、インドネシアなどの財務相が債務借り換えを模索したが、数年前まで熱心に融資を行ってきた各国銀行はもはや関心を示さなかった。融資返済に欠かせない各国中央銀行のドル準備も底をついた。

80年代は「失われた10年」に

国際債務危機は目新しい現象ではなく、19世紀末からの第一のグローバル化でも繰り返し起きている。最初の国際債務危機は１８９０年で、英国の金利が急上昇し、当時世界有数の金融大国だった英国の対アルゼンチン投資が急激に冷え込んだ。アルゼンチン経済はたちまち悪化し、政府のデフォルト（債務不履行）宣言により、アルゼンチン融資の筆頭格だった英国のマーチャント・バンク、ベアリング・ブラザーズが危機に追い込まれた。混乱は中南米全体に広がり、イングランド銀行がベアリングの支援に乗り出してようやく危機は終息した。ニューヨークでの銅会社株買い占め計画の失敗から発生した１９０７年の恐慌では、米国をはじめ、スウェーデン、日本、チリなど、世界各地に銀行破綻や景気後退をもたらした。思いがけず救済に乗り出したのはフランスの中央銀行だった。その後、第一次大戦の勃発とともに始まった１９１４年8月の金融危機では、戦争に巻き込まれたヨーロッパ諸国に金融と輸出を依存していた日本、ペルー、インドなど50カ国に危機が広がった。[7]

一方、第二のグローバル化では国際的な資金移動が制限されていたため、この種の金融危機がウイルスのように国から国へと伝播することは当初はまれだった。１９７０年代の経済政策立案者の中にも、金融危機を経験した者はほとんどいなかった。だが国境を越えた資金の流れが細流から洪水へと膨張するにつれ、深刻な金融危機が再び発生するリスクが高まった。1981年、3大陸の11カ国が対外債務の再編交渉を要請した。その後の1982年8月12日、メキシコ政府は米財務省に対し、翌月曜に支払うべき3億ドルの返済が不可能になったこと、さらに向こう1年間の月20億ドルの返済も難しいことを通告した。商業銀行から途上国への融資はただちにストップした。ブラジル当局者は「ブラジルはメキシコではない」と主張したが、貸し手側はこれまで問題にしていなかった両者の共通点に注目するようになった。銀行側が疑うのも理由がなかったわけではない。ブラジルは対外債務を期限通り返済できる見込みがなく、トルコ、アルゼンチン、インドネシア、ポーランドも同様だった。1982年末までにLDCs全体の外貨建て債務は7000億ドルに達し、40カ国で延滞が生じていた[8]。

LDCsの債務危機は1990年代まで続き、経済的にも人道的にも多大な犠牲をもたらした。債務国では生活水準が低下し、栄養不良と乳児死亡率が増加した。輸入品は店頭から消え、輸出品の価格競争力を維持するため賃上げはインフレ率以下に抑えこまれた。「最大の犠牲を強いられたのは実質賃金を削られた労働者だ」と、米国の経済学者ルディガー・ドーンブッシュは指摘している。ペルーとフィリピンでは、平均所得が1982年と同等の購買力を取り戻すまで20年近くかかった。富裕国政府はLDCsに対し、緊縮財政を組んで対外債務の返済に必要な資金を調達するよう求めた。これは保健・教育・住宅など社会的ニーズへの支出を削減することを意味した。だが債権国のうち、いち早く輸出を拡大し、返済に必要なドルを調達するのに成功したのは韓国のみで、その他の国では累積した債務の返済が重くのしかかり、急速に変化する世界に対応できる健康で教育水準の高い労働者の育成にも立ち後れることになった。１９８０年代が「失われた10年」と呼ばれたのも当然のことだった。[9]

この金融危機で富裕国がこうむった損害は、より計算が難しい。損害の一部は所得の伸びの鈍化と失業率の上昇となって現れた。銀行は対外融資が焦げついたために企業の設備投資や顧客向けローンなど、本来の機能を果たすことができなくなった。世界でも屈指の銀行のいくつかが破綻寸前まで追い込まれ、その救済に国民の税金が使われた。「民間融資から公的融資へのリスク移転が恒常化している」と、元大蔵省財務官の行天豊雄は１９９２年に指摘している。行天によると、途上国債務に占める商業銀行の割合は、１９８４年には62％だったが、１９９０年には50％に下がっており、減少分は各国政府や国際機関が引き受けたのだという。１９８９年から１９９４年にかけては、合計１９１０億ドルの債務残高を抱える18カ国が部分的債務免除を要請。これを世界銀行、米州開発銀行などの機関が援助し、最終的には各国政府がこれらの機関を支援した。結局は、富裕国の納税者が金融グローバル化のつけを支払うことなったのだ。[10]

国際間を移動する不安定なホットマネーの余波の一つと言えるものが、その後もくすぶり続けることになる。ＬＤＣｓの経済危機で、これらの国の通貨が富裕国の通貨、特にドルに対して値下がりした。この通貨安で輸出品が外国でもてはやされる一方、輸入品は値上がりするから、これらの国の貿易黒字は拡大する。国際通貨基金（ＩＭＦ）の考えでは、貿易黒字が増えれば外貨を蓄積でき、ＬＤＣｓは銀行への債務を返済できるようになる。ＩＭＦは１９８５年の年次報告書で、「１９８０年から１９８４年にかけて、アジア・ヨーロッパの途上国から米国への輸出は年率約80％増加した」と誇らしげに述べ、「製造品輸出業者たちは目覚ましい成功を収めた」と付け加えた。そのあおりを受けたのは米国の労働者たちだった。東アジアの開発途上国に対する米国の貿易赤字は、１９８０年の40億ドルから１９８６年には３００億ドルに拡大した。アパレル・製靴・鉄鋼などの工場で何万人もがレイオフされた。ＬＤＣｓの債務危機に先立つ４年間、米国の工場労働者の雇用は平均１９００万人近くあったが、債務危機後は二度とその水準を取り戻すことはなかった。[11]

7章 第三のグローバル化の火付け役

歴史的に見ると、1970年代に始まった金融グローバル化はさながら名作映画のリバイバルのようだった。第一次大戦前は世界中に大量の資金が流れていたのだ。ロンドンには71の外国銀行が支店を出し、ドイツ系のドイツ＝アジアティッシェ銀行はアジア全域の貿易に資金を提供し、ニューヨークのナショナル・シティ・バンクは132の外国銀行と提携し、どの都市でも額の多寡にかかわらず24時間以内に預金を引き出すことができた。それでも、1973年以降に再びおこった国際融資ブームは、単なる過去の再現ではなかった。外国市場に進出した点は同じだが、新規事業を手がけたり新たなリスクをとったりすることを制限していた規制の多くは、今回は規制緩和の名のもとに撤廃されていたからである。[1]

銀行は手始めに過ぎなかった。世界中で企業活動の規制緩和が進み、20世紀最後の数十年は世界経済のあり方が劇的に変化した。規制緩和を主張する人々の理屈は概ね一致していた。政府の規制が既得権益を保護し、革新を妨げ、国民に不要な出費を強いているが、規制緩和すれば市場の力が働いて効率が上がり、競争が活発化し、価格は下がるというものだ。規制緩和がそうした宣伝どおりの効果を上げる場合もあれば、さっぱり効果が上がらない場合もあった。またたとえ規制緩和で競争が促されたとしても、消費者保護はおろそかになり、労働組合は弱体化し、多くの労働者が低賃金と劣悪な労働条件に苦しむことになった。金融分野の間違った規制緩和のせいで、韓国からアルゼンチンにいたる様々な国で経済危機が起きた。そして何よりも、規制緩和によって政府が従来の権限を手放し、業務を外部委託したことで、経済を管理する能力が弱まった。イタリア中央銀行の高官2人が指摘するように、この時代に起こった重要な変化は「市場が経済グローバル化を牽引するようになった」ことだった。規制緩和は、1980年代後半に始まる第三のグローバル化の火付け役となったのだ。[2]

規制と市場の間の矛盾

戦後の企業に対する規制の過酷さは衝撃的だ。ソ連・中国・東欧の社会主義国で民間部門を規制するのは当然のことで、ほぼすべての経済活動が政府の管轄下にあり、民間企業は規模が小さいものに限られるか、あるいはまったく存在しなかった。それ以外の国では企業のほとんどが民間企業だったが、それでも大小さまざまなルールによって、どんな活動を、どんな条件で、どのように行うか、価格はいくらに設定するかなどが決められていた。こうしたルールは必ずしも政府が直接定めたものではなく、国によっては市長や州知事が商取引に大きな権限を持っている場合もあれば、さまざまな民間団体が企業や個人事業主を規制し、価格決定の権限まで握っている場合もあった。国ごとに歴史的経緯は異なるが、どの国も法律によって過度な競争を抑制するという点ははっきりしていた。

社会的目標を持った規制は意図が明確だった。最低賃金や最大労働時間を定めた法律は、雇用主と労働者の力関係の不均衡を是正することを目指していたし、職場の安全を管理する法律は、政府が介入しなければ競争圧力で雇用主が安全を軽視する恐れがあるとの前提に立っていた。だがそれ以外の大半の規制は、特定の企業を他の企業から守ることを目指していた。米国のイリノイ州では、州憲法によって銀行は一つの支店しか持てなかったが、これはシカゴの大銀行が地方銀行を駆逐するのを防ぐためだった。ロンドンの株式売買手数料は証券取引所によって固定されていたが、これは既存のブローカーを脅かす競争相手を排除するためだった。インドの「ライセンスラジ（許認可統制）」では、事業をおこすのに何十もの認可が必要で、既存の企業が優遇されて、外国の競合企業が締め出されていた。１９５０年代の日本の法律では、５００平米以上の大型店出店には近隣商店の承認が必要だったし、西ドイツの規制当局は国営鉄道の収益を上げるため、バージ船やトラックの運賃を規制しようとした。[3]

こうしたルールは、しばしば経済の現実とぶつかり合うものだった。規制の中には、特定の顧客に他の顧客のコストを補塡させるものもあれば、小口顧客と大口顧客ではコストが異なるのに、「公平性」の名のもとに両者を平等に扱わせるものもあった。そうした不当な扱いに納得できない顧客は、規制を免れる方法を探そうとする。ほんの一例を挙げると、1960年代初頭、米国の工場から出荷された貨物の6分の1は、メーカー自身が所有するトラックで輸送されていた。これはトラック業に進出したいからではなく、工場所有のトラックを使えば、通常のトラック業者に課される規制を免れるからだ。そうした規制のもとでは、デモインの工場が受注した木製扉をトラック会社を使ってパドゥカまで配送したい場合、両地点間で扉を輸送する認可を持つ業者を探し、認可された料金を支払わなければならない。たとえ荷台がからで帰ってくるとしても、自社のトラックを使うほうが簡単で安上がりな場合が多かったのである。[4]

規制と市場の間にはこうした矛盾があったから、折にふれて規制緩和や規制撤廃を求める声が上がった。そうした声を後押ししたのが米国の学者たちで、彼らは財団の補助を受けて国家の規制を批判する論文や雑誌記事や書籍を量産した。一方、実際の現場では大げさな目標を掲げることはなく、規制緩和は段階的に少しずつ進んでいった。オーストラリアでは、1954年に法的裁定によって州間トラック輸送の規制が撤廃されたが、州政府はその後も20年にわたって州内のトラック料金と路線の規制を継続した。英国では１９６８年の法律でトラック業界への新規参入が容易になったが、価格規制は残った。米連邦通信委員会（ＦＣＣ）は１９６９年、ある新興企業にマイクロ波アンテナを使った音声通話やデータ伝送を初めて認可したが、まさか15年後に米国電話電信会社（ＡＴ&Ｔ）の独占が終わるとは誰も想像しなかった。監督行政を解消せよとの政治的圧力は、ほとんど存在しなかった。米国の政治学者マーサ・デルシックとポール・Ｊ・クワークが１９７１年に指摘しているように、規制緩和は「問題が一般に認識されないのに、答えだけが先行」する状態だったのだ。[5]

規制緩和のきっかけになりうる「問題」はまもなく浮上した。１９７０年代初頭に米北東部・中西部の鉄道の多くが倒産し、多くの自治体の経済が危機に瀕したのだ。鉄道会社の経営が傾いた一因は、規制によって旅客部門や赤字路線を維持しなければならなかったからだ。これに対し議会は１９７６年、倒産企業の再生に関する法律を制定し、貨物運賃に対する鉄道会社の自由裁量権を拡大し、鉄道による貨物輸送を拡大して財政基盤を安定させようとした。だがこれは、規制緩和の最初の一歩に過ぎなかった。政治の風向きは１８０度変わり、意外にもイデオロギーの枠を超えた多くの人々が、過剰な規制が米国の交通機関を非効率にし、消費者に損害を与え、経済成長を阻んでいると言い出したのだ。意を強くした議会は、１９７６年から１９８６年にかけて輸送業への規制を緩和する法律

9件を可決し、ロサンゼルス＝シアトル間を結ぶ航空会社の選定、都市間バスの運賃体系、トラック輸送できる商品の種類などに対する連邦政府の権限を撤廃していった。だが規制緩和の最大の影響のひとつは、当時はあまり注目されていなかったが、運送会社が契約に基づいて貨物を輸送できるようになったということだった。[6]

何十年ものあいだ、ほとんどすべての国の運輸当局の最大の任務は、どんな顧客も同一料金で同一サービスを受けられるようにすることだった。こうした無差別原則のもとでは、船会社はすべての玩具メーカーに対して香港＝ハンブルク間のトン当たり運賃を同一にしなければならなかったし、鉄道会社は特定顧客に何日も貨車を貸し続けることはできず、輸送が終わればただちに返却を求めなければならなかった。運賃やサービスを契約で定めることを規制当局が認めなかったのは、誰かが契約を結べばそれ以外の顧客は排除され、顧客の間に格差が生じるからだ。一方で、膨大な量の規制や判例を遵守しようとすると、運賃が高くなり、信頼性も低くなった。千マイルの輸送に貨車なら数週間、船なら数カ月もかかったし、鉄道も船会社も遅延に無頓着だった。期限までに配達されても何の得もなく、遅れても罰則はなかったからだ。貨物の紛失や破損は日常茶飯事で、生産者が小麦を送ろうとしても、約束の期日に貨車の手配がつかないこともしばしばだった。国際輸送はあまりにも高くつくので、多くの商品は輸出しても採算がとれなかった。製造業者や小売業者は重要な荷物が予定どおり到着しない場合に備え、業務遅滞への保険としては高くつきすぎると知りつつも、部品や完成品を倉庫にため込んでいた。[7]

規制緩和によって契約取引が促進されると、運送会社と顧客の間で運賃やサービス要件を交渉できるようになった。初期の輸送契約の一例は、フォード・モーターがウェスタン・パシフィック鉄道を使い、ユタ州ソルトレークシティーからカリフォルニア州サンノゼまで完成車・部品を輸送する列車を毎日運行させたケースである。鉄道側は毎日、午前2時30分までに列車を到着させ、15分遅れるごとに罰金をフォードに支払うことに同意した。対するフォードも、貨車何台でも同一料金ではなく、60両編成なら1台当たり料金を低くし、編成が短い場合はそれに上乗せすることを承諾した。1984年からは船会社でも同様の契約取引が行えるようになり、契約には約定・偶発事象・違反罰則などの項目が盛り込まれた。他の国も米国に追随し、国際貿易では契約運賃が当たり前になった。1986年には、対米輸出の最大ルートである日本から米太平洋岸への貨物の5分の4以上が、契約に基づく運航となった。[8]

契約輸送は工業製品のグローバル化に決定的な役割を果たした。折しも法人向け電話サービスの規制緩和も始まっていた。長年の独占が他社との競争で揺らぐ中、AT&Tは1981年と1982年に国際電話料金を40%引き下げ、米国からの国際電話件数は通話料の低下に伴って6倍に増加した。ヨーロッパでも同様の変化が起き、各国政府は法人向け通信サービスに競争を導入し、1984年のブリティッシュ・テレコムを皮切りに、独占企業である国営電話会社の民営化が始まった。輸送の信頼性向上に加えて、通信手段が安価になったことで、製造業者や小売業者は複雑な長距離サプライチェーンを構築できるようになった。すなわち、ある国の工場で生産された投入財を別の国に送って加工し、さらに別の国の消費者のもとに送る、そして生産工程を電話やテレックス、ファクスなどで遠隔操作することが可能になったのである。[9]

ビッグバンの功罪

規制緩和の動きは、別の面でもグローバル化を後押しした。規制緩和の進んだ産業は民間投資、しかも外国からの投資を受けやすくなる。1986年に英国で実施された金融市場の大規模な規制緩和は「ビッグバン」と呼ばれ、大手証券会社とマーチャント・バンクのほとんどが、世界進出を目指す外国銀行に買収された。国営公営の電力会社・ガス会社・水道会社が売りに出され、外国人バイヤーの手に渡るケースも多かった。インドネシアからアイルランドに至る電話会社も外国企業に買収された。1992年に日本の大規模小売店舗法が改正されて店舗の大型化や営業時間の延長が可能になると、欧米の大手小売業が大型店市場に参入した。国営企業までがグローバル企業となって、世界中で「民営化」された鉄道・空港・港湾ターミナルなどを運営するようになった。[10]

1980年代から1990年代にかけて、多くの開発途上国にとって規制緩和は外国から融資を得る見返りのようなものだった。赤字に陥っている経営不振の国営企業が民間に渡れば、効率的で収益性の高い企業に変わると専門家は口をそろえた。政府に指示されるのでなく、市場メカニズムを用いて経済発展を図れば開発途上国でも国際援助を有効活用して経済的繁栄や近代化を達成できるとされ、外国政府の援助や世銀などの国際機関からの低利融資を希望する国には、規制緩和が求められるのが当然のようになった。[11]

だが規制緩和を勧める専門家の言葉は、歴史の教訓を無視していた。市場メカニズムを導入して経済発展を図ることで、貧困から繁栄へと駆け上った国はかつてなかったのだ。英国を世界最大の経済大国に押し上げた18世紀の産業革命は、政府が意図的に政策を打ち出して繊維製品の輸入を抑制し、繊維機械のノウハウを流出させかねない職人の国外移住を禁じ、共有地を囲い込んで労働者を新興工業都市に流れ込ませたからこそ起きたことだ。19世紀後半に米国を豊かにした製造業の発展もまた、輸入を制限する保護政策だけでなく、労働組合を禁じ、労働時間の制限や労働環境の改善に関する州法を無効化した法的裁定によって、人件費が低く抑えられたからに他ならない。第二次大戦後、西欧諸国の経済が急成長したのは、各国政府が大規模な経済プランを導入し、どの企業に融資や外貨を与えるかを政府が決めたからであり、20世紀後半の日本・韓国・台湾の経済が発展したのは、政府の指導のもとで輸入品を制限する保護策をとり、低利融資や安価な土地を与えて特定産業を育成したからである。市場メカニズムの導入だけで、貧しい経済を豊かな経済に変えることができるというのは神話である。

加えて、発展途上国のほとんどは、規制緩和の煩雑な行政手続きを遂行する能力を持っていなかった。戦後の厳しい規制は国民より政治的利権に奉仕することが多かったが、規制緩和や民営化を実現しようにも、規制を撤廃する以上に新たな規制を設けなければならなかった。国営電話会社の民営化を例にとると、電話交換システムや他社との料金調整に関する細かいルールがなければ、国営会社の独占が民営会社の独占に変わるだけで、民営会社の株主だけが得をすることになる。

このように行政能力が欠如したまま金融部門の規制緩和を行えば、悲惨な結果につながる。ロシア、マレーシア、インドネシアなどは、外国から勧められるままに銀行開設を簡便にし、行政の監視をゆるめ、企業の外国からの資金調達を容易にした。これによって現実に起きたことは、政府にパイプのある起業家が国内の銀行システムを乗っ取り、野放図な融資が行われることであり、中央銀行や銀行監督当局は金融システムの安定化に苦心することになった。上記の3カ国すべてで、金融の規制緩和は1998年に深刻な経済危機を引き起こし、グローバル化の恩恵を享受しはじめたばかりの無数の人々の暮らしを直撃した。経済の専門家が集まる世界銀行でさえ、自分たちの助言の多くが完全に誤りだったことを後に認めることになる。世銀の専門家たちはこう嘆いている。「1990年代の経験は、民営化も規制緩和もいかに困難であるかを示している[12]」

＊　＊　＊

規制緩和は世界中に波及した。工業製品の世界貿易は、1980年代初めの景気後退によって停滞した後、1983年から1990年の間に130％増加した。貨物流通は一挙に拡大し、そのほとんどが荷主＝運送業者間の契約ベースで行われた。大型船舶やハイテク物流センター、そしてコンテナを2段積みして積載量を倍増させた複層貨車などへの投資も加速した。さらに通信分野の規制緩和がさまざまな技術革新をもたらし、製造業者・小売業者・輸送業者は複雑化する輸送システムを管理できるようになった。規制に守られた国有電話会社の独占が20世紀のうちに競争にさらされなかったら、21世紀にインターネットが世界を変えることもなかっただろう[13]。

技術革新は規制緩和の成果だったが、すべての企業に平等に恩恵をもたらしたわけではない。勝者はグローバルな事業展開でコストを削減できる大企業だった。そうした企業は貨物市場にも精通し、そこで得られる最新情報をもとに運送会社や通信会社と最も有利な条件で契約することができた。これまで考えられなかったほど多様な商品を、これまでより低価格で手に入れられるようになった消費者も勝者だった。一方、規制緩和が進む世界で犠牲を強いられたのは労働者や中小企業だった。輸入品との競争に直面した業種では、労働者の賃金低下や失業が生じた。これまで何十年も地域経済の担い手だった中小企業は、鉄道会社や船会社との運賃交渉において不利であり、安価な輸入品が市場を席巻する中、身売りや廃業に追い込まれた。規制緩和の恩恵を受けられるかどうかは企業規模に大きく左右された。スケールメリットのない企業は敗れ去っていき、スケールを生かせる企業の眼前には、国境がどんどん崩れ去っていく世界が広がっていた。

8章　国際貿易協定の拡大

1948年からの半世紀間、共産圏を除くヨーロッパ諸国は好況を維持した。経済が豊かになり、電話・冷蔵庫・屋内配管が一般に普及した。それもこれも、1957年のローマ条約で成立した自由貿易圏のおかげだった。欧州石炭鉄鋼共同体の設立から18年後の1969年、欧州共同体（EC）諸国はついに互いの輸出関税を撤廃するが、この18年間にフランスの1人当たり所得は2倍以上、ドイツは3倍になった。1973年のドイツの輸出はGNPの25％近くまで急増して1950年の4倍に達し、何百万もの雇用が生み出された。それ以外のEC加盟国も状況は同じだった。拡大市場に制限なく参入できるようになった生産者は、規模の経済のおかげで効率性を高めた。EC居住者の労働生産性は、この期間に3倍に増え、目覚ましい賃金上昇に導いた。自由貿易圏に含まれない3カ国（デンマーク、英国、アイルランド）では、対外貿易や国民所得の伸びはずっと緩やかだった。あからさまな違いを目にした3カ国は1971年、早々にECに加盟した。[1]

だが1973年10月に始まった石油危機を境に、流れは変わった。原油価格の急騰で消費は冷え込み、企業利益は急降下した。インフレ高進で賃金の価値も下がった。西欧では20年間ほとんどゼロに近かった失業率が、どの国でも上昇した。民間企業と国家の介入を組み合わせ、完全雇用・手厚い社会保障・生活水準向上を可能にしてきた、ヨーロッパ型の社会主義市場経済の危機がささやかれた。

有権者をなだめるため、ヨーロッパの指導者たちは住宅補助から育児助成に至るまで、社会福祉制度への支出を拡大した。さらに若者に雇用を提供するため定年年齢を引き下げた。西欧のほとんどの国で、1980年には女性のほとんどが61歳、男性のほとんどが63歳で労働市場から退場した。不採算工場の大量解雇を防ぐための補助金も支給されたが、これは自分で自分の首を絞めるのも同然で、ゾンビ工場を存続させることで優良工場の業績まで悪化することになった。ヨーロッパ各国政府は日米を上回る資金を新興IT産業につぎ込んだが、真に実力のある企業を育成することはできなかった。そして産業補助金が底をつくと、政府はいわゆる「不況カルテル」（産業再編カルテル）を奨励した。業界内で相談して、どの工場を閉鎖して、解雇された労働者に国から長期支援を提供すべきかを決めるよう要請した。

そうした努力にもかかわらず、ヨーロッパに1973年当時の好況が戻ることはなかった。長年、石炭や鉄鋼で栄えた町はさびれ、製鉄業では1978年から1981年の間に雇用の5分の1が失われた。1980年代半ばまでに、フランスでは若年成人の4分の1、イタリアでは3分の1が失業し、ヨーロッパの失業者の40％以上は失業期間が1年以上に及んだ。欧州委員会委員長ガストン・トルンは、1984年にこう訴えている。「欧州共同体（EC）は果たして成長を取り戻し、失業を減らせるのかと、ヨーロッパの人々が疑問を抱くのは当然のことである」と。[2]

そもそも即効性のある処方箋などありえなかった。1960年代から1970年代初頭にかけて見られた急速な生産性の向上は、もはや望むべくもなかった。ヨーロッパでは、ほぼすべての国が痛みを負った。イタリアでは、労働生産性の最も基本的な尺度である労働投入量1単位当たりの産出量が1963年から1973年にほぼ倍増したが、1973年から1983年の伸び率はその3分の1にも満たなかった。ベルギーでは、生産性の伸び率は1963年から1973年の10年間が86％だったのに対し、その後の10年間は37％に低下した。

活気あふれるヨーロッパは影を潜めた。1984年になると、「ヨーロッパの動脈硬化」という言葉が使われるようになった。古い産業を捨てて新しい産業を取り入れようとしないことが、成長を阻んでいるという意味である。1985年にこの診断をくだしたのは、自由市場経済を提唱する経済学者のヘルベルト・ギーアシュだ。「経済という体の主要な部分が硬化しており、早急に痛みを伴わずに整えることは不可能だ」[3]

1957年のローマ条約は加盟国間の関税撤廃によってヨーロッパ経済を活性化させたが、それ以外の問題は全面的に各国政府の手に委ねられた。当時はまだ標準規格が国ごとに異なり、西ドイツの玩具はフランスの安全基準を満たさなければ輸出できず、洗剤メーカーはデンマーク向けとイタリア向けで配合を変えなければならなかった。また運輸・サービス業はローマ条約の対象から完全に外れていた。ローマ条約は明らかに効果があったが、限界もあった。ある調査では、ヨーロッパの企業幹部の90％が、ヨーロッパの分断が効率性を阻んでいると答えていた。[4]

万策尽きたヨーロッパの指導者たちは、リスクを顧みず賭けに出ることにした。1985年、関税撤廃からさらに一歩を進め、ギリシャからアイルランドに至る単一市場を創設することにしたのだ。1987年に発効した単一欧州議定書のもと、国境での検問は廃止され、運送会社や航空会社はEC内を自由に行き来して貨物や乗客を運べるようになり、動物用医薬品から乗用車の排気ガスにいたるまで、あらゆるものに統一基準が適用された。域内のどの国で働いたり住んだりしても構わないし、職業訓練や大学の学位は12の加盟国すべてで通用する。企業の大型合併の影響評価、船舶の汚染対策、放送規制など、何百もの業務が各国政府からEC当局の手に移された。かつてない画期的な出来事は、選挙で選ばれた各国政府が進んで主権の多くを統一体に委譲したこと、そして企業がヨーロッパを数十の市場の集まりではなく、単一市場とみなすようになったことだった。[5]

メキシコの債務危機

北米がヨーロッパに追随する可能性は低かった。米国とカナダは密接な関係にあり、１９６５年からは特別な協定を結んで、自動車メーカーが煩雑な手続きをすることなくエンジン・部品・完成車を国境を越えて輸送できるようになっていた。しかしメキシコのガードは固かった。19世紀に領土の半分以上を米国に割譲しているメキシコは、これ以上の侵略を恐れて高関税を維持し、外資の石油産業への投資も憲法で禁止していた。輸入品の多くは認可が必要で、類似の国産品があれば認可はまず得られなかったし、メキシコで新車を販売するには国産部品を主体にして、メキシコの工場で組み立てなければならなかった。

　こうした政策のおかげで、メキシコの製造業は国際的な水準から大幅に遅れをとっていた。プエブラにあるフォルクスワーゲンの工場は、旧型カブトムシを製造する世界で最後の工場として、メキシコシティのタクシー用にこの車種を製造していて、ドイツではとうの昔に自動化された作業を人手で行っていた。製造業は１９５０年代以降に急成長したとはいえ、輸出はごくわずかだった。例外的に国境沿いの工場では米国からトランジスタや端布を仕入れ、安価な労働力で溶接や縫製を行って完成品とし、米国に出荷していた。メキシコがＧＡＴＴ加盟を拒否していたのも、加盟すれば関税を下げざるを得なくなるからだった。むしろ米国がメキシコの輸出品を受け入れ、メキシコに何の見返りも求めないことを望んでいた。ホセ・ロペス・ポルティーヨ大統領（在任１９７６〜１９８２）がたびたび口にしたように、貿易協定は「平等なものは平等に、不平等なものは不平等に扱うべきものとされた。むろん米政府がこれに同意するはずはなかった。[6]

それまで輸入代替政策で堅実に成長してきたメキシコだが、１９７０年代に大量の石油埋蔵量が発見されたことで米国の関心度が高まった。１９７７年1月に就任したジミー・カーター米大統領はメキシコとの関係強化を望んだ。米国ではエネルギー危機への懸念が根強かったし、米企業が石油採掘許可を得てメキシコ産原油を増産すれば、ガソリン価格が値下がりしてインフレが沈静化することが期待されていた。だが石油をめぐる利権はメキシコではデリケートな問題だった。対外借款で油井・パイプライン・製油所を建設することはいとわないが、外国資本の参入はいかなる形でも受け入れるつもりはなかった。貿易や移民など両国間の重大問題を話し合う合同委員会の設置には同意したものの、市場開放には首を縦に振らなかった。米国の粘り強い働きかけもあり、ポルティーヨ大統領はＧＡＴＴ加盟の前提として１９７９年に関税引き下げに同意したが、国内の反発を招いて撤回せざるを得なかった。[7]

当時のメキシコ経済は活況に沸いており、大統領の前言撤回も影響は限定的とみられていた。メキシコ政府・大企業・国営石油会社ペメックスに融資を売り込もうと、ニューヨーク発メキシコシティ便は銀行マンで満席になった。メキシコの対外債務は1975年には180億ドルだったものが、1981年には780億ドルに達した。折しも、主要な外貨供給源だったペメックスの石油生産が予想を下回る事態が起きた。バブルは弾け、1982年8月にはメキシコの債務危機を伝える見出しが新聞におどった。ポルティーヨ大統領が突如として国内の全銀行を国有化したことも、火に油を注ぐことになった。銀行は企業の株式を多く保有していたから、民間部門の大半も政府の管轄下に入ることになった。10月には国際通貨基金（IMF）・米政府・在メキシコの外国銀行が救済策を取りまとめたが、すでにペソは4分の1に下落しており、経済は機能不全に陥った。

メキシコ経済は7年にわたって低迷を続けた。労働者がなんとか失業を免れたとしても、購買力は劇的に低下した。外国から借り入れのある企業は、たとえ国内事業が順調でも、ドル調達に多額のペソを奪われて倒産に追い込まれた。1980年代の工業生産は微増にとどまったが、石油以外の輸出は10年で4倍に増えた。企業が債務返済のためドルを必死に稼いだためで、外国で売れそうなものは片っ端から輸出に回された。稼いだドルはすべて債務返済に当てられ、国内の機械設備・教育・インフラへの投資には手が回らなかった。

銀行の国有化で、それまでの政府と経済界の密接なつながりは失われた。民間企業はそれまで競争から保護されて莫大な利益をあげていたから、強力な国家統制も進んで受け入れていた。ところが今や経営者の多くが、貿易も含む市場経済を受け入れることで、政府が民間事業に介入するのを防ぐしかないと考えるようになっていた。そして米国との合同ビジネス委員会を通じて、外資の受け入れや貿易障壁の撤廃など、それまで異端視されていた見解が徐々に表明されるようになった。１９８２年末に就任したミゲル・デ・ラ・マドリ・ウルタード大統領は、こうした声に慎重に応えていった。１９８４年には関税率の一部が引き下げられ、認可の必要な輸入品目も削減された。１９８５年の財界首脳との朝食会で、大統領はＧＡＴＴ加盟と対米貿易協定の可能性があることを示唆した。その後に結ばれた貿易協定は手順と指針を示すにとどまり、どちらの国に対しても拘束力を持つものではなかった。それでも協定は大論争を呼び、いずれの国でも、ヨーロッパで実現しつつあるような単一市場を目指すものでないことを、国民に納得させなければならなかった。[8]

ＮＡＦＴＡ締結へ

米国にとっては、メキシコだけが唯一の選択肢ではなかった。ロナルド・レーガン大統領は、自由貿易と民間活力に基づく自由放任主義経済を信条としていて、メキシコは自由経済の原則を世界に広めるためのカードの一つに過ぎなかった。

最大の切り札は、ＧＡＴＴの改組を目指すウルグアイ・ラウンドと呼ばれる貿易交渉だった。ＧＡＴＴは１９４０年代後半以降、工業品の関税引き下げによる貿易拡大にたびたび成功してきた。だがＧＡＴＴの合意には大きな穴もあった。どの国でもデリケートな問題である農産物貿易やサービス貿易は合意に含まれなかったからだ。繊維製品や衣料品の輸出は、ＧＡＴＴ以外の協定のもとで関税障壁や輸入割当制度を通してコントロールされていたし、他国が輸出補助金を出している、あるいは輸入が国内産業に打撃を与えたといった苦情に対してＧＡＴＴはほとんど効力がなかった。さらに、いったん合意したルールを守らせるという点で、ＧＡＴＴが見掛け倒しの張子の虎であることは周知の事実だった。１９８６年９月、貿易担当の閣僚たちがウルグアイのプンタ・デル・エステに集まったのは、この点を改善するためだった。[9]

話し合いには最終的に１２３カ国が参加したが、交渉は一向に進まず、業を煮やしたレーガン政権は突如、独自の動きに出た。最大の貿易相手国であるカナダと貿易協定を結んだのだ。両国はすでに１９６５年に自動車関連品の移動を自由化しており、毎日数千台のトラックが部品や完成車を積んでオンタリオ州とミシガン州の工場を行き来していた。１９８８年に新たに合意された米加自由貿易協定は、貿易自由化を何段階も先に進めるものだった。お互いの全輸出品の関税が撤廃され、ビジネスマンの往来が容易になり、民間企業が相手国の政府事業に参入できるようになり、サービス事業者も国内業者と同等に扱われるようになった。だが米加貿易協定の真の目的は、経済というより外交的なものだった。よく言われることだが、貿易交渉は自転車に乗るのと同じでペダルを漕ぎ続けなければ倒れてしまう。多国間の自由貿易協定を受け入れない国が多いのなら、それぞれの国と小規模な貿易協定を結んで、貿易自由化のモメンタムを維持しようというのが米国の考えだった。

強大な隣国とそのような二国間協定を結ぶことを、メキシコは考えていなかった。国境に立ち並ぶ工場がどんなに製品を組み立てて米国の顧客に売っても、自分たちには経済的恩恵がほとんどないことを承知していた。非熟練労働者ばかり雇い、メキシコ独自のコンテンツも技術もほとんど使われないのだから、より付加価値の高い生産活動にステップアップするチャンスはない。新世代のリーダーたちが夢見ていたのは、外国から先進技術への投資が増えることだった。だが1990年当時、カルロス・サリナス大統領がヨーロッパの銀行や経営者の関心を引こうとしても、耳を貸す者はほとんどいなかった。共産主義支配を脱した東欧諸国が西側との関係強化を望んでおり、メキシコにかかわっている余裕はなかったのだ。他に打つ手もなく、サリナス大統領は北米に目を向けるしかないと判断した。サリナスがこの考えを口にしてわずか2年後に、米加自由貿易協定はメキシコを加えた三国間協定に拡大した。これが1992年に調印された北米自由貿易協定（NAFTA）である。

自由貿易協定とは名ばかりで、1700ページに及ぶNAFTAの条文に自由貿易への言及はいっさいなかった。多くの条項は、いずれかの加盟国に有利に働くよう限定をつけられており、ヨーロッパ統合で激しい議論になった労働者の移動の自由や、共通通貨への移行などの問題は課題にさえ挙げられていなかった。NAFTAで三国間の関税が撤廃されたのは確かだが、そのためにカナダや米国よりはるかに高関税のメキシコは大幅な引き下げを受け入れざるを得なかった。それでもなお、多くの貿易障壁は残った。例えばメキシコのトラック会社が米国内の2地点間で貨物を輸送することはできず、その逆も同様だった。カナダは乳製品の輸入割当制を維持したし、メキシコのエネルギー部門は依然として外資が参入できなかった。だがそうした細部より重要なのはビジョンである。NAFTAによって、外国資本は振幅の大きいメキシコの経済政策に振り回されることがなくなり、メキシコ製品は北米市場にほぼ無制限に参入できるようになった。こうしてメキシコに予想外の道が開けた。これまでのように石油や非熟練労働力を使った製品を輸出するのでなく、多国籍企業の進出によって技能職の雇用や先進技術が持ち込まれるようになったのである。さらに1991年と1992年には、サリナスは1982年の金融危機で国有化された18の銀行をすべて民間に売却するよう命じた。これはNAFTAに要請されてのことではなく、近代的グローバル経済への進出を目指す意欲を示すものだった。

だがそうした熱意を誰もが歓迎したわけではない。自給自足経済が突如として放棄されたことは衝撃を持って迎えられた。山の斜面で2エーカーほどの畑を耕す貧しいトウモロコシ農家や、旧式の機械しかない弱小メーカーは、北からの輸入品に自分たちが駆逐されるのではないかと恐れ、経済ナショナリストは再民営化された銀行はいずれ外資の手に落ちるだろうと批判した。カナダや米国の労働組合は、製造業の生産が南に移ることに抗議し、環境団体は汚染企業が国境のメキシコ側に拠点を移すことを懸念し、ナショナリストは国の主権が侵害されると激しく反発した。米国の大手新聞には、「米国の健康・安全・環境法に対する破壊行為」と大書した全面広告が掲載された。１９９２年の大統領選に出馬した大富豪で保守系の実業家ロス・ペローもこう予言した。「この国の雇用が怒涛のように吸い上げられる音を聞くことになるだろう」と。クリントン大統領が１９９３年にＮＡＦＴＡ実施法を議会に提出したときも、身内の民主党議員の大半が反対票を投じた。野党である共和党の賛成があって、ようやく議会の承認を得られたのである。[10]

貿易パターンの変化と二極化

ヨーロッパ、次いで北米で別々に進行した貿易自由化の動きは、いずれもその目的を達成した。北米でＮＡＦＴＡが批准された頃、欧州共同体（ＥＣ）は15カ国に拡大し、いっそう緊密に一体化した欧州連合（ＥＵ）へと姿を変えつつあった。ＥＵ加盟国の一部は共通通貨への移行を望んでいた。政策をめぐって対立が絶えず、ＥＵ当局の官僚主義にも不満が根強かったが、統合の効果に魅せられて東欧や地中海諸国々も次々と加盟を希望した。ＮＡＦＴＡの批准に成功したクリントンは、今度はヨーロッパ諸国にウルグアイ・ラウンドの妥結を迫った。米国とＥＵを中心に、連日連夜に及ぶ交渉が数週間も続いたあげく、複雑な交渉項目の多くが妥結に至った。プンタ・デル・エステでの交渉開始から８年後の１９９４年４月、ウルグアイ・ラウンドは正式に調印された。当時の公式声明も認めるとおり、「世界各国から来た貿易担当者には交渉疲れが見えた」[11]。

農業補助金の削減からサービス貿易の推進まで、各国が最終的に合意した数多くの項目のうち二つの点がグローバル化の行方に特に大きな影響を与えた。第一に、富裕国がついに途上国衣料品への市場開放を約束し、２００５年までに富裕国の大半で衣料・繊維製品の輸入割当制が廃止され、バングラデシュやカンボジアなど、それまで世界経済にほとんど参入できなかった国々に大規模な衣料産業が誕生することになった。そして第二に、途上国側も工業製品をはじめとする輸入品の関税の引き下げに同意し、多くの品目で関税が撤廃された。ＥＵの拡大と北米自由貿易協定（ＮＡＦＴＡ）の批准に加え、ウルグアイ・ラウンドが妥結したことで、多国籍企業のコスト計算は一変することになった。今や関税がコストに跳ね返る心配なしに、ある国で製品を製造し、別の国に出荷することが可能になったのだ。１９８０年代に始まった国際サプライチェーンは、世界中に広がろうとしていた[12]。

実際、現実もその通りになり、貿易パターンは大きく変化した。１９９０年代の終わりには、ある国でつくった布帛《ふはく》や半導体を別の国に送って加工するといったように、部品や中間材が国際貿易の29%を占めるようになった。また1990年以降、富裕国の輸入に占める途上国の割合は一貫して増え続けた。貿易の中心はもはや欧米や日本ではなくなった。二国間またはグループ間の貿易協定で関税撤廃や輸入手続きの簡素化がなされ、貿易や投資に関するさまざまな障壁が取り除かれた。1990年に米国・カナダ・メキシコ間でNAFTA交渉が始まった当時、世界には同様の協定が19件あったが、2000年になるとその数は79件となり、小は太平洋島嶼《とうしょ》国4カ国が貿易を自由化した小規模の協定から、大はカナダ=チリ間で貿易・対外投資・環境政策・競争政策・電気通信など、十数項目を定めた野心的な協定まで、さまざまな協定が締結された。[13]

関税引き下げ、輸送手段の信頼性向上と低価格化、通信費の低下により、世界経済は第三のグローバル化という新たな段階に入った。1980年から1985年にかけて多くの国が景気後退に見舞われた低迷の時代から、1985年から1990年には工業品の世界貿易額（ドルベース）が倍増していった。1990年から2000年にかけて、また2000年から2010年にかけても再び倍増を記録。対外投資も息を吹き返した。1970年代や1980年代は大企業の国籍が明確だったが、次第に国際性を強め、優先度の高い研究開発を国外に移転したり、本社に国籍もさまざまな経営幹部が集まったりするようになった。[14]

だが欧州単一市場や北米自由貿易圏の創設に加え、世界中の関税が引き下げられたことの影響は、１９９０年代初めにそうした体制が構築された当時の予想とは、かなりかけ離れたものとなっていった。のちにインターネットへとつながる情報技術の進歩により、ある国の顧客が他国の供給業者に細かな注文を出したり、逆に供給業者が顧客の在庫データをリアルタイムで入手して、生産計画を微調整したりすることが可能になった。そして製造業者や小売業者がコンテナ船とコンピュータを組み合わせ、港に近い立地で電話回線を駆使すれば、あらゆる場所にサプライチェーンを広げられるはずだった。だが、その通りにはならなかった。企業のバリューチェーンは富裕国と一部の低賃金国――中国、メキシコ、トルコ、バングラデシュ、ベトナム、そして東欧諸国の一部――のみを結び付けたのだ。これらの国々が世界市場向け工業製品の大規模な生産地として頭角を現す一方、それ以外の国々にとって第三のグローバル化は――これまで何十年もそうだったように――相変わらず一次産品を供給することが中心であり、安価な中国製品によって自分たちの非効率な国内産業が駆逐されるのを指をくわえて見ていることだったのだ。

　第三のグローバル化については貿易や対外投資の自由化、国境の消滅などが喧伝されるが、決して市場主導のみによる現象ではなかった。節目節目で第三のグローバル化を導いたのは各国政府だった。しかしそれはしばしば、指導者たちの政治目標とは矛盾する方向へと向かっていった。

第3部

グローバル化の暴走

9章 歯科医の船

貿易障壁の削減、金融自由化、運輸・コンピュータ・通信技術の進歩、それらすべてが相まって世界はますます狭くなった。だが企業がサプライチェーンを全世界に拡大した背景にあったのは、底流におけるこうした大きな変化だけではなかった。生産をどこで行い、どんな輸送手段を使うかを選ぶうえで、国内輸送と違って国際輸送に多額の補助金が出ていたことも大きく物をいった。造船所、船舶・運河の所有者・運営会社、それに港湾ターミナルも補助金の恩恵を受けた。直接・間接にこうした支援があったからこそ、ありえないほど低価格でサービスを提供できたのだ。こうした補助金を多く出していたのは高所得の国々だったが、そこでは皮肉にも輸送費の低廉化で安価な輸入品が流入し、工場の雇用が奪われて大打撃を受けることになる。

19世紀には郵便輸送を請け負う旅客船に補助を出す国もあったが、第二次大戦後は船舶輸送への補助は一般的でなくなった。第二次大戦前の数十年、世界中の造船所で生産された船舶の輸送量は平均で年300万トンにも満たなかった。戦時中は船舶建造が何倍にも増え、何千隻もが海上で失われたものの、米国の造船所が戦時中に大車輪で製造した商船の多くは1950年代初頭に至るまで就航していた。ただしそれらの船は魚雷が命中した場合に武器・食料の損失を最小限に抑えるため、意図的に小型に建造されていた。石油会社や一次産品を扱う業者は、急拡大する石油・穀物・鉄鉱石の売買を低コストで行うために大型船を求めていた。こうして造船所には発注された船舶がひしめくようになった。ギリシャの船主アリストテレス・オナシスだけでも、1948年から1954年に米独仏の造船所から30隻のタンカーを購入している。新造船の総積載量は1954年に500万トンだったのが10年後には1000万トンを超え、第二次大戦当時のタンカーは10倍も大きいスーパータンカーに取って代わられた。コンテナ船の建造が本格化した1970年代初頭には、戦前の平均の10倍にあたる総トン数3000万超の船舶が次々と造船所から送り出された。[1]

戦後世界の商用船舶市場で最大のシェアを占めたのはヨーロッパ（1960年時点で全体の3分の2）で、残りのほとんどは日本だった。どの国の政府も造船を重要産業とみなしていた。外航船を建造する造船所は常時何千人もの労働者を雇用し、鉄鋼製品の大口消費者でもあった。世界の鉄鋼生産量は1950年から1973年にほぼ4倍に増え、そのかなりの部分が船体やビーム（骨材）、デッキプレートに加工され、外航船建造に使われた。日本は標準的な設計の石油タンカーに特化し、それ以外の客船や通常の貨物船、またその後のコンテナ船の大半はヨーロッパが受注した。米国海軍の調査によれば、日本の人件費は低水準にとどまっていたが、「この時期に造船所の生産技術が高度化し、生産性は欧米の2倍以上に達した」とされる。造船への政府補助は比較的まれだったが、米国は例外で、国際航路を運航する船会社に国内造船所での建造を促すべく補助金が出されていた。日本でも、１９６０年代には日本輸出入銀行が海外の船主に低利の融資を行っていた。[2]

だが１９７３年の石油危機によって事態は一夜にして様変わりした。タンカーの需要は激減し、不況の拡大で石油以外の貿易も大打撃を受けた。多くの船主が、発注した船が不要になったとして受け取りを拒否した。日本の造船所への発注は１９７３年から１９７８年の間に90％減少し、ヨーロッパもほぼ同様だった。造船業界に逆風が吹くなか、韓国が参入してきた。それまでの10年間、韓国の急速な工業化は衣料品や履物などの労働集約的な輸出品に支えられていたが、賃金上昇に伴い、政府の経済政策は人件費率が低く労働者がより高収入を得られる重工業へと舵を切ったのだ。国を挙げての資本投入が行われ、その先頭を切ったのが１９７２年に設立された浦項《ポハン》製鉄で、ベンチャー企業として過去に類を見ない巨額の補助金が注入された。製鉄に続いて造船業の開発計画も立案され、１９８０年までに9カ所、１９８５年までにさらに5カ所の造船所の新設が計画された。

それまで韓国の造船業は、木造船を中心に漁業や沿岸貿易向けの小型船しかつくっておらず、近代的なタンカーやコンテナ船を建造できる造船所は存在しなかった。政府は韓国最大の財閥グループ、現代《ヒョンデ》などに造船所の建設・経営を促し、課税の免除、貴重な外貨の提供、国有銀行からの低利融資、外国から低コストで資金調達するための債務保証などの優遇策を与えた。現代の最初の造船所は蔚山《ウルサン》に建設され、海岸沿い50キロ北にある浦項製鉄所から安価な鉄鋼を調達することができた。現代は当初、外国の設計を採用し、石油タンカーを2分割して建造することにしたが、技術的に未熟なため完成した二つのブロックにズレが生じて納期を守れなかった。買い手が受け取りを拒むと、政府は新たな船会社の設立を支援し、行き場を失った船を買い取らせた。この船会社が現代商船であり、やがて世界の主要な外航船会社の一つに数えられるようになる。[3]

韓国政府の造船開発計画は、発注を増やすうえで多大な効果があった。現代の造船所や浦項製鉄所への補助金に加えて賃金水準も低かったため、韓国の船はヨーロッパや日本のライバルより建造コストが低く、おかげで世界中の船会社が安価に船を購入できるようになった。政府の補助金により、造船所は銀行融資を受けられない不採算の船会社に新船を貸し出すこともできた。これによって造船所の仕事は増えたが、船主を補助金漬けにする結果にもなった。[4]

１９９０年に韓国の船舶製造は１９７５年の8倍に達し、それ以外の主たる造船国の生産トン数は大幅に低下した。造船危機で最も深刻な打撃を受けた日本では、政府が主導して「不況カルテル」が結成され、1980年末までに138カ所の乾ドックのうち50カ所が閉鎖され、11万9000人が解雇された。ヨーロッパ各国政府はそこまで思い切った策はとらなかったものの、造船への補助金が横行し、1987年に欧州連合（EU）が「生産援助」を建造コストの28％に制限する指令を出すと賞賛の声が上がるほどだった。新造船への低利融資が容易に得られるため、市場はすでに飽和状態になっているにもかかわらず、船会社はさかんに船舶数を増やそうとした。[5]

船舶バブル

補助金で潤ったのは造船所や製鉄所だけではなかった。海運投資家たちも濡れ手で粟のチャンスに飛びついた。これまでは貿易商も投資家も利益の出やすい商船に投資してきたが、コンテナ輸送が急成長すると商船投資は損失を出すことが多くなった。西ドイツ政府は複雑な税法を活用して、節税を望む富裕層に外航船への投資を奨励した。こうしてドイツ最大の港ハンブルクは海運業界のウォール街と化し、グローバル化する世界における運賃低下のもう一つの要因となった。

北海から100キロほど内陸に入ったエルベ川沿いの町ハンブルクは、中世以来、重要な海運と貿易の中心地だった。第二次大戦後の東西ドイツ分割はこの町に打撃を与えた。

西欧とソビエト支配下の東欧の国々が鉄のカーテンで仕切られ、エルベ川を利用したベルリンやプラハ方面へのバージ船輸送の取り扱いがなくなったからだ。それでもドイツ第二の都市には数多くの大手造船所や船会社が拠点を置き、海運を専門とする銀行・保険会社・技術者・ブローカー・弁護士なども多数集まっていた。だが１９７０年代初めになると、ハンブルクの前途には暗雲が立ちこめた。ギリシャの税法改正を受けて、ドイツの船主が2年間に６３１隻をドイツ船籍からギリシャ船籍に変更したのだ。短期的にはギリシャ船籍への転換でドイツの税収に影響が出たが、長期的にも、これらの船舶の所有・管理・資金調達に関わる活動が国外に流出する恐れがあった。[6]

　ドイツ政府は対応策として、船主に対する大幅な減税を実施した。１９７３年前後には、銀行が税法改正に乗じて海運業への資金調達を確保する妙手を考え出した。大金持ちでなければできない船舶の共同所有でなく、1隻の船に対する有限責任パートナーとしての投資を中間富裕層に勧めたのだ。「船舶ファンド」と呼ばれるこの仕組みでは、パートナーから集めた資金を元手とし、足りない分は借金をして船舶を建造する。こうすれば船主は自分の懐をほとんど痛めることなく、所有船舶を増やすことができた。金融上の操作によって新造船は少なくとも10年ほどは採算がとれない設計になっている。だから船舶ファンドはこれらの損失を各パートナーに分配し、パートナーは税務当局に所得を申告する際、投資額の最大2倍半を控除することができた。実に秀逸な仕組みである。ドイツでは

50以上の金融機関が船舶ファンドを立ち上げ、多額の運用手数料が転がり込んだ。リスクなしに多額の見返りを保証した金融アドバイザーにも顧客から手数料が入った。歴史学者のエリック・リンドナーが指摘するように、「船の所有者は利益を出さないといけないという従来の考え方は後退した」のである。[7]

節税効果のある船舶ファンドは人気を博し、ドイツ政府は1984年と1995年の二度、ファンドの縮小をはかった。それでも欧州連合（EU）の執行機関である欧州委員会は納得しなかった。委員会は1997年、新造船に補助金を与えるような税制は、「船舶の過剰供給を招来・維持する恐れ」があり、ひいては船会社が安価に船を増やすことにつながると指摘。海運業に有利な税制を承認できるのは、「関係船舶すべての戦略上・通商上の運営」がEU域内に置かれ、EUの安全・労働基準を守る企業によって行われる場合に限るとの指令を出した。[8]

有限責任パートナーが所有する船舶はこれらの基準を満たしていないことが多く、投資家が投資額を上回る税控除を申告することもEUのルールに抵触していた。だが欧州委員会は船舶ファンドによる税控除に規制をかける一方、「トン数標準税」と呼ばれる課税特例は承認した。トン数標準税とは、どこで建造された船でも、ヨーロッパ船籍で貿易に使われているなら、実際の損益ではなく船のトン数に基づいて課税されるという制度だ。大富豪ではないが小金持ちのドイツの歯科医や医師にとっては、むしろこのほうが魅力的だった。税務上の欠損は申告できなくなるが、年間配当に対する税金が軽減されるからだ。こうして船舶ファンドにかつてない資金が流入することになった。2000年代初頭の絶頂期、船舶ファンドへの年間投資額は200億ユーロ（約260億ドル）に達した。これは毎年数百隻の船舶を建造するのに相当する額だった。[9]

こうして建造された「歯科医の船」の多くは、パートナーシップを運営するハンブルクの企業が所有者となり、大手船会社の仕様に合わせて建造し、契約に基づいて運航した。ハンブルクの由緒ある一族が経営する海運大手E・R・シファートは、そうした運営会社の一例だ。2008年の時点で同社はコンテナ船82隻を所有ないし発注中だった。造船資金を調達するのは姉妹企業の投資会社ノルトキャピタルで、パートナーシップ（投資家は合わせて4万1000人）から16億ユーロを集めていた。この資金を裏付けとして、ノルトキャピタルはHSHノルトバンクやコメルツ銀行といった海運専門の銀行からの融資を取り付け、建造費の不足を補った。他にも同様の船舶ファンドを立ち上げ、韓国や中国などで建造されたタンカーやばら積み船に投資する会社もあった。比較的少額の投資を大量に集めることで（船舶ファンドへの平均投資額は約2万5000ユーロ、当時のレートで3万5000ドルほどだった）、ドイツ所有の船舶数は飛躍的に増加した。ハンブルクに本拠を置くHSHノルトバンクは船舶融資世界一を豪語し、同行の融資総額の半分に当たる400億ユーロという、途方もない額を船舶に融資していた。

中国政府の造船補助

船舶ファンドのおかげで、21世紀最初の年に建造されたコンテナ船の3隻に1隻はドイツの船主が発注し、ドイツ政府の優遇税制のもとで運航された。台湾、チリ、フランス、日本を拠点とする船会社もその恩恵に浴し、ドイツの所有船を有利な条件でチャーターすることができた。だが2007年と2008年に発注されたこれら新造船の多くは、金融危機で貿易が停滞した2009年と2010年に引き渡しの時期を迎えた。巨額の補助金で拡大した輸送力が、最悪のタイミングで海運市場にもたらされることになったのである。

結果として、船舶ファンドの投資家は壊滅的な打撃を受けた。リスクなしと言われたパートナーシップだったが、船が半ば空っぽで運航したり、港に釘付けになったりしたことで莫大な損失を被った。何百件ものパートナーシップが破産を宣言し、運営元の船舶管理会社の一部も破産を宣言した。それでなくても造船補助金を負担させられていたドイツの納税者は、業績が低迷する海運専門銀行の救済にもお金を出さなければならなかった。ハンブルクとシュレースヴィヒ=ホルスタイン両州政府が所有するHSHノルトバンクは約1400億ユーロもの損失を出し、最終的に売却されることになった。コメルツ銀行は1600億ユーロの公的資金を受け、連邦政府が株式の4分の1を取得した。「歯科医の船」の多くは資金確保のため売却され、コンテナチャーター船におけるドイツのシェアは２０１０年の3分の2から２０１７年には3分の1にまで低下した。こうしてドイツ所有船の数は減ったものの貨物輸送をやめたわけではないから、膨大に膨らんだ輸送力は運賃を大幅に引き下げ、海上貿易をありえないほど低コストなものにした。[10]

ドイツの投資家が撤退する一方で、今度は中国が市場に参入した。中国政府は２００６年、造船業を「戦略産業」と位置づけ、10年以内に世界一の造船大国になる目標を掲げ、多額の国家投資を行った。推定43億ドルの補助金のおかげで、中国船舶工業集団と中国船舶集団有限公司という国有企業2社は、7年間で商船建造用の乾ドックを１００カ所以上に建設した。中国の船舶所有者（その多くは国有企業）は一斉に旧式のタンカーやばら積み船、コンテナ船を廃棄し、多額の補助金を使って、ほぼ国内の造船所のみで新船建造に着手した。

中国は石炭や鉱石など、一次産品を輸送するばら積み船市場で一気に頂点に立った。２００６年から２０１２年に世界で建造されたばら積み船のうち57％が中国製だった。ばら積み船よりはるかに構造が複雑なコンテナ船市場では、参入はそう簡単ではなかった。２００５年になっても、複雑なプロジェクトをこなせる熟練労働者はいないとの見方から、大型コンテナ船のほとんどは韓国や日本で建造された。それでも国の手あつい支援を得て、中国は学習曲線を一挙に駆けのぼった。補助金が多い点は同じでも、中国での造船コストは韓国より20〜30％安かった。２００6年から２０１２年にかけて、中国が世界の新規コンテナ船輸送量の約5分の2を占めたのも不思議ではない。[11]

世界各地の造船補助金がもたらした経済的影響は、納税者への負担だけでは終わらなかった。船舶の建造・運航コストの一部を公共部門が負担したことで、世界の商船数は補助金がなかった場合よりはるかにハイペースで増え、輸送力の過剰は慢性化した。少ない貨物を多くの船が奪い合った結果、運賃が低くなりすぎ、船会社が運航で得る利益は燃料代をなんとかまかなえる程度だった。船会社としては大きな損失だが、貨物を海上輸送する荷主には朗報だ。造船補助金のおかげで輸送コストを全面的に負担する必要がなくなり、本来の輸送コストを反映させずに安く輸出品を売れるからだ。納税者が負担するこうした補助金は、長距離バリューチェーンの成立を可能にする立役者となったのである。

競争上の影響も考慮すべきだろう。世界中どこでも、陸上輸送への政府補助金は一般に海上輸送より少なかった。多くの国でトラック業者はディーゼル燃料と高速道路通行料に多額の税金を払わされた。また鉄道貨物は利益が出るよう高めに価格設定され、鉄道が国営の場合はその利益で旅客サービスの経費を補っていた。海運業による環境負荷への規制がゆるかったのも一種の補助金だし、国内郵便より途上国から富裕国への荷物が優遇される郵便料金体系なども同様だった。国内輸送にトラックや鉄道を使う場合は、輸送コストのほぼ全額を運送会社が払わされ、海上輸送を使う輸入業者に比べ輸送コストは高くなった。国内の生産者が輸入品との競争で苦戦しているのに、海運への補助金が輸入業者を優遇するという、極めて奇怪な産業政策が行われていたのだ。[12]

10章 輸出のかさ上げ

海運業に補助金がつぎ込まれて、グローバル化は採算がとれるようになった。一方で国際貿易に補助金が投じられることで、グローバル化は対立をも生み出した。

貿易における「補助金」の定義ははっきりしない。工場を誘致するための政府補助金のようにあからさまな補助金もあれば、外国の顧客に輸出品を買ってもらうための銀行融資の政府保証などは、借り手が返済不能に陥って納税者に不良債権のツケが回ったりしない限り、人目につくことはない。税法に織り込まれた優遇措置、業界の調査研究活動への国の補助金、国内生産者の価格維持を助ける輸入制限などはどれも補助金の一種だし、軍の機器購入を国内産に限る措置なども、目立たないが補助金の一種である。これらに共通するのは、特定の国の政府が補助金によって競争を歪め、他国からの輸出入や投資に影響を与えるという点である。[1]

商取引のほとんどが国内でなされるなら、政府が農民や製造業者を補助しても他国にはほとんど影響は与えない。伝統的な経済学の考え方では、補助金付きの輸出は良いこととされ、補助金の影響力は無視されがちだった。安く売ってくれるというなら、ケチをつけるまでもないというわけだ。1960年代まで、貿易における不公正の原因は補助金ではなく賃金格差にあるとされていた。例えば米国の企業は1950年代の日本の衣料品輸出に激しく反発し、「低賃金国の輸出攻勢」に抗議した。そして当時低賃金国だった日本は、1957年に綿製品の輸出制限に同意した。[2]

ようやく補助金が問題となるのは1960年代に入ってからだ。米政府は軍事・宇宙プロジェクトで国内企業と契約を結んでいたが、ヨーロッパ諸国は米国企業が政府補助金で行った研究をもとに旅客機やコンピュータなど、何千もの民生品を製造しているとして不満を募らせた。ヨーロッパの航空機メーカーは存続を脅かされ、フランス、ドイツ、オランダ、英国、スペインのメーカー（ほとんどは国有）は1970年、痛みを伴う統合を経て全欧企業エアバスを設立した。するとすぐさま米国も、エアバスに多額の補助金が注ぎ込まれていることに抗議した。ヨーロッパ側は応戦し、ボーイングやロッキードなど米国の航空宇宙産業が、補助金を受けて商用航空機を製造していると非難。論争は数十年にわたって続き、どこかの企業がライバルを押しのけて航空機を受注するたびに蒸し返された。

欧州連合（ＥＵ）は「構造調整」の名目で鉄鋼・造船・化学・製紙などの不振産業にスリム化を指示し、国際競争に耐えられる企業の育成を目指した。産業の崩壊を放置すれば欧州共同体の存続が危うくなるというのが、ヨーロッパの政治家たちの考えだった。一方、米政府は個別企業への資金注入はさほど行わなかったものの、連邦政府・州政府問わず助成金や低利融資を介して新興企業を支援したり、既存企業の存続を図ったりした。米国以外の国は、米国が不振産業をてこ入れするために貿易障壁を意図的に利用していること、米政府が調達する製品の多くが輸入品でなく国産に限定されていることに激しく反発した。米国は巨額の国防予算を使って、民生に転用可能な航空機やコンピュータ向け先端技術を開発していたし、カリフォルニアに世界最大のマイクロエレクトロニクス産業が育ったのも、一つには米軍がシリコンバレーと呼ばれる地域の企業に多額の資金を注入したからだった。１９６７年以前、米国の半導体生産の半分以上はミサイルシステムに使われており、そのことが半導体産業に他の追随を許さない規模の優位をもたらした。こうした公的支出が、米国の輸出産業を優遇する不当な補助金に当たるかどうかをめぐっては、その後もずっと論争が続くことになる。[3]

日米貿易摩擦へ

鉄鋼や化学などの資本集約型産業への補助金は、すでに１９５０年代から論争の種になっていた。歴史的な経緯から、生産の大半は大手企業が長年にわたって工場を建設してきたオハイオ州ヤングスタウン（鉄鋼）やドイツ南西部のルートヴィヒスハーフェン（化学）などの工業都市に集中していた。これらの地域は高賃金とはいえ、労働コストが生産コストに占める割合が低く、既存工場の規模が大きくコスト面での優位が大きかったため、外国に新設された工場はなかなか太刀打ちできなかった。アジアや中南米の国々が鉄鋼・化学産業を発展させるには、工場に補助金を出し、輸入品を締め出して国内の売上を確保するほかなかった。

こうした輸入代替工業化（輸入の自給化）戦略は、4章で見たように逆効果に終わることも多かった。インドやアルゼンチンなどでは、新規工場の多くは輸入するほうがはるかに安上がりな製品をつくり、経済成長にも貧困追放にも役立たない無用の長物と化した。ただし日本では輸入代替戦略は大成功を収めた。製造業は輸入規制や補助金にがっちりと守られ、縫製や回路基板のはんだ付けといった労働集約的な仕事から、機械・自動車・化学薬品・金属製品といった大規模生産へと進化を遂げた。他の国が失敗したのに、なぜ日本は成功したのだろうか。最大の理由は外国企業の進出を阻止するだけでなく、国内企業同士にも激しく競争させ、輸出を奨励したからである。この難題に応えられない企業は振り落とされ、生き残った企業は海外のトップ企業に匹敵する効率性を獲得したのだ。[4]

日本では20年にわたって輸入が輸出を上回っていたが、１９６５年に貿易黒字に転じ、その後は一時的に低迷することはあっても、46年にわたって黒字を維持し続けた。安価なダットサンやトヨタ車が米国の都市に登場し、日本の鉄鋼メーカーがカリフォルニアに進出した。カリフォルニアでは、ピッツバーグやシカゴから陸路で鋼板を運ぶより、太平洋を挟んで日本から海上輸送するほうが安上がりだった。1968年にコンテナ船が登場して輸送コストが下がり、貨物の損傷も少なくなると、米国やカナダの家電ショップの棚に日本製のテレビ・ステレオ・電子レンジが並ぶようになった。1970年には、日本は国民所得の45％を製造業で稼ぎ出す高度に工業化された豊かな国となった。にもかかわらず、外国メーカーが日本で製品を売ろうとすると、公式・非公式を問わずいろいろなカベがあった。1966年、日本は約2500万台の自動車を製造したが、輸入はわずか1万5244台にとどまった。

1968年、鉄鋼業の不振を受けて、米国務省は日本と欧州に「自主的に」鉄鋼輸出を制限するよう要求した。数カ月後、米国のカラーテレビメーカーが、日本製品のせいで産業が危機に瀕していると抗議した。折しも大統領候補のリチャード・ニクソンが、日本の繊維品輸出を制限すると約束したばかりだった。ニクソンは1969年1月に大統領に就任すると、記者団に「自主的な形でこの（繊維）問題を処理したい」と述べた。日本は自国製品の輸出先としても、また防衛面でも米国に依存していたから、日本政府はこの発言に込められたメッセージを受け止めた。強大な権限を持つ通産省が繊維輸出に上限を設け、国内企業に対して新たな指針を示した。同省は1972年、「『何がなんでも輸出を拡大しなければならない』という考え方はもはや適切ではない」と述べた。「状況によっては、そうした政策は他国に不満を抱かせかねない[5]」

日本型資本主義の裏側

1973年10月に石油危機が起こると、輸出補助金は貿易戦争の道具と化した。中東産油国の減産で石油価格が急上昇し、世界中に不況が広がるなか、最大の打撃を受けたのは石油を産出しない日本だった。石油を輸入するのに必要なドルを調達するため、日本政府は輸出拡大に躍起になった。だが日本は生産コストの高い国になっていた。急騰中の石油はエネルギー供給の4分の3を占めていたし、工場の平均賃金も1971年から1973年にドル換算で38%も上昇していた。国の発展のためには、安価なエネルギーや労働力に依存する産業から、「知識」産業に方向転換すべきだと通産省は考えた。おもちゃ・衣料品・トランジスタラジオではなく、自動車・先端電子機器・精密機械などの輸出で成長を達成しようという構想である。

通産省には、このビジョンを実現するだけの権限と資金があった。まずは業界内で話し合って、整理すべきアルミ精錬所や製紙工場、造船所を選別するよう促した。多くの繊維工場が閉鎖されたことで、米国向け合繊輸出を自主規制するという1972年の日本の約束はもはや意味を失った。通産省の勧告に従った企業は、新規事業拡大のための補助金や補助金付き融資を得ることができ、当然ながら輸入品との競争からも守ってもらえる。さらに手厚い支援により、1973年から1979年にかけての構造改革で失職した80万の製造業労働者への打撃も軽減された。[6]

特に力を入れた産業の一つは自動車産業だった。日本車は小型で乗り心地が良いとは言えないが、石油危機の時代には理想的な車であり、ガソリンをがぶ飲みするキャディラックやBMWは今や金食い虫と化していた。こうして日本の年間自動車輸出は1973年から1980年の間に3倍近くに増え、トラック輸出もそれを上回るスピードで増加した。1980年には米国の自動車販売台数の4分の1を日本車が占めたが、一方の日本では労働者の給料が上がってもシボレーやフォルクスワーゲンは高嶺の花のままだった。外国製の車には30~40%の関税が上乗せされたうえ、大型だから取得税も国産の小型車よりはるかに高かった。それ以前に、札幌や福岡では外車を扱う自動車ディーラーそのものがほとんどなかった。[7]

通産省の政策立案者のもくろみ通り、「軽薄短小」という標語が日本の経営者たちの間に浸透した。1975年には機械・運輸機器が輸出の半分を占めるようになったが、これは2年前に比べると倍増である。通産省の研究開発支援を受けて、日本の工場はコンピュータ・最先端カメラ・コンピュータ制御工作機械・大容量カラーコピー機などを続々と出荷していった。だがミダス王の魔法の手のように、通産省の手に触れたものがすべて黄金に変わったわけではない。例えば国産の商用ジェット機は、同省の後押しにもかかわらず実現しなかった。それでも輸入を締め出して輸出を促進する政策が功を奏し、先端工業製品で競合する国々に対する貿易黒字は大きく膨れ上がった。日本型の通商政策が国際問題と化すのに時間はかからなかった。米国・カナダ・西欧の政治家や労働組合は怒り狂った。輸入品に直撃されて、米国中西部、英国ミッドランズ、ドイツのルール地方、フランス北部などで工場閉鎖が相次ぎ、経済学用語に「産業空洞化」という新語が加わった[8]。

世界の経済成長が鈍化する中、日本が先端工業で台頭してきたことで、第二次大戦以降のグローバル化に大きな役割を果たしてきたブレトンウッズ体制が問い直された。ブレトンウッズ協定の交渉に当たった人々は理想に走っていたわけではない。グローバル化すればどの国の政府も労働者や企業、地域社会への支援を求められるだろうことはわかっていなかった。だがそうした補助金が過大に膨張して、自由化された世界経済を脅かすとは想像していなかった。ところが今や、補助金を使って高付加価値の製品を輸出し、一方で自国市場を閉鎖しているとして日本が非難されていた。天秤を指で押して、商品の重さをかさ上げしてごまかすかのような通産省の介入で、貿易によって日本だけが潤い、他国は損害を受ける事態になったと批判されているのである[9]。

1960年に締結された貿易大国17カ国の協定は、こうした状況に対処するためのものだった。この協定の下では、補助金を受けた輸出品が輸入国の産業に「物的損害」を与える恐れがある場合、輸入国は報復措置として補助金の額に等しい輸入税を課し、相手国のコスト優位を相殺できるとされていた。この条項には警告の効果があった。日本政府は国際ルールに違反していると名指しされることを恐れ、１９７２年に合繊問題でニクソン大統領に譲歩したときのように、輸出を「自主的に」制限することに同意した。１９７７年には英国向け自動車や米国向けカラーテレビの輸出を制限し、１９７８年には自動車・オートバイ・鉄鋼・テレビ・船舶・コピー機・腕時計・カメラの輸出業者への「監視と指導の強化」を実行し、米国およびカナダ向け工作機械に最低価格を設定して、市場シェアを上げるための値引きができないようにした。翌年には米国が、日本との競争にさらされている産業を「救済」するため、ボルト・ナット・ネジに15%の関税をかけるのだが、この業界が旧式な工場で非効率な生産を行っていることは周知の事実だった[10]。

　同じ１９７９年には、米国第三位の自動車メーカー、クライスラーが倒産の危機に直面した。大量失業を危惧する声に押され、連邦議会はクライスラー救済のため１５０億ドルの融資を決めた。倒産の危機に追い込まれた企業はクライスラーにとどまらず、１９８０年は米国自動車産業にとって史上最悪の年となった。実際には高金利と小型車種の欠如が売上不振の原因だったのだが、政治家や労働組合は声高に日本を非難した。この年の大統領戦で、自由貿易派のロナルド・レーガンはデトロイトにあるクライスラー工場でこう演説した。政府は「日本を説得し、国内産業が回復するまで日本車の流入を何らかの形で、日本の利益にもなるように減らさなければならない」と。日本は1981年、対米自動車輸出を「自主的に」規制すること、同時に西欧とカナダへの自動車輸出の規制も強化することに同意した。日本は1983年までにビデオテープレコーダー・クオーツウオッチ・旋盤・フォークリフトなどの輸出規制に、いずれも「自主的に」合意した[11]。

結果は思わしくなかった。自動車やテレビの輸出を自主規制しても、日本の貿易黒字は縮小するどころか、むしろ拡大した。輸出台数を制限されたメーカーは、ますます先進的な製品を開発して、高価格で出荷したからだ。日本企業はこうして得た利益を北米や西欧での工場建設に振り向けたため、日本型資本主義が世界を征服しつつあるという認識が広がった。

だがのちに明らかになるように、日本は先端機器の開発ばかりに目を向け、著しく非効率なサービス部門のことを忘れていた。銀行で両替するには何人もの銀行員の署名が必要で、ピカピカの銀座のデパートでは若い女性が来店客に深々とおじぎをしていた。サービス産業全体を見ても、1980年の生産性（労働時間当たり産出量）は1870年よりも低かった。旧態依然たるサービス産業は、のちに日本経済の足かせと見なされるようになるのだが、製造業が隆盛を極めた1980年代にサービス産業の停滞に気づく者は誰もいなかった[12]。

韓国財閥の台頭

世界的な景気後退の中で、貿易相手国の神経を逆なでしたのは日本だけではなかった。誰よりも日本の経験から学んだのは韓国だった。人口はずっと少ないが、韓国も日本にならって補助金を使い、貿易パターンを変えることに成功した。

1960年代まで韓国経済は低迷を続けていた。朝鮮半島は1910年から1945年まで日本の占領下にあり、主としてコメとタングステンを日本に供給していた。第二次大戦末期にはソ連が支配する「北」と米国が支配する「南」に分断された。1950年から1953年にかけて起こった朝鮮戦争で、半島のインフラや産業のほとんどが破壊され、死者は百万以上にのぼった。停戦後、南の韓国政府は急速な工業化に取り組んだ。最初にしたことは、大量の労働力を衣料品や靴の製造に投入することだった。だが経済政策は内向きで、輸入障壁は高く、輸出も1963年まではほとんどなかった。

1965年、朴正熙《パクチョンヒ》大統領が新たな方向を打ち出した。「我々も輸出競争で他の国と十分に競い合える」と国民に訴えたのだ。政府はウォンを切り下げて韓国の輸出品の価格を下げ、輸出産業に多額の融資を提供し、輸出品の原材料に対しては優遇税率を適用した。そして品目ごとに輸出目標を設定し、韓国銀行を通じて低利の融資を行い、企業の輸出目標達成を支援する一方、輸出企業間の競争を促すため、前年に輸出目標を達成した企業には有利な条件で融資を行った。国内の経済専門家はスケールメリットが重要と見て、グローバル市場で欧州・日本・北米の多国籍企業に対抗できる規模を持つ多角経営企業グループ、「財閥《チェボル》」の強化を後押しした。政府の政策立案者は、輸入関税や国有銀行からの融資を通して財閥を誘導し、自動車や電子機器などの特定部門に投資させた。米国の経済学者アリス・アムスデンが指摘しているように、「１９６０年代から１９７０年代にかけての産業多角化に向けた主要な変化は、すべて国が主導したものだった」[13]。

韓国が多くの貧困国と違っていたのは教育に多額の投資をしたことで、おかげで労働者の識字率は極めて高くなった。このことは非常に大きな競争優位をもたらし、世界経済が低迷する中、韓国企業は政府の支援も得て新たな輸出品の開発に取り組むことができた。輸出が本格化する前の１９６２年は食品と原材料が韓国の輸出品の80％を占め、輸出品の主力は海草だった。それが１９８０年になると製造業が１９６２年の14倍の規模となり、工業品を中心とする貿易がＧＮＰに占める割合も3分の2超と、欧州・北米・日本を大きく上回った。だが外国では反発が起こった。１９８０年代初頭には、高賃金国向け輸出の半分近くが不公正貿易と見なされ規制の対象となった。１９８０年代初めの世界的景気後退で成長がストップすると、韓国政府は輸出主導の成長戦略から転換し、イノベーションと先端技術に比重を移した。日本企業からの投資は当初は国内からの反発を買ったものの、財閥による自動車・カラーテレビ・医薬品製造を支えることになった[14]。

国家主導の経済政策は、これまで内向きだった韓国を大きく変貌させた。１９８６年には慢性的な貿易赤字が数十年ぶりに黒字に転じた。１９８８年には世界第10位の貿易国となり、１人当たり実質ＧＮＰも１９６０年の8倍に伸びた。１９９０年までに民間の研究開発拠点が９９６カ所と、10年前の54カ所から大きく増えたのは、安価な労働力への依存を脱して技術者採用を促す政府の要請に企業が応えた結果だった。補助金・輸入障壁・為替操作への批判は相変わらずだったが、今や最大の不満は先端技術市場の不正なシェア拡大へと向けられた。特に進出が目ざましかったのは半導体産業だった。半導体はもともと米国企業の独擅場《どくせん》だったが、１９９０年には韓国が米国市場での第二の供給国となった。１９９３年、米国際貿易委員会は韓国企業数社が半導体を公正価格以下で販売し、米国の産業に損害を与えているとの裁定を下したが、同時に顧客にとっては韓国製品のほうが米国製品より信頼性が高く、入手も迅速であることも認めざるを得なかった[15]。

韓国の高付加価値製品への参入は慎重に計画されたものだった。１９９２年に発表された「機械・素材・部品の現地化5カ年計画」で、政府は自動車部品や機械・半導体・コンピュータ部品など、４０００品目の輸入を削減するよう企業に呼びかけた。これまでこうした製品は日本に依存していたが、政府は国内での生産に資金援助を行うようになった。ここでも、補助金が貿易パターンを劇的に変化させることになった。5年計画の対象となった業種では、貿易黒字が１９９７年の30億ドルから２０１４年には１０８０億ドルへと急増した。韓国は史上初めて、中間財の輸出大国となったのである。中間財の多くは国際サプライチェーンを通じて中国の工場に流れ込み、中国はどの国の製品より韓国の半導体や光学製品に依存するようになった。[16]

11章 中国製品の光と影

1980年代初頭、国際経済における中国の存在感は極めて薄く、国際政治の場ではなおさらだった。1970年代の大半を通じて、文化大革命の政治的混乱がこの国を揺さぶり続けた。これに加えて指導政党の中国共産党が計画経済による統制にこだわったことが、貧困からの脱却を阻んだ。変化が起きたのは1978年、最高実力者の鄧小平が日本とシンガポールを訪問し、「我々は自分たちが遅れていること、自分たちのやり方が間違っていること、そして変化が必要なことを認めなければならない」と宣言したときのことだ。経済は未発達で、近代化に貢献したであろう何百万もの学生が教育の機会を奪われ、集団農場で肉体労働を強いられていた。貧しさゆえに影響力を振るうこともなく、軍事力も外交力もほとんど無に等しかった[1]。

そうした何十年にもわたる波乱の時代を経て力と繁栄を手にするまでの過程は、今やサクセスストーリーとして国民の脳裏に焼きついている。だが開放政策に転じた当初は、経済面でも、その他の面でも決して大国とは言えなかった。英国のジャーナリスト、ジョー・スタッドウェルは「自給自足経済のため、中国は国際競争に耐える工業製品をまったく開発できなかった」と指摘している。社会主義経済のほとんどがそうだったように、国家計画の重点は常に重工業にあった。鄧小平が主導した最初の10カ年計画では、1985年までに鉄鋼生産を倍増させ、製錬所・炭鉱・油田・港湾・発電所・鉄道の建設に全力を傾けることが呼びかけられた。野心的な計画は身の丈をはるかに超えるもので、すぐに消費財の生産強化という、より現実的な計画に切り換えられた。膨大な人口を抱える国内市場向けの靴や化粧品、トランジスタラジオの製造には鉄鋼よりはるかに多くの労働力が必要であり、これが旧式農業の近代化に伴って移住を迫られた何千万もの農村労働力の受け皿になると同時に、消費財の供給で中国人の生活水準を向上させることになった。[2]

1979年の鄧小平訪米以降、中国政府は慎重を期しつつ経済特区数カ所の開設に踏み切り、貿易を奨励しはじめた。極めて安価な労働力（1981年の試算では、香港の製造業の賃金は中国の20倍だった）に目をつけた香港や台湾のメーカーが、中国南部に工場を開設しはじめた。別の場所で製造した化学品・プラスチック・織物・部品が深圳《シンセン》や広東省各地に運ばれ、人形やドレス、電動ドリルなどに加工され、香港を経由して世界中に輸出されていった。長時間労働に慣れた、安上がりで従順な労働力が中国の強みだった。

富裕国は中国の開放政策を強力に後押しすべく、大半の開発途上国に認めているのと同じ関税率を適用し、中国の競争上の不利をおぎなった。こうして北米・日本・ヨーロッパの関税が引き下げられ、中国の貿易への復帰は現実的なものになった。西側の貿易相手国にとっては貿易の均衡より勢力の均衡（バランスオブパワー）のほうが重要だった。関税を引き下げたのは、油断ならない相手であるソ連と中国の間に楔《くさび》を打ち込むためだった。だがこの贈り物はひも付きでもあった。米国は中国に対する特恵関税を毎年見直すものとし、たえず打ち切りをちらつかせた。[3]

中国の貿易は1978年から1980年までの2年間に倍増したが、その後は伸び悩んだ。外国からの投資は地方・中央政府が所有する国有企業との合弁しか認めないという政府の姿勢も、外国メーカーを遠ざける結果になった。だが外国からの投資を警戒しつつも、自力だけでは近代産業を育成することはできなかった。中国経済を支配する国有企業は、顧客のニーズより政府の国家計画に合わせて生産を行っていた。民間企業には資金調達の手段がなく、収益を研究開発に回すこともできなかった。そもそも株式市場が存在しなかったし、銀行もようやく1978年に開設を許可されたばかりで、民間企業への融資など未知の領域だった。国有企業でさえ資金調達は難しかった。1980年、国有企業が日本との繊維関連の合弁のために外債を発行したことが大問題となり、以来、政府はこの種の融資に消極的になった。

１９８６年に至っても、中国の工業品輸出が世界貿易に占める割合はあまりに小さく、市場シェアも伸び悩んだ。国際経済の中核的役割を担うなど、夢のまた夢だった。[4]

カタツムリだった中国の変貌

第二次大戦で連合国側についた中華民国は、１９４７年のＧＡＴＴの創設メンバーだった。１９４９年には共産党が中国本土を掌握して中華人民共和国の建国を宣言し、中華民国指導部は台湾に逃れた。翌１９５０年、中華民国は台湾でＧＡＴＴ脱退を表明した。中共側はこの行為を無効と主張したものの、さほど重要視はしていなかった。共産党は数十年にわたる戦争で疲弊した国土に政権を打ち立てることに苦心しており、内向き志向だった。加えて長い植民地支配による不幸な歴史があり、領土である香港やマカオはいまだにヨーロッパの国々に占領されていた。国際経済への復帰は新政権にとって喫緊の課題ではなかったのだ。[5]

それから30年が過ぎ、外の世界に目を向けはじめた中国は、外国からの技術や投資、また外国市場の必要性を痛感しており、ＧＡＴＴに未加盟であることがにわかに重要味を帯びてきた。加盟していないことにはリスクが伴う。ＧＡＴＴは各国が共同で国際貿易ルールを策定する場所である。例えば、ある国が日本製ポリウレタンは自国の化学工業に損害を与えていると訴えても、しかるべき手続きを経なければ日本製品の出荷を制限できないことになっている。非加盟国である中国は、そうしたルールの保護を受けられない。だがＧＡＴＴに加盟すれば、他国がむやみに自分たちの貿易を口を出してくることはなくなる。

中国が加盟に意欲を示したことから、１９８１年以降はさまざまなＧＡＴＴの会合に出席できるようになった。だがあくまでオブザーバー参加であり、他の加盟国は中国が加盟国としてふさわしいかどうか懐疑的だった。１９８６年には加盟国としての地位回復も求めたが、最終的には否決された。いずれにしても、産業の大半が政府所有で、輸出入に関する決裁は国が行い、法執行も恣意的に行われている国が、ＧＡＴＴのような市場経済を前提とする貿易機関にふさわしいかは疑問だった。その後の数年間に他の発展途上国（ボツワナ、コスタリカ、モロッコ、ベネズエラ）が自由貿易と市場経済を自国に有益と認め、ＧＡＴＴへの加盟交渉を開始したが、中国は蚊帳の外に置かれたままだった。[6]

１９８０年代後半になると１９７８年以来の経済改革は軌道に乗ったが、経済成長は伸び悩んでいた。ビジネスウィーク誌で紹介された米国人バイヤーの言葉によると、「世界中が猛ダッシュするなかで、中国はカタツムリの歩み」だった。賃金の上昇が頭打ちになる一方、インフレ率は2桁に達した。汚職への怒りと民主化要求で中国全土に抗議の渦が巻き起こり、１９８９年6月には北京の天安門広場に軍が出動。数百から数千の死者が出る事件が起きた。中国で六四事件と呼ばれるこの出来事は外国人投資家に衝撃を与えた。

内部抗争の末、党指導部は共産党支配を脅かす恐れのある変化を一切否定する一方、鄧小平の助言に従って経済開放に向けた改革に着手することになった。「改革開放がなければ、わが国の発展は止まり、経済は悪化する」と鄧は党幹部たちに警告した。「後退すれば生活水準は下がる。改革の勢いを止めることはできない」[7]

鄧小平は1989年11月に公職を退いたが、その後も影の実力者として影響力を振るった。しかし民間企業を奨励し、深圳や上海に証券取引所を開設するなどの市場経済導入策は党主流派から批判を浴びた。党を弱体化させ、資本主義を推進したとの非難に、鄧小平は公然と反論した。1992年1月には突如表舞台に復帰し、1カ月にわたって中国南部を歴訪した。次々と演説を行い、地方の指導者（党幹部）たちに古い考え方を脱し、資本主義であろうと何であろうと、生産性と生活水準を向上させる政策を採用するよう促した。8年前、市場志向の経済改革の実験場として自らが設置した経済特区を訪れた際には、実験は成功であったと宣言した。

鄧小平のこの「南巡講話」を境に中国はグローバル化へと向かう。1992年3月、共産党中央政治局は市場中心の改革路線を継続することで一致した。10月に開かれた全人代では、江沢民総書記が党の主導的役割を再確認したうえで、「改革と対外開放、近代化の推進を加速させる」ことを訴え、ここに鄧小平路線の勝利が確定した。[8]

その年の終わりには政府が外国からの投資に関するルールを緩和し、香港・日本・米国から資金が流入しはじめた。中国の方向性がまだ定まっていなかった1991年時点では、外国人による工場・建物・事業に対する投資は40億ドルに過ぎなかったが、中国経済が急成長した1993年にはその6倍に増えた。投資の一部は急成長する国内市場向け製品の製造にも使われたが、大部分はユニクロやカルフールのような国際的小売業や、ヒューレット・パッカードやゼネラル・モーターズのような製造業に投じられた。[9]

1990年代に中国の工業品輸出は5倍に増加し、成長の大部分をこれまで中国がほとんど参入していなかった化学品・機械・通信機器などの製品が占めた。1998年には、中国の輸出品の45%を外国資本の工場が生産するまでになった。多くの工場は輸入投入財を使って輸出品を生産しており、投入財に対する関税引き下げも製造業の生産性を押し上げた。中央政府が肥大化した国有部門を縮小させたことも、この流れを決定づけた。地方政府は「抓大放小《そうだいほうしょう》（大をつかみ小を放す）」を指示された。つまり小規模な国有企業を民間の起業家に売却し、大規模な国有企業は市場志向型の企業として各業種数社程度に統合し、国の管理のもとで競争させるという意味だ。国有企業は国際競争力をつけるべくコスト削減に乗り出し、2000万とも言われる工場労働者が職を失った。彼らは中国における第三のグローバル化の最初の犠牲者だった。[10]

＊＊＊

ウルグアイ・ラウンドの長期交渉の末、GATTに代わる国際貿易の番人として世界貿易機関（WTO）が発足した。WTOは中国抜きで設立されたが、1995年初めに旧GATT本部のあったジュネーブのウィリアム・ラパール・センターにWTO本部が開設された当初から、中国は加盟を望んでいた。

中国がWTOに加盟するには、加盟各国と協議し、中国の経済政策への疑念を払拭し、加盟国からの輸出品をどう扱うかを明らかにしなければならなかった。米国や欧州連合（EU）との協議など、一部の話し合いは難航した。加盟に反対する声が強く、欧米の専門家の多くは各国市場に中国製品が流れ込む一方で、中国側は決して外国企業に同等のアクセスを認めないだろうと警告した。また中国が人民元を意図的に引き下げて、輸出品の価格を必要以上に安くしているとの批判もあった。だがその一方で、中国の急速な経済成長と巨大な潜在市場は多国籍企業にとって抗《あらが》いがたい魅力であり、これらの企業は中国への参入を強く要求していた。最終的な加盟合意では細部にわたる取り決めがなされた。中国は外国車への関税を80％超から25％に、ヨーロッパ産パスタへの関税を25％から15％に、米国産冷凍豚肉への関税を20％から12％に引き下げることになった。また外国企業には中国企業への技術供与、製品に中国のコンテンツを使用する義務なども課されていたが、これも免除された。さらに中国の民間企業が政府の承認なしに輸出入を行うこと、外国銀行が中国国内業務に参入すること、外資が通信分野の合弁企業の株式を49％まで所有することも認められた。[11]

これほどたくさんの約束を、しかも相手国の要望に沿う形で行った見返りとして、中国は142カ国の顧客に向けて輸出ができるようになった。この結果、製造業者・卸売業者・小売業者は中国企業・外国企業を問わず、中国経由のサプライチェーンを構築しても第三国に中国製品に対する関税をいきなり引き上げられたり、数量制限を課されたりして計画を狂わされる心配はなくなった。また中国はWTOで「開発途上国」の資格を得ることに成功したので、先進国には与えられない輸入制限や貿易関連投資の制限も保証されることになった。[12]

2001年12月の中国のWTO加盟は、またたくまに効果を表した。各国の製造業者は供給業者に対し、高賃金国の工場が「中国並みの価格」を実現できないなら、中国から調達するよう要求するようになった。米国の小都市で中規模ディスカウントストアを経営していたウォルマート・ストアーズは、1985年当時は国産品のみ扱うことを売りにしていたが、世界最大の小売業者に成長した2002年には、中国のWTO加盟を機にグローバル調達本部を深圳に移転し、中国内の工場数百カ所と提携し、ブラジルから日本にいたる世界中のスーパーセンターに商品を供給するようになった。何百社もの小売業社がウォルマートの動きに追随した。2005年1月、米国最後の衣料品輸入割当制度が撤廃されると、中国製の綿ニットシャツ1820万枚が一気に流れ込んだ。前年1月の19倍にあたる量だ。米国のアパレル・メーカー、リズ クレイボーンのある幹部は、株主からも歓迎されることを確信して、ウォール・ストリート・ジャーナル紙に「中国は当社の調達戦略において最も重要な国になるだろう」と語った。当時、中国製品は米国の繊維品輸入の3分の1も占めていなかったが、8年後には2分の1を超えた。[13]

中国が経済大国として台頭したことは、その貿易のありかたゆえに、世界経済に深刻な問題をもたらした。１９９０年代初頭、鄧小平が提唱する経済改革を継続するかどうかで党指導部が揺れていた頃、中国の対外貿易は比較的均衡しており、１９９３年は輸入が輸出を上回っていた。ところが１９９５年以降になると、中国の貿易は重商主義的な傾向を強めていく。貪欲に仕事を求める中国の工場はかつてない量の輸入銅・石炭・鉄をがぶ飲みし、そこから吐き出された工業製品は莫大な貿易黒字を生み出した。２００５年までに中国のＧＤＰに工業製品輸出が占める割合は3分の1近くに達した。輸出品の内容は、低所得で熟練労働力の少ない国にしてはきわめて高度なものだった。中国の１人当たり所得（生計費格差調整後）は、21世紀に入ってもチュニジアやドミニカ共和国を下回っていた。しかしこれらの国の輸出品が衣類や輸入素材を組み立てた電子機器だったのに対し、中国はエンジンや台所用品、太陽電池などを生産していた。外国メーカーが技術盗用を訴えるケースも続出した。外国の特許保有者の権利を保護する法律が正しく執行されず、ときには合弁事業の中国側パートナーまでが設計・製法を盗用していると非難された。[14]

貧国から繁栄へ

中国が世界経済の主要プレーヤーとなるまでには、補助金の存在が不可欠だった。共産党が市場経済と外国資本の受け入れに舵を切った1980年当時、中国の財・サービス輸出はGNPの6%にも満たず、世界平均を大きく下回っていた。それから25年、中国の輸出は35%に達し、他国の水準を大きく上回った。外国企業が中国に輸出しようとすると高関税などの貿易障壁に阻まれるが、輸出を前提とした部品の輸入であれば関税が払い戻されるため、中国の工場では国内向けより輸出向けに生産するほうが安上がりとなる。輸出業者に対して、これ以上に露骨な補助金があるだろうか。[15]

ある調査によると、1995年から2005年に、中国政府は産業補助金に3100億ドルを支出、しかも国有企業（その多くは中央政府ではなく地方政府が運営）がその半分近くを占めたという。3100億ドルと言えば2000年の中国のGDP（国内総生産）の4分の1に当たるが、これは企業に直接支払われた金額に限っての話である。年間約150億ドルに達する輸出税還付、電力割引、ハイテク工業団地における製造業者への減税は含まれていないのだ。経済特区に投資した外国企業の所得税率は非常に低く、一部のハイテク企業は所得税を全額免除された。また輸出を手がける自動車メーカーは優先的に融資や外貨を獲得できた。この期間（1995年から2005年）の政府補助金の半分以上は、ハイテク製品の技術開発と輸出促進に使われ、その大半が既存の輸出企業が輸出向けの新製品を開発するのに使われた。その目的は、中国内に世界と渡り合える多国籍企業をつくることにあった。[16]

自動車産業の成長に伴ってタイヤ産業も発展した。1990年以前、中国のタイヤメーカーは零細で、ほぼ国内向けの製品のみを販売していた。それが1990年から2014年にかけて、乗用車や軽トラック用のタイヤを製造する工場が60近くも操業を開始した。世界的な大手メーカーも参入したが、厳しい条件が課された。多くは中国企業との合弁を義務づけられ、一部の工場は輸出向けのみに生産を限定された。国有銀行からの低利融資、設備機器輸入に対する免税、地方政府からの補助金など、十数種類の支援を受けられる中国は、どの国のタイヤメーカーにとっても魅力的な工場立地だった。中国における軽自動車用タイヤの生産量は2004年の8400万本から2014年には3億9900万本に激増し、半分以上が外国に輸出された。[17]

アルミニウムについても同じような状況だった。世界の一次アルミニウム（ビール缶を溶解して抽出する低級品ではなくボーキサイトからつくる高級品）の主要生産者17社を対象とした2019年の大規模調査によれば、すべての企業が政府補助金を受けていたが、中国企業が受けた補助金はカナダ、バーレーン、サウジアラビア、カタールの企業より多かった。中国の補助金は、2013年から2017年までの5年間に世界のアルミニウム産業が得た補助金127億ドルの60％以上を占めた。1995年時点で、世界に分散するアルミニウム産業で中国は目立たない存在だった。それが2017年になるとエネルギー補助金、税制優遇措置、国有銀行からの超低利融資のおかげで、世界の一次アルミニウム生産の半分以上を担うまでになった。加えて中国政府は一次アルミニウムの輸出に15％の税金をかけて、国内のアルミニウム製品メーカーが安価な原料を調達できるようにした。[18]

原料の木材パルプが乏しいというハンデを負う製紙業や、最先端のビデオ・ディスプレーの製造業など、他の産業の多くでも似たようなパターンが見られた。中国政府は補助金を使って外国企業を中国に誘致したうえで、貿易障壁によって輸入品より国産品を優遇することで巨大国内市場向けの製品を製造させ、さらに外国からの投資を制限することで中国側パートナー企業への技術供与をも促した。2006年には中国の輸出に外資系が占める割合は40％、外資系合弁会社は20％となった。グローバル企業はこうした対中投資を通して販売網を世界に拡大しようとしたのである。だが多くのグローバル企業にとって、中国の法制度では特許やデザインはほとんど保護してもらえない。国有であれ民間であれ、中国企業が外国の製品や技術を模倣しても罰則を受けることはなかったからだ。[19]

2001年から2008年にかけての7年間に、中国の工業品輸出はなんと464％の増加を遂げた。中国は一夜にして、世界市場向け電子機器・自動車部品・鉄鋼の主要供給国となったのだ。また国内市場も、国際企業にとって巨大で収益性のきわめて高い市場となった。10万の労働者を擁する靴工場、30万の労働者を擁するエレクトロニクス工場があり、しかも宿泊施設が併設されて急ぎの発注にも応じられるような国は他にはない。外国の自動車メーカーは地方の国有企業と合弁を結び、次々と中国に進出した。ＷＴＯ加盟前の２００１年、中国の自動車工場の生産量は約70万台。それが２００９年には９００万台に達し、世界最大の生産国となった。２０００年には中国に工場を持たなかった日本の自動車メーカーも、２００９年には生産の７分の１を中国との合弁会社に依存するまでになった。[20]

急激な工業化は、何億という人々の暮らしを変貌させた。改革が始まった１９７８年には中国人の82％が農村部に住み、その多くは貧困状態に置かれていた。それが新設の工場に僻地の人々が流れ込むようになり、農村人口は１９９１年頃をピークとして減少していき、２０１０年には都市部に人口の半分が集中するようになった。改革開始時に66歳だった平均寿命は30年後に75歳に達し、乳児死亡率も４分の１に低下した。農村部にも都市部にも上下水道が完備されるようになった。１９７８年には電話を所有する世帯が５００軒に１軒だったのが、２０１０年には誰もが携帯電話を持つようになった。購買力平価調整後の１人当たり所得が15倍となり、資力を持つ人が増えたことで、中国は世界最大の自動車市場となった。これほど多くの人が、これほどの短期間に貧困から繁栄へ移行した例はかつてなかった。

12章 分散する価値

シリコンバレーにあるオフィスパークで、技術者チームがスマートフォンの設計に取り組んでいた。コンピュータ、インスタントメッセージ、ビデオを使って、ヨーロッパやアジアの研究所にいる同僚たちも協力した。設計が完了すると、研究員たちの雇い主である米国企業は、わずかな手数料でアイルランドの子会社に設計の所有権を移転した。さらにこのアイルランド企業が中国の台湾系メーカーにライセンスを供与し、このメーカーが日本からディスプレイ、韓国からプロセッサチップ、ドイツからカメラ、米国からヘッドフォンを調達。その後、中国の工場が指示に従ってこれらの部品を組み立て、完成品を最初の設計者であるシリコンバレーの会社に送り、この会社が自社ブランドをつけて多くの国で売り出した。

さて、このスマートフォンの生産地はどこだろうか。

1980年代後半まで、この「どこ」という質問に答えるのは簡単だった。ほとんどの製品はメーカーが自社の従業員に設計させ、自社の工場で製造し、部品の多くも社内または地元で生産されたものだった。1980年代になるとシリコンバレーのハイテクメーカーは、回路基板のはんだ付けやコンピュータの組み立てといったローテク作業を外注しはじめたものの、そうした作業は近隣の中小企業に発注されるのが常だった。シーゲイト・テクノロジーなどは、コンピュータのハードディスクを低賃金国で安価に製造していたが、発注先はシンガポールにある自社工場だった。同様に、ニコンやコダックやライカのカメラを買うということは、設計・製造も日本か米国かドイツということだった。原産地の判定はいたってシンプルで、ドイツの工場からフランスの流通業者に出荷されたライカは、フランスの輸入品・ドイツの輸出品として登録された。

第三のグローバル化の最大の特徴は、この方程式に変化が起きたことである。第一次大戦前の約40年間と第二次大戦後の40年間の二度のグローバル化では、国家間の経済的障壁が取り払われたとされるが、貿易や投資はあくまで国単位で計算されていた。また年間の商品貿易収支の赤字・黒字や国民の対外資産額が、その国の経済的成功をはかる尺度とされていた。企業は個人と同じように市民（国家の一員）とみなされ、企業の成功は所属国の利益になるとみなされていた。

ところが1980年代後半から、国家間の経済関係は大きく変化した。製造業者や小売業者のサプライチェーンが広域に及ぶようになった。前出のスマートフォンを設計した会社は、コンテナ船と航空貨物のおかげでアンテナ・GPS受信機・プラスチックケースを最も低コストで、あるいは最も高品質でつくれる場所を選んで製造させ、そこから低運賃で組立工場に送ることができた。これらの部品は国境を越えるたびに輸出入が記録され、組立工場が完成した携帯電話を国外に出荷すれば、ここでも輸出入が記録される。こうして通信機器の貿易量は大きく膨れ上がった。さらにややこしいのは、スマートフォン全体の設計や内蔵半導体の設計、さらにはテキストメッセージや写真に使う多様なソフトウエアの設計など、無形の投入財が製品の市場価格の大きな部分を占めていたことだ。完成したスマートフォンの輸出は商品の輸出とみなされるが、製品の価値を高めているものの多くが商品そのもの以外のところにあった。つまりこの会社が行った一連の取引は、サプライチェーンではなくバリューチェーンなのである。

伝統的な貿易概念の終えん

サプライチェーンとバリューチェーンは、単なる呼び方の違いではない。サプライチェーンには主に2種類の業務関係がある。第一は「投資」で、企業が不可欠の投入財を確保するために工場やプランテーション、あるいは別の会社を開設したり買収したりする。第二は「取引」で、国内・国外を問わず、対等の関係にある他の企業から商品やサービスを購入する。これまで企業の国際的な「取引」は、他国への「投資」に直結していた。例えば米国のアパレル企業が綿織物を中米にある提携先の縫製工場に輸出し、完成した綿ブラウスを米国に送り返して販売すると言ったぐあいである。１９４０年代後半から１９８０年代後半にかけての第二のグローバル化では、多国籍企業は自分たちが取引したいと思う国に自社の工場や鉱山、あるいは発電所を所有するのが普通だった。消耗品は地元業者から購入したとしても、生産設備や主要な投入財は本国にある自社施設から調達した。

これとは対照的に、バリューチェーンでは企業間の関係はより複雑になる。例えばライセンス契約、合弁事業、共同研究、長期的な戦略パートナーシップ、ある企業が別の企業の所有権の一部のみを持つ投資などである。この場合、製造業者が自社工場を所有したり、航空会社が自前のジェット機を所有したりする必要はない。どちらの場合も、企業は新製品の開発・販売、乗客への特別な経験の提供など、事業の特定の側面に専念し、それ以外は契約を通して他社の手に委ねる。バリューチェーンを構成する別の企業の株式を所有するかしないかは、その企業のビジネス戦略次第だ。２０１９年の調査によると、主要な国際的アパレル企業やフットウエア企業の中には、売上10億ドル当たり25社と所有関係を持っているところもあれば、ほとんど所有関係を持たない会社もあった。所有関係といっても、生産に関連するものはほとんどない。この調査によれば、生産が組立てなどの比較的低価値の作業であれば、バリューチェーンの主体となる企業はその生産者に投資したり合弁したりせず、独立した外部の事業体から完成品を調達することが多いという。[1]

バリューチェーンの大きな経済的メリットは専門特化にある。例えばトラクターのメーカーなら、トラクターの設計、組立て、販売、および農家への使用法説明などに専念することができる。エンジン製造にはトラクターの組立てとは別の技術や製造知識が必要だから、メーカーは自社でエンジンを設計・製造するより、専門の業者から購入したほうが得になる。そのエンジン製造業者も、カムシャフトは専門知識を持つ金属加工会社に委託し、その金属加工会社も自前で鋼を製造する必要はない。またバリューチェーン内の企業は、多様なトラクター部品を少量生産するのでなく、特定の部品を世界市場向けに大量生産することでコストを削減できる。

とはいえ、製造業のバリューチェーンにおける価値の大部分は、工場で金属を打ち抜いたり、部品を組み立てたりすることから生まれるのではない。トラクターのサプライチェーンに属する企業では、技術者や外部の技術コンサルタントを雇って製品を開発したり、カムシャフトに最適な鋼を選んだり、エンジンに最適なカムシャフトの設計を行ったりする。だが21世紀に入って工場の自動化が進むと、工業製品の生産における付加価値の半分がサービスで占められるようになった。そうしたサービスのほとんどはＩＴコンサルタント・物流業者・広告会社などに外注され、２０１５年になると富裕国の製造業では労働者の40％が現場の生産作業ではなく、サービスに従事するようになった。

商取引がバリューチェーンを中心に行われる世界では、伝統的な貿易の概念はもはや通用しない。国内鉄鋼メーカーを保護するために関税を設ければ、国内のカムシャフトメーカーの鉄鋼調達コストは上がる。するとエンジンメーカーは国外に目を向け、鉄鋼もカムシャフトの生産コストも安い国から重要部品を調達するようになるだろう。むしろそうせざるを得ない。なぜなら高い鋼鉄でつくった高いカムシャフトのせいでエンジンが高くなったら、エンジンメーカーの納入先であるトラクターメーカーは競争に勝てないからだ。バリューチェーン内に一カ所でも貿易障壁があれば、チェーンの全体、あるいは一部が外部に移転することになる。チェーン内の誰もが、グローバル市場での競争力を維持しなければならないからだ。

以上のような変化は、21世紀の国際経済に対する人々の見方を覆すものであり、国際企業のあり方は再定義されることになった。２００６年、コンピュータ大手ＩＢＭの当時のＣＥＯ、サミュエル・パルミサーノは、「企業の思考や実践において国境はますます意味を失っている」と認めている。貿易は製造や栽培が行われる場所で起こるものだという昔ながらの概念は崩れ去った。さらにサービスも、財と同じように容易に国境を越えて輸送できるようになった。発注書の検査や保険請求処理を行う労働者も、靴下工場のニット職人やオートバイ工場の組立工と同じように仕事の輸出によって影響を受けるのだ。またバリューチェーンの拡大によって、輸出・輸入・貿易黒字・貿易赤字といった従来の統計では、その国の経済状況や国同士の経済関係、労働者の生活水準や地域の繁栄を把握することはできなくなった。[2]

高まる付加価値の重要性

デヴィッド・リカードは1817年に比較優位論を唱えた際、英国からポルトガルへの織物輸出と、ポルトガルから英国へのワイン輸出を例に挙げて、貿易が両者に富をもたらした理由を説明した。その前提にあったのは、英国の織物は英国の資本と労働力の産物であり、ポルトガルのワインはポルトガルの資本と労働力の産物であるということだ。リカードにとっても、彼が否定した重商主義を奉じる人々にとっても、貿易とは「国」が行うものだった。輸出入のほとんどが、英国とポルトガルの民間同士の取引によって行われたという事実は、彼の分析では考慮されていない。その後の2世紀における経済学者たちも、リカードと同じレンズを通して貿易を見続けた。20世紀の石油会社が油井からタンカー、さらには遠く離れた国のガソリンスタンドに至るまで、事業のあらゆる面に手を広げるようになっても、原油がどこで採掘され、どこで精製されるかは重要な問題ではなかった。

だが国際バリューチェーンが登場すると、国よりも企業が貿易における重要な要素となった。2010年代、英国のスウィンドンにあるホンダ工場では、二つの組立ラインにシフト当たりコンテナ1万個分の部品が投入されていたが、それらの部品の4分の3は英国各地の部品工場から送り込まれ、それらの工場の多くもまた、外国から輸入された部品を使って生産していた。米国に輸出されたスウィンドン産の「シビック」モデルには英国製品が20％、日本製品が20％、北米製品が20％、さらにインド製のトランスミッションも使われていた。これを日本車と呼ぶのは重大な虚偽申告になるだろう。[3]

バリューチェーンの主体となるのは企業、それもかなりの大企業が多く、中小企業はチェーンを構成するリンクに過ぎない。これらの大企業は北欧・北米・日本・韓国・中国に拠点を置き、部品や完成品をどこでつくるのか、さまざまなサービスをどこで調達するのか、それぞれの国に何を輸入し何を輸出するのか、どのような場合に外注し、どのような場合に工場建設に投資するのか、流通業者を買収するのか、発注元と合併するのかといった判断をすべて行う。チェーンのどこで製品に付加価値をつけるかを決める場合も、特定の国や都市の立地上の長所・欠点はほとんど関係ない。コンテナ輸送と空輸のおかげで、1950年代に製造業者に好まれた港周辺の立地はほとんど魅力を失った。21世紀の産業においては小麦産地や鉱山、天然ガスのパイプラインが近くにあることは問題ではなく、多くの国で教育水準が急速に上がったことから、貧困国でも熟練労働者を見つけることができるようになった。本国の企業がバリューチェーンの構成を考えるとき、政府の支援があるかどうかが、どこで何を生産するかの決め手になることも多い。

真にグローバルな企業の割合はとても少ない。2007年の時点で、米国の上位1％の企業が貿易の82％を支配していた。次の1％の企業が占める割合はその15分の1に過ぎない。こうした大企業は数十種類の製品を扱っていることが多く、平均で18カ国から直接輸入し（相手先企業の大半は自身も素材を輸入している）、31カ国に輸出を行っている。グローバル展開のおかげで他社より生産性が高いから、ますます大きくなる。米国以外の国でも大企業が貿易に果たす役割は大きい。カナダの製造業者を対象とした調査が興味深い事実を教えてくれる。この調査によると、グローバル・バリューチェーンを構成する企業が輸入を停止したり、輸出を停止したり、あるいはその両方を停止したりした場合、その生産性が一挙に低下したという。成功した企業がさらに成長して利益を拡大したいなら、グローバル化以外の選択肢はありえないのだ[4]。

リカードとその継承者である歴代の経済学者たちは、国に比較優位があるからこそ特定の製品を輸出し、特定の製品を輸入するのだと考えた。しかしバリューチェーンが広がるにつれ、グローバル企業は巨大化して、比較優位のない地域に比較優位を生み出すことさえできるようになった。例えばインテルは1996年、コスタリカでマイクロプロセッサの組立てとテストを行うことを発表したが、これは有利な税法と関税法があること、労働組合に否定的な「企業寄りの環境」であること、そして工場を世界に分散させる戦略に基づいての判断だった。中米のこの国が半導体の製造に特に適していたわけではない。こうしてインテルがコスタリカの全輸出の5分の1を占めるようになり、この国に高度な技術を持つ労働力が生み出された。同社は２０１４年に組立工場をアジアに移転するが、それまでに多数の技術者が育っており、新たに技術・設計センターが設立された。インテルがマイクロプロセッサ組立てに多額の投資を行なったことで、白紙の状態だったコスタリカが電子機器製造における比較優位を獲得できたのである。[5]

バリューチェーンに属する国の輸出量は、必ずしもその国の経済状態を反映してはいない。輸出のなかに部品や発明など、別の国で生産されたものが含まれているからだ。経済的に重要な数字は、輸出よりも付加価値にある。付加価値はとても単純な概念だ。例えば企業が8ドル相当の投入財を購入し、それを製品に加工して11ドルで売ると、3ドルの付加価値が得られたことになり、その中身は利益・人件費・税金などということになる。しかしこれをグローバル化経済に当てはめると、付加価値の中身を追跡するのは難しくなる。企業が価値を創出したとしても、その価値がどこで創出されたのか、その価値の創出が労働者や地域にどんな影響を与えたかはわからないからだ。

アップルの儲けは米国に貢献しない

本章の冒頭で取り上げたスマートフォンは、実はアップルが発売したiPhone 3Gである。２００９年時点でこの製品の製造コストは１７８・96ドルだったと見られる。このうち製品を組み立てた中国の工場でかかったコストはたった6・5ドルと、製造費全体の3・6％に過ぎなかった。残りの172・46ドルの大半は、部品を供給した日本・ドイツ・韓国・米国の企業に支払われた。残念ながら、これ以外の価値の出どころは追跡不能だ。公表された情報だけでは、カメラモジュールを製造したドイツの会社や、タッチスクリーンを製造した日本の会社が、海外からの供給を受けていたかどうかがわからないからである。[6]

iPhone 3Gをめぐる複雑な供給関係は、商品貿易統計にどのように反映されるのだろうか。中国は2009年に約20億ドル相当の携帯電話を米国に輸出した。一方、アップルは米国から中国へ直接の輸出はしておらず、中国のiPhone工場に出荷された米国製部品の価格もわずか1億ドルほどだった。したがって、米中いずれかがiPhone 3Gの貿易に関する公式統計を公表したとすれば、中国の対米貿易黒字は19億ドルになるはずだ。しかし現実には、iPhoneをめぐる米中の関係は逆である。2009年に中国はiPhone 3Gに1台あたり6・5ドル、総額7300万ドルの付加価値をつけて米国に出荷したが、これは中国工場に出荷された米国製部品の価格よりも低いからだ。iPhoneの付加価値は、日本のほうが中国の10倍もあるのだが、このiPhoneが中国から米国に出荷されても、米国の対日貿易赤字にはまったく反映されない。[7]

それだけではない。2009年、iPhone 3Gは米国で500ドルで売り出された。半導体、カメラ、アンテナ、組立作業、必須のソフトウェアなど、物理コンテンツ全体の総コストは販売価格の3分の1に過ぎなかった。残りの3分の2（321ドル）は工場を持たないメーカーであるアップルが受け取った。その一部はiPhone 3Gを開発した技術者や設計者の給料に充てられたし、広告にも費用がかかった。Appleの直営店や独立系を含む小売店もおこぼれに与《あず》かり、大した額ではないが中国から米国への完成品の輸送にもコストがかかった。差し引いて残る約95ドルがアップルの利益になった。この利益には、同社のデザインやブランドのコスト、そして株主への配当が含まれる。つまりiPhoneの500ドルという販売価格は、物理的な製品の製造コストとはほとんど関係がなく、むしろ製品の設計・パッケージ・販売に使用される知的財産の価値に関係していたのである[8]。

　このように、ざっと計算しただけでもグローバル・バリューチェーンがいかに貿易の方程式を変えたかが見えてくる。このiPhoneについて、二国間の貿易収支を算出しようとしても無駄だ。名目上は中国からの輸入品だとしても、2009年に米国でiPhone 3Gを買うということは、中国よりもはるかに多く、日本やドイツから買っているということになる。iPhoneに関わるサービスについても貿易収支は算出不能だ。アップルの設計チームには外国人エンジニアもいたはずであり、彼らはインターネット経由でカリフォルニアにある同社のリサーチセンターにサービスを輸出したことになる。しかし全員がアップルの社員であれば、国境を超えた取引として公式の貿易統計に反映されることはない。

iPhone開発にかかった総コストのうち、インド人技術者やアイルランド人技術者への報酬が何パーセントを占めたかなど、アップルにはどうでもいいことであり、したがって政府の公式データに反映されようはずもない。

もう一つ注目すべき事実がある。米国でiPhone 3Gの人気が高まれば高まるほど、売上の相当部分がアップルに入ったにもかかわらず、このiPhoneをめぐる米国の貿易赤字がどんどん増えたということだ。アップルの活動は米国の輸出には貢献せず、国内の電子機器工場に雇用をもたらすこともなかったが、一見、国際貿易とは無関係な技術・マーケティング・金融・販売における雇用は生み出した。数は不明だが、これらの人々はアップル以外の企業に雇用されていた。アップルが2009年に生み出したと算出した付加価値は、どの国が創出した付加価値とも関連していなかったのだ。

世界はどの程度「フラット化」したか

グローバル化をテーマにした2005年のトーマス・フリードマンのベストセラーは、「世界はフラット化する」と主張した。確かに21世紀初頭に世界はフラット化した。インターネットのおかげで、マンチェスターやメンフィスの銀行の顧客からの問い合わせ電話を、マニラやムンバイのコールセンターが処理するほうが費用対効果は高くなった。役に立つアイデアやお得情報、愛らしい子猫など、どんな情報であろうと、ほとんどお金をかけずに全世界に伝えられるようになった。しかしグローバル化の根幹ともいうべき、人々が生産し消費する財・サービスについては、一般に信じられているほど世界はフラット化しなかった。詳細に眺めていくと、20世紀のバリューチェーンをとおして移動する貿易の流れは、きわめて不均質だったのである。

長距離バリューチェーンが台頭したことは間違いない。最初のきっかけは人件費だった。バリューチェーンでは1カ所でも生産が滞れば会社そのものが倒産しかねないなか、大規模な製造施設の経営は難しく、天災などによる操業停止のリスクもあった。輸送費や通信費の低下に伴って企業はより小規模で専門性の高い工場の立地を求め、労働組合が弱く人件費の安い地域に目をつけた。アウトソーシング（部品を社内で製造せず、他の企業から調達すること）はコスト削減にもなるが、メーカーが自社の得意分野に注力して、それ以外は専門業者に委ねることも可能になる。アップルがiPhone 3Gの半導体とアンテナを自社でつくらず、他社から購入したのもこのためだ。さらに自社工場を建設するために資本を調達しなくても、製造業者と契約して物理的な製造工程を担ってもらえるから、中規模の企業でも短期間に急成長でき、グローバル経済に太刀打ちできる競争力もつく。

それでもほとんどのメーカーは、国内のバリューチェーンからグローバル・バリューチェーンへと飛躍することはできなかった。21世紀の始まりには工業品の約90％が外国ではなく国内の顧客向けに出荷されていた。つまり輸出品を製造する工場は主に国内の供給業者を使い、先端部品に限って外国から調達することが多かったのだ。米国の経済学者テレサ・C・フォートによれば、米国では国際バリューチェーンを構築して投入財を調達している工場が最も効率的で生産的だったという。コンピュータを使った設計・製造システムや先端的な通信設備をそなえ、国境を超えた複雑な製造ネットワークの出荷調整ができるのは、こうした工場だけだった。状況は他の国でも同じだった。それというのも、国内での付加価値を最大化することがむしろ逆効果に働くことがあり、国内の財やサービスが外国製品より高価だったり品質が低かったりすれば、自国内の付加価値を増やすことは外国との競争力低下を招きかねないからだ。

経済学者リチャード・ボールドウィンが指摘したように、安価な労働力を提供する「工場国」のほとんどは単一の「本社国」にリンクされており、製品開発や生産ネットワークの統括は「本社国」で、はるかに高い賃金を払って行われていた。[9] グローバル貿易を大きく拡大させたのは、このようなネットワークだった。多くの場合、こうしたバリューチェーンの起点は原材料である。米国は数百万梱（1梱は500ポンド）の綿花をアジアの繊維工場に供給し、ブラジルやオーストラリアの鉄鉱石はばら積み船で中国に運ばれて鉄から鋼に変えられ、鋼からファン筐体やピストンなどの基本工業品に加工された。これらは中間財であって消費者向けの最終財ではない。世界中の港にあふれるコンテナの中身のほとんどはこうした製品であり、中国産のファン筐体は日本でファン製造に使われ、韓国産のピストンは米国の自動車エンジン製造工場に送られた。こうした中間財は、２０００年代初めの世界の工業品輸入の約55％を占めた。また電子機器・輸送機器・化学品などの産業ではグローバル・バリューチェーンは必須であり、他の産業ではその重要性はずっと低かった。[10]

これほど喧伝されるグローバル化だが、21世紀に入った頃の製造業はこの言葉が示すほどグローバルではなかった。世界的なサプライチェーンが形成されつつあった１９８６年当時は米国・日本・ドイツ・ソ連の４カ国が全工場生産の58％を担っていた。それから四半世紀後には中国が世界最大の工業国となり、ソ連は崩壊したが、中国・米国・日本・ドイツの４カ国が引き続き世界の工場生産の55％を占め続けた。また世界の中間財貿易の半分以上は欧州連合（ＥＵ）の域内、ないしＥＵと近隣国との間で行われていた。その他にも韓国とインドをはじめとする数カ国が工業大国として台頭したし、それ以外にも工業化が急速に進んだ国があった。例えばベトナムは１９９０年から２０１０年にかけて輸出が20倍（インフレ調整後）、インドネシアは4倍となり、いずれも衣料品や履物の重要な供給国として頭角を現した。しかしそれ以外の国の多くでは製造業は発展しなかった。途上国のほとんどはグローバル・バリューチェーンに加われず、置き去りにされた。これらの国では恒常的に停電があったり、トラック輸送に時間がかかったりして、プラスチック製のバケツや懐中電灯といった単純な家庭用品でさえ、自前で生産するより中国から輸入するほうが安価だった。そのため韓国・台湾・中国のように、豊富な労働力を利用して衣料や靴を製造し、工業化への一歩を踏み出すことができなかった。

メキシコ産のアボカド、ケニア産の花、インドネシア産のマンゴーのように、農産物の輸出に目をつけた国もあった。世界の農産物貿易は1985年から2017年の間に5・5倍に拡大し、多くの開発途上国では富裕国のスーパーマーケット向けに、富裕国の基準に従って生産された農産物を大量に輸出する工業型農業が、伝統的な農業とは別に発展した。だが工業型農業はこれまで工場が創出していたほどの雇用を生み出すことはできず、伝統的農業の縮小で離農した人々をすべて受け入れるには至らなかった。多くの場合、工業型農業のホスト国が栽培過程で生み出せる付加価値は日照と安価な労働力くらいだった。野菜などの労働集約的な産業でも、輸出拡大のかなりの部分は（移民労働力を使う）富裕国に奪われた。2010年の野菜の主要輸出国は米国・オランダ・スペイン・カナダ・フランスを含む8カ国だったのである。

第三のグローバル化では、多くの産業の貿易パターンが、地球全体というより地域的枠組みのなかで発展していった。例えばヨーロッパでは、ドイツは依然として自動車組立ての最重要地域だったが、ドイツ車に使われる部品の大半は人件費の安い東欧諸国から調達された。日本と韓国の自動車メーカーは単純部品を中国に大きく依存していたし、米国・カナダ・メキシコの自動車工場はNAFTAのおかげで地域ネットワーク化し、部品や組立済みエンジン、完成車が日常的に国境を行き来するようになった。地理的位置、高い輸送コスト、あるいは閉鎖的な経済政策のため、ブラジルや南アフリカなどは工業部門が発達しているにもかかわらず、国際的生産ネットワークを立ち上げようとする製造業者から敬遠され、これらの国の製造業は低迷した。

第4部

世界に広がる不安要素

13章 洋上の巨人

アジアの国々がグローバル・バリューチェーンに組み込まれたことで、海上貿易のブームが到来した。１９９4年から２００3年にかけて、アジアと北米を行き来するコンテナの数は年平均９％近い割合で増加した。東南アジアの国々が１９９7年の通貨危機から立ち直り、世界第二の人口を持つインドが長年の経済的孤立政策を放棄すると、世界で最も船舶の往来の激しいアジア＝ヨーロッパ航路の物流需要がいっそう拡大した。２００1年から２００4年までのたった3年で、インドの輸出は2倍以上に増えた。

だが海運業にとって最大の事件は、なんといっても世界の工場としての中国の台頭だった。国際的生産ネットワークに中国の工場が組み込まれると、貨物輸送の需要は膨れ上がった。工場の生産が増えれば投入財の輸入も増える。鉱石はばら積み船で、化学品はタンカーで、プラスチックはコンテナ船で運び込まれた。巨大な国内市場を持つ中国だが、工業生産の約4分の1は輸出され、長距離海上輸送によってヨーロッパや北米、南米などに出荷された。さらに中国から輸出されたものの多くは古紙や使用済み電子機器などのリサイクル材料として回収され、ふたたび中国に送り返されて再処理された。これは中国に向かう往きのコンテナ船がほとんど空荷だったため、船会社が船賃を大幅値下げして低価値の貨物を呼び込もうとしたためだ。ある海事コンサルタントは「中国向け輸送の重要性はどんなに強調しても足りない」と述べている。国際貿易の輸送量は、史上類を見ない規模に拡大していた。[1]

マースクの野望と焦燥

1990年代のアジアの輸出ブームは、コンテナ船最大手マースクラインに又とない好機となった。他社に先駆けてグローバル化の波に乗った同社は、ヨーロッパ＝アジア間および太平洋航路で最大のシェアを獲得した。1999年には親会社のモラー・マースクが南アフリカのサフマリン、さらにマルコム・マクリーンが創業したシーランドを買収し、持ち船を120隻増やし、巨大なクレーンでコンテナの積み下ろしを行う港湾ターミナルの大手オペレーターにもなり、ますます他社との差を広げていた。2003年時点でボックス船（コンテナ船）280隻を所有、30カ所で港湾ターミナルを経営し、輸送用コンテナの製造工場2カ所も所有していた。積荷はほぼ満載状態で、収益も良好だった。[2]

親会社の経営陣は海運業界全体の将来も順調と見ていたが、2003年初めの時点ではそうした流れに乗り損なうことを懸念していた。新造船がなければライバルに仕事を奪われてしまう。そうなればシェアは低下してコンテナ当たり運賃が他社を上回り、利益も下がる可能性がある。同社のプランナーたちは、船を増やせば2008年までに輸送量を4分の1増やし、40フィート・コンテナの週当たり輸送量を太平洋航路で8000個、スエズ航路で7000個増やすことができると考えた。コペンハーゲンの臨海部にある白と青のA・P・モラー・マースクの本社では、輸送力不足への対応が喫緊の課題となった。[3]

2003年6月18日には、会長の指示で秘密委員会を設置し、新船建造プランを策定することになった。委員15人に渡された極秘の回覧にはこう記されていた。「検討にあたっては、所有トン数で他社を上回ること、また決定的な競争優位をもたらすような強み、可能なら特許を取れるような革新的優位点を獲得することが課題であると承知してほしい」。のんびりしている暇はなかった。最終案を3カ月以内に用意し、親会社の経営陣に見せなければならない。

委員会は二つの主要市場に対して別々の解決策を用意した。中国=米国航路については、深圳の塩田港からパナマ運河をへてニューアークまで、3週間足らずで到達できる小型高速船を提案した。速度約30ノット（時速約55キロ）で中国の輸出品を米国北東部まで運ぶもので、パナマ運河経由の全行程を高速でない船で運ぶ方法や、カリフォルニアないしブリティッシュコロンビアまで高速船、その後1週間で大陸を横断する方法より日程を短縮できる。たいていの荷主は運賃にこだわるが、ファッションや玩具会社など、追加料金を払っても数日早く中国製品を市場に出したいと考える顧客もいるというのが、委員会の考えだった。この結果、マースクラインは２００６年以降に7隻の高速船を発注することになった。結果は大誤算だった。高速エンジンは燃料を大量消費するため、原油価格が高騰すると運航コストは赤字になる。２０１０年には、7隻の高速船は（一部は造船所から直行で）スコットランドの湖に運ばれ、いかだ状に連結されて子ども向けＴＶ番組のセットに使われることになった。[4]

委員会が提案したもう一つのアイデアは「ユーロマクックス」と呼ばれ、こちらはもう少し長続きした。「ユーロマックス」は革新的な船として構想された。コンテナ船は年々大型化が進んでいたが、ユーロマックスは積載量の飛躍的拡大を目指すものだった。委員会の構想では、全長は４００メートルと、アメリカンフットボールの競技場4個分を超える。甲板には、当時の最大船の2倍に当たる18〜22個のコンテナを並べることができ、貨物倉（ホールド）にはコンテナが9段ないし10段積みできる。満載時の喫水線はキールから14メートル（46フィート）。さらに設計も、親会社経営陣の要望に応えてユニークなものにした。コンテナ船の動力は2基の小型スクリュープロペラが一般的だが、この船は1基の大型プロペラで推進する。このプロペラを重量２３００トンの巨大エンジンで回転させ、排気をエンジンに戻して再利用する仕組みだ。こうした革新的技術により、満載時でも25・2ノットから27・1ノットの高速で航行できるうえ、コンテナ1個当たりの燃費や汚染物質排出を他の船より低く抑えられる。

この種の船には限界があることも、委員会はわかっていた。巨大さゆえに小さな船より積み降ろし作業が複雑になり、47日間でまわるループ(路線)の4分の1は航海でなく港での積み下ろしに割かなければならない。また重要拠点であるニューヨーク、ハンブルク、名古屋といった港では、満載時の必要水深が大きすぎて出入りに支障をきたす。パナマ運河を通過できず、マースクの大西洋航路には大きすぎ、アジア＝ヨーロッパ航路でしか使えないなど、融通がきかなかった。修理が必要になっても、対応できる乾ドックを持つ造船所は世界中にほんのわずかしかない。それでも、ユーロマックスがあればマースクは待望の輸送力を手に入れ、市場シェアを拡大して収益ナンバーワンの地位に返り咲くことができるはずだった。

コペンハーゲンから鉄道で西へ2時間のオーデンセにあるマースク社の造船所では、10種類の設計図が比較検討された。選ばれた設計案はオランダ海事研究所に送られ、さらなる検討が行われた。海から100キロほど離れた静かな大学町ヴァーヘニンゲンにあり、MARINと呼ばれるこの由緒ある研究所では、精密な模型を製作して船首の正確な形状やプロペラブレードの湾曲を再現し、海水を満たした長大な水槽で自航試験を行うことができる。模型のガントリー（門形の大型クレーン）にさまざまな機器やセンサーを取り付けて水槽内を行き来させ、さまざまな風・波浪での性能を試し、荷重の大小によって安定度に問題がないか、過度な応力が発生しないかを確認していった。ユーロマックスのような船の試験はＭＡＲＩＮにとって初めてであり、報告書には「同種の船舶の統計データが限られており、（調査結果の）精度が他の船舶より劣る可能性がある」との注意書きが加えられた。だが試験結果はマースク側の期待通りで、委員会提案よりやや低速にすれば燃費効率は非常に良好というものだった。

ゴーサインは出そろった。マースク社のプランナーたちは、同型船8隻を最高速度の24ノットで航行させれば、中国南部から香港、マレーシア、そこからスエズ経由でスペイン、さらに北欧をまわり、中国へ戻るルートを週1回運航できると計算した。つまりこのループ1回ごとに、40フィート・コンテナを平均4万4001個輸送できるという計算だった。必要な乗組員も13人と、より小型の船と変わらない。建造費と運航費を計算しても、この新型船のコンテナ当たり輸送コストは、既存のマースクの最大船より18％抑えられる。

マースクの予測では、ユーロマックスの積載率は上記ループの西廻り行程（アジア～ヨーロッパ）が90％、帰りのヨーロッパ＝アジア行程が56％となるはずだった。たとえ世界規模の景気後退や貿易停滞が起きたとしても、収益性が高いので、わずか8年半で元がとれる計算だった。マネージング・パートナーと呼ばれるマースクの経営陣は2003年11月、「スロット・コスト（コンテナあたりコスト）の優位は他社の追随を許さない」との報告を受けた。経営陣も納得し、2006年から2008年にかけて納入される8隻の船に対し、124億ドルという前例のない支出を決定した。先を急いだ理由の一つは、EUが造船補助金を順次廃止しようとしていたことだ。2007年3月までに船が納入されれば、デンマーク政府から建造費の6%に当たる補助金を受け取れる。

マースク社は大型船の導入が近いことをマスコミにそれとなくリークする一方、詳細が漏れないようユーロマックスの建造はオーデンセにある自社の造船所で行うことにした。1号船が建造中の2005年、同社はまたも大型合併を発表した。英国とオランダの船会社が合併してできた世界3位の船会社、P&Oネドロイドを280億ドルで買い取ったのだ。この合併でマースクは世界のコンテナ輸送市場の約6分の1を獲得。他社を大きく引き離して業界トップとなった。圧倒的なシェアと効率化された新型船の導入で、中小の船会社は合併ないし廃業に向かうだろうから、造船競争を避け、業界を悩ませ続けた値下げ競争も回避できるはずというのがマースクの考えだった。競合他社にもこのメッセージを伝えるため、ある幹部は遠回しに「業界の統合は必至だ」と警告した。[5]

＊＊＊

コンテナ船の積載量は20フィート・コンテナ換算（ＴＥＵ）で測定され、長さ40フィートの標準的なトラックサイズのコンテナは２ＴＥＵとなる。２００６年８月に最初のユーロマックス型コンテナ船、エマ・マースクが就航した際、積載量は１万１０００ＴＥＵと発表されたが、これはトラック５５００台の輸送量に等しい。他のコンテナ船の２割り増しという驚異的な数字だ。ところがマースク社は、独自の方法で積載量を計算しており、実直後に大手海事出版社に１万２５０４ＴＥＵという数字を伝えている。この出版社は、実際の積載量は１万３４００だろうと推測している。マースク社の最終的な発表では、海運業界が採用している基準で測定した同船の積載量は約１万５５００ＴＥＵとされた。つまり就航時のエマ・マースクの積載量は、当時建造中ないし就航中のどんな船より１・５倍大きかったことになる。海運業界全体が、その巨大さに度肝を抜かれた。ある新聞は「エマ・マースクはコンテナ船を限界まで巨大化した」と持ち上げた。[6]

だが、実際はそうではなかった。

エマ・マースク号のこの巨大さと燃費効率の高さから、このままではマースク社が高収益の長距離航路で圧倒的なコスト優位を獲得すると思われた。他の船会社の幹部たちは黙っていなかった。自分たちも大型船に次ぐ大型船を発注し、さらに多くを建造するため不振のライバルを吸収併合しようとした。２００５年９月、海運雑誌『フェアプレー』は「アジアでは毎週のように新たな埠頭、港湾施設、そして造船所が出現している」と報じた。
わずか1カ月のあいだにアジアの造船5社が拡張計画を発表した。エマ号の就航から16カ月後の2007年末までに、船主が発注した1万TEU以上のコンテナ船は118隻にのぼった。2年前まで、この規模のコンテナ船はユーロマックス系以外1隻もなかったのだ。そのスケールメリットに誰もが目がくらんでいたし、造船活性化を望む各国政府からの低利融資や補助金で、造船コストは極めて魅力的な価格まで下がっていた。大型船は陸側のインフラや外航船を受け入れる港への負担が大きく、大型クレーンの設置、ターミナルゲートの拡張、高速道路との接続、外洋から埠頭までの水路拡幅や水深確保のための高額の浚渫《しゅんせつ》工事などを必要としたが、船会社はこうしたコストも顧みずに新船を発注し続けた。新しい船を発注しない選択肢は事実上なかった。世界中の商船の船種別構成は一気に塗り変えられた。2010年には2006年の1・5倍のコンテナを、しかもずっと低いコンテナあたり運賃で輸送できるようになる見通しだった。[7]
コペンハーゲンでは、A・P・モラー・マースクの幹部たちが、自分たちが引き起こした〝軍拡競争〟に疑問を持ちはじめていた。通常、船舶管理会社は船会社が船の貸し出しをするとの確約を得てから船を建造するのだが、ハンブルクの有名な船舶管理会社が、チャーター契約を得ないまま1万3000TEUの船を韓国の造船所に発注し、さらにエマ・マースクよりも大きな船の発注も計画していることが明らかになったのだ。「これは非常に悪い知らせだと思う」と、マースクラインの幹部は2007年4月に同僚に書き送っている。「このように市場に投機的な過剰供給を行えば、必ず業界に有害な影響をもたらすということを、あらゆる機会をとらえて伝えていくべきだ」

ユーロマックスのプランナーたちが約束した競争優位は揺らごうとしていた。マースクが2005年に買収したP&Oネドロイドも、出荷の遅れや互換性のないコンピュータ・システムが顧客に不評でシェアを落とし、行き詰まっていた。原油価格の高騰で、製造業者や小売業者への年間コンテナリースもコスト増で赤字になっていた。2006年、競合大手のほとんどが黒字だったのに、マースクはコンテナ当たり45ドルの損失を出し、コスト削減のため航行速度を落として燃費を抑えることにした。進水したばかりのユーロマックス系船舶も、予定された速度で航行することができなかった。巡航速度が落ちればアジア＝ヨーロッパ＝アジアの所要時間が1週間増え、それぞれの港で顧客に約束していた週1回の運航ができなくなった。社内には「顧客は本当に（料金を上乗せしてまで）定期運航を希望しているのか」という、愚痴ともとれる悲痛な回覧が回った。他の船会社も速度調整を行っていたとはいえ、他社に比べて信頼性が高いとされていたマースクだけに、その名声に傷がつくことになった。[8]

誰よりもそのことに心を痛めていたのは、アーノルド・マースク・マッキニー・モラーだった。93歳になるモラーは、持株会社A・P・モラー・マースクや傘下の船会社マースクラインで実際の指揮をとっていたわけではない。だが1904年に同社を創業した船長親子の息子であり孫でもあるモラーは、持ち株会社の株の過半数を保有しており、発言に遠慮はなかった。2005年にはP&Oネドロイドの買収にも反対したといわれている。2007年春にはマースクラインの迷走を批判し、その官僚主義的体質に不満を示した。社内では進行中の計画が多すぎて、誰も優先順位を決められない状態だった。モラーはジュネーブにある同族経営のコンテナ船会社、MSCが業界2位に躍進したことを称賛。マースクの社員が二流と見下しているこの会社の、無駄を削ぎ落とした経営と決断力をモラーは高く評価した。そしてマースクラインは「優先事項を絞り込み、『管理費/間接費/事業運営費』が競合他社をはるかに上回っている事実に向き合うべき」と述べた。

マースクラインの経営陣は、コンテナ輸送量が2008年に9%、翌年に11%増加するとの見通しに立って、大型船をさらに増やし、市場シェアの維持を狙う計画だった。だがモラーはこれに反対し、収益改善に力を入れるよう求めた。2007年半ばまでに、P&Oネドロイド買収失敗の責任をとって経営陣3人が退任。当面は輸送力増強より株主への利益還元に優先的に取り組むことになった。

経営陣が入れ替わっても、ユーロマックスの登場が海運業界を根本から変え、危険な方向に導いた事実に変わりはなかった。1966年に国際コンテナ輸送が始まって以来、この市場は世界経済の動向に左右され続けてきた。浮き沈みが激しいゆえに投資家から見放され、事業から撤退する会社も相次いだ。だがエマ・マースク号の就航と、それに続く大型船の投入により、そうした不安定さはまったく新たな次元に突入した。新造船が就航するたびに、姿を消しつつある旧型船を2、3隻合わせても追いつかないほどの輸送量の大幅な増加があった。そして新造船が収益的に成功しようがしまいが、返済すべき巨額のローンはついてまわる。国際貿易がそれまでの20年と同等の力強い成長を見せれば、マースクも大手ライバルもやっていける。だがひとたび貿易の伸びが鈍化すれば、海運業界への打撃は致命的なものになる恐れがあった。

14章 想定外のリスク

2002年9月29日、米太平洋岸の港という港から喧噪が消えた。船会社やターミナル運営会社の代理人である太平洋海事協会（PMA）が、サンディエゴからシアトル、北はアラスカに至る港で、国際港湾倉庫組合（ILWU）の港湾労働者1万5000人に対して港湾封鎖（ロックアウト）を行ったのだ。PMA側は、船の積み降ろしに時間がかかりすぎるのは組合側に責任があると主張していた。組合側も、経営側が技術の導入で港湾労働者の雇用を打ち切ろうとしていると非難した。その日のうちに100隻以上のコンテナ船が港に釘付け、ないし沖合に停泊したまま動けなくなった。クリスマス直前で、どの船も商品を満載していた。

パニックが起こった。輸出を足止めされたオレゴン州のある農産物取扱業者は、「玉ねぎがあふれている」と悲鳴を上げた。ホンダは輸入部品が足りなくなって北米の組立工場

3カ所の生産を停止した。トヨタ車の内装用プラスチック部品を生産するインジェックス・インダストリーズは、ロサンゼルス近郊の工場で働く従業員を解雇した。衣料品メーカーのジョン・ポール・リチャードでは、ロサンゼルス港の外に12万点の婦人服が足止めされ、サクラメント港では、動けなくなった船からニュージーランド産木材３４００トンを荷おろしできなくなった。ブッシュ大統領が港湾の封鎖解除を指示した10月10日に至るまで、輸入貨物を満載した約２２０隻の外航船が虚しく波間を漂い、西部諸州のあらゆる場所で、からっぽの貨物列車が線路上に足止めされた。混乱を収拾し、貨物を本来の目的地まで運ぶのに、数日どころか数週間もかかった。[1]

国別では、アジア諸国も米国もこのストライキによる経済的損失は軽微だった。一方で企業は大打撃を受けたところが多かった。アパレル小売のギャップは、クリスマス商戦向け衣類の25％が輸送中に立ち往生し、投資家に減益の見込みを発表した。エレクトロニクス企業のリンクシスは、部品が届かず無線ＬＡＮスイッチングハブの新製品導入を延期せざるを得なかった。米国最大の輸入量を持つウォルマートまでが損害を被った。小売分野では、多数の企業がクリスマス商戦に間に合わせるため航空便を使って中国製玩具を輸入し、海上の何倍もの運賃を支払った。長距離サプライチェーンのリスクを見誤った代償はあまりにも大きかった。[2]

水平分業のリスク

どんな取引もリスクを伴うが、サプライチェーンにもさまざまなリスクがつきまとう。大事な部品を生産する供給業者の工場で火災が起こるかもしれないし、河川の水門が故障して原材料が出荷できなくなる可能性もあれば、ガソリン不足で労働者が工場に出勤できなくなることもある。

かつては製造業者が自らのサプライチェーンを直接管理し、リスク管理も行っていた。フォード・モーターは森林・鉱山・ゴム農園を所有し、自社所有の鉄道で工場に原材料を輸送し、デトロイト近郊リバー・ルージュにある広大な本社に製鉄所・鋳造工場・鉄鋼圧延工場・ガラス工場・タイヤ工場、さらには繊維工場まで設置していた。そして砂・鉄鉱石・生ゴムを使って自動車部品をつくり、モデルA（フォード最初の車種）を生産した。製造プロセスの全工程を管理すること（経済学では「垂直統合」という）によってフォードの組立工場は必要な部品を確保し、自動車の大量生産を続けることができたのだ。1929年時点で、ルージュ工場は10万以上の労働者を雇用していた。[3]

もちろん垂直統合にもリスクがあった。ルージュ工場のように4000ヘクタールもある広大な生産設備を管理するのは容易でない。1カ所に生産が集中しているため、ストライキ、水害、豪雪などが起きれば会社全体がストップする。たとえ巨大な工場を複数の小工場に分散させたとしても、垂直統合には重大な欠点があった。まず、部品をすべて社内で生産するから外部の業者から調達するより高くつきやすい。また多数の製品を製造する垂直統合型の企業では、ファンモータやスキーのビンディングなど、特定のニッチに注力する供給業者より新しいアイデアが出にくいという面もある。上場企業の場合は、１９８０年代に垂直統合への批判が強まったことが最大の問題だった。企業が建物・研究施設・土地・機械などに資本を投じると投資家から嫌われ、「アセットライト（資産保有を最小限にすること）」が収益拡大への道という考え方が広まったためだ。

多くの企業が「アセットライト」になるには「アウトソーシング」が必要だった。重要な業務を他社に委託するという考え方は、決して新しいものではなかった。ニューヨークやパリのようなファッションの中心地では、昔から受注のピーク時に大手服飾メーカーが下請け業者を使っていた。日本や米国のエレクトロニクス企業も、１９６０年代から回路基板の製造を香港や韓国の企業に外注していた。半導体の生産には高度に専門化した工場と設備が必要であり、コンピュータなどの電子機器メーカーは自前の半導体工場を持つより、外部から調達するのが一般的だった。日本製半導体が品薄だったために、１９８８年のアップル初のカラーモニタの発売が延期されたのが良い例だ。この頃になると、有名ブランドのテレビの多くも、サムスンやＬＧ（ラッキーゴールドスター）などの韓国の無名企業が組み立てるようになった。こうしたアウトソーシングを行う大手エレクトロニクス企業にとっての最大のリスクは、請負業者が製造の秘密を盗んで顧客を横取りすることだった。[4]

貨物輸送の信頼性が高まり、運賃も安くなり、輸入関税も撤廃されたとなれば、企業は生産コストの安さで外注先を決めるようになる。20世紀の終わりには特に二つの要素が重要視された。1つは賃金で、中国・メキシコ・トルコの工場労働者と、ヨーロッパ・日本・北米の工場労働者の賃金格差が広がったため、たとえ低賃金国の時間当たり作業量がずっと低かったとしても、国内でなく外国で生産するほうが採算的には有利だった。もう一つの決定要素は規模の経済である。自動車メーカーの部品製造子会社は親会社のためだけにヘッドライトを生産するが、ヘッドライトの専門メーカーなら他の自動車メーカーにも供給するから大量生産ができるし、管理費や開発費などの経費を分散でき、ユニットあたりの製造コストを下げることができる。

製造や輸送のコストをできるだけ抑える、というこの採算上の基本原則が、バリューチェーンへ向かう流れを決定づけた。かつては対外投資と輸出入は密接に関係していたが、もはやそうではなくなった。アウトソーシングを使えば、バリューチェーンの頂点に立つ企業、すなわち完成品を自社ブランドとして小売業者・卸売業者・エンドユーザーに販売する企業が、部品や完成品の生産国に多額の投資を行う必要はない。調達担当者を現地に派遣し、候補となる供給業者を視察して契約を結びさえすればいい。必要な材料は別の経営者の工場に任せればいいし、船会社やトラック業者、鉄道との運賃交渉も運送業者に任せればいい。品質管理から秘密保持契約、バリューチェーン内の各企業との連携に至るまで、あらゆるものが契約によって外注できるのだ。

　生産拠点の国外移転でいかにコストを削減できるかに、欧米・日本・韓国・台湾の経営者の関心は集まった。国際展開する大手の製造業者・卸売業者・小売業者10社を対象とした調査では、「経営トップがひたすら単価だけを外注先選定の条件にしている」ケースが多数を占めたという。「国際的なアウトソーシングを魅力的に見せなければならない隠れた圧力」があって、そのための方法の一つが「調達コストと輸送コストのみに注目する」ことだったのだ。調査対象となった企業の半数は、経営を危うくしかねないリスク、例えば低品質、発注から納品へのリードタイムの長さ、納品の遅れ、在庫切れ、必須材料の単一業者への依存などに注意を払っていなかった。バリューチェーンに含まれる企業の数が多すぎることのリスクなどは、ほとんど無視されていた。バリューチェーン全体が円滑に機能するには、それぞれの企業がスケジュールどおりに業務を完了する必要があるのに、コストだけが問題にされていたのである[5]。

　投入財を高賃金国から調達するにせよ低賃金国から調達するにせよ、バリューチェーンの頂点にいる企業はリンクの末端にいる孫請けについてはほとんど何も知らなかった。そんな警戒心のなさが高くついたのが、ドイツの自動車メーカー、ＢＭＷのケースだ。２００５年、同社は数千台のリコール（回収・無償修理）を余儀なくされた。原因は米国の化学会社デュポンが米国の自動車部品メーカー、フェデラル・モーグルに販売したコーティング剤に有害物質が含まれていたことだった。このコーティング剤が小さな金属製ソケットに塗布され、当時世界最大の自動車部品メーカーだったロバート・ボッシュに一個数セントで販売された。ボッシュはドイツにある工場でこのソケットを使ってポンプを製造し、ＢＭＷに販売。そしてＢＭＷは、このソケットをディーゼルエンジンの燃料調整装置に使った。ＢＭＷとデュポンの間に直接取引はなかったが、ユーザーはそんなところに問題があるとは想像もしない。ドイツにあるＢＭＷの組立工場は、３日間の操業停止を余儀なくされた。ひ孫請けの塗装工場で起きた問題がリコールを引き起こし、ＢＭＷの評判を傷つけたのだ[6]。

２年後の２００７年には、ピストンリングなどの鋼製部品を専門とする日本の新潟県柏崎の製造施設が中越地震に襲われた。以前は、ほとんどの自動車メーカーがこの種の部品を傘下の部品会社で製造していたが、その後はメーカーの多くが別企業のリケンに外注するようになっていた。リケンはコストを抑えてスケールメリットを得るため、複数の工場を柏崎に集約していた。そこへ地震が起きて水と電気の供給が止まり、二つの工場が被災し、工場立地の集中という戦略はあだとなった。数時間のうちに、全国の自動車・トラックの組立ラインが停止した。ウォール・ストリート・ジャーナル紙はこう指摘している。「たった1ドル50セントのピストンリングが欠品したために、日本の自動車生産の70％近くが一時的に停止した」。工場を稼働させるには急遽、重要部品を米国から調達しなければならず、無駄を排したリーン生産方式で浮いたコストも帳消しになった。[7]

＊＊＊

新しいビジネスモデルが新しいリスクを生み出していることに、国際企業はなかなか気づけなかった。１９８０年代や１９９０年代には、不測の事態による操業停止のリスクが調達方法の選択要素に組み込まれておらず、半導体の品薄でアップル製カラーモニターが発売延期になった事件も、運が悪かったで片付けられてしまった。２００１年9月の米同時多発テロでは航空機の運航がストップし、カナダから自動車部品を運ぶトラックの検問も強化されたが、米国内の自動車組立工場の閉鎖は短期間ですんだ。しかし２００２年の太平洋岸の港湾ストや２０１１年の東日本大震災など、影響が長期にわたったケースでは、サプライチェーンをめぐるリスク評価の甘さが如実に明らかになった。[8]

グローバル化がもたらすリスクは操業停止や事業中断だけではない。名の知れたグローバルブランドは収益も大きい反面、脆弱性もつきまとう。こうした有名ブランドを複数持つ企業の多くは、外国の供給業者との関係を対等なものと見ているが、消費者はそうは考えない。サプライチェーンの全体、すなわち遠隔地にある孫請け・ひ孫請けまで含むチェーン全体の労働条件や環境対策に対しても、ブランド企業が責任を持つものと考えている。インドネシアの工場にスポーツシューズの生産を委託した靴メーカーも、スイスの商社を通じてガーナ産のココアを輸入した菓子メーカーも、その供給業者の労働条件や環境への配慮に対する責任を免れることはできない。船会社やプラスチックメーカーなどは消費者と直接接触しないが、代わりに顧客企業から同様の目で見られる。インターネット時代には、経営トップが名前さえ知らない下請け企業の不祥事でブランドに傷がつくのは日常茶飯事であり、いったん起こってしまった風評を沈静化させるのは容易ではない[9]。

さらには貿易障壁という、過去のものとなったはずのリスクもあった。グローバル・バリューチェーンは市場経済が台頭した時代に生まれた。この時代には各国が続々と輸入関税を引き下げ、外国からの投資に対する規制を緩和し、さまざまな貿易協定も結ばれた。NAFTAは北米内の貿易障壁を撤廃し、欧州共同体（EC）はマーストリヒト条約によって単一市場を創設し、域内の自由な人・モノ・カネの移動を可能にした。それまで輸入品や外国人投資家を遠ざけてきた多くの開発途上国も、この動きに追随する道を選んだ。

しかし貿易に対する規制が確実に姿を消すとの予測は間違っていた。1995年、WTO加盟国が国内産業に損害を与えるとの理由で輸入を制限しようとした事例は2件のみだった。ところがその後の四半世紀に富裕国で保護主義的圧力が高まり、輸入制限の件数は約400にのぼり、いずれの場合も特定の製品の輸入が不可能になり、バリューチェーンは崩壊の危機にさらされた。貿易と投資の自由化を見直す途上国もあった。世界で最も急成長を遂げる国の一つであるインドでも、国内の商店を保護するため、外国の小売業者はほとんど締め出された。外国人が中国に投資する場合も、国有企業と合弁すること、輸入品でなく国内の投入財を使うこと、技術を供与することを義務付けられる場合が多かった。シームレス（障壁のない）貿易は、決して保証されたわけではなかったのだ。[10]

サプライチェーン・リスクの実例が次々にあらわれると、投資家も経営者に調達戦略の見直しを迫るようになった。遠く離れた国の無名の供給業者が汚染物質を出したり未成年者を雇用したりしていれば、たとえその企業が問題に直接関与していなくても株価に跳ね返ると投資家は考える。大企業は供給業者向けに行動規範を作成し、監視役を雇って規範の遵守を監視したが、価格を抑えなければならないプレッシャーのもとで規範が守られないケースも多かった。企業の財務報告も、かつては収支報告が主体だったものが、単一の供給業者や供給国に依存していないかどうかや、サプライチェーン全体での温室効果ガス削減や供給業者の工場での児童労働廃止などについても開示するようになった。

東日本大震災の教訓

サプライチェーン・リスクへの対応に金がかかることを痛感させたのが、東日本大震災だった。２０１１年3月11日、日本観測史上最大の地震が東京から車で4時間の東北地方を襲った。高さ40メートルの津波が沿岸の町々に押し寄せ、海岸から10キロ近く離れた家屋までが浸水した。この大惨事で1万5000人以上が命を失った。全域が居住不能になった町も多く、津波による原子炉3基のメルトダウンにより各地で計画停電が起こった。数百の自動車工場が操業停止に追い込まれ、ゴム部品から自動車用塗料の顔料に至るまで、さまざまな製品が世界的な品薄状態に陥った。クライスラーとフォードでは塗料メーカーの生産停止のため、特定の色の車は発注しないよう国内ディーラーに通達した。ある試算によると、震災で日本の経済規模は1・2％縮小したとされ、被災地の鉱工業生産が震災前の水準に戻るのに1年以上がかかった。海の向こうの米国でも、日系企業の工場に日本からの部品が届かず、生産縮小の余波で他の企業の受注が減るなど、米国の工業生産も半年にわたって大きく落ち込んだ[11]。

東北地方には、地震の数年前に国内のエレクトロニクス大手3社が半導体事業を統合して設立したルネサスエレクトロニクスの製造拠点もあった。ルネサスは自動車向け半導体やマイコン製造の最大手で、同社の工場が閉鎖されると3大陸の多くの自動車組立ライン――かつては半導体の調達先は複数だった――が停止に追い込まれた。自動車業界だけで損失は数十億ドルにのぼった。ようやく操業再開にこぎつけると、ルネサスは直ちに生産プロセスの柔軟性を高める取り組みに着手した。特定のマイコンについて、一つの工場が停止しても他の工場ですぐに生産を開始できるよう工場群の再編を行った。同社の最大顧客の一つであるトヨタでも、65万カ所にある部品の在庫データベースを作成し、主要部品工場が停止しても必要な部品を入手して組立ラインを維持できるようにした[12]。

　小売業者もサプライチェーンの柔軟性を高める努力を開始した。ネット通販大手のアマゾンでは出荷と在庫のネットワークを再編し、2014年に港湾ストに再発の兆しが出ると、ただちに中国からの輸入ルートを米国東海岸経由に切り替えた。また米国内の売上が急上昇した2015年には、輸入商品の3分の2を大西洋岸と太平洋岸の両ルートに振り分け、流通ルートのどこで途絶が起きても脆弱性が生じないようにした。アマゾン最大のライバルであり、コンテナ輸入量で圧倒的トップのウォルマートは、ヒューストン近郊に輸入流通センターを建設し、西と南の両方から輸入品を受け取れるようにした。すなわち輸入の87%を占める中国からの貨物を、西はカリフォルニアの各港から鉄道輸送、南はパナマ運河経由で流通センターに近いヒューストン港から荷揚げするようにしたのだ[13]。

　グローバル・バリューチェーンの信頼性を高める最も一般的な方法は、おそらく在庫の積み増しだったが、この方法はコストも一番かかる。棚卸資産とは生産されたが販売されていない商品のことで、貨物船、倉庫、工場、あるいは自動車ディーラーなどに置かれた商品をさす。棚卸資産は減損会計の対象だが、これは資産を滞留させると時間の経過とともに価値も下落するためだ。第二次大戦後にトヨタが開発した「かんばん方式」は、こうした棚卸資産の削減を目指して編み出された。1980年代になると、投入財は必要分のみ製造し、すぐ使用して在庫として眠らせないという考え方が、「リーン生産方式」の名で世界中に広まった。米国の経済データからは、さまざまな業種の企業が在庫削減に躍起になっていたことがわかる。企業の月間売上に対する在庫比率は、1980年代から2000年代初頭にかけてどんどん減っていった。

だが在庫がすべて無駄というわけではない。在庫には緩衝材の役目もある。21世紀に入って国際貿易に不安定要素が生まれると、製造業者も卸売業者も小売業者も、こぞってバリューチェーンが予測通り機能しない事態を想定し、より多くの商品を手元に置くことでリスクに備えようとした。こうして在庫水準は上昇しはじめた。

世界中で在庫の積み増し、生産拠点の分散、輸送ルートの複線化、サプライヤーに対する監視強化などがコストを押し上げる要因になった。各国政府が国内の政治状況から、やむを得ず輸入や外国からの投資に新たな規制をかけることも十分考えられた。こうしたリスクを軽減するための潜在的コストを生産コストに算入すると、もはやグローバル・バリューチェーンの恩恵はさほど大きいとは感じられなくなった。

15章 グローバル金融危機

1948年から2008年にかけて、世界貿易は二度にわたるグローバル化の波を経て、世界経済の3倍のペースで成長していった。商品の輸出が世界全体のGNPの4分の1を超え、1940年代まで店頭に並ぶことのなかった外国製品が、2000年代初めにはあらゆる場所で見られるようになった。家具やプラスチック樹脂、あるいは自動車のヘッドライトを満載した40フィート・コンテナの流通量は、かつては考えられなかったほどの規模まで拡大した。自動車部品を積んだコンテナを運ぶトラックが毎日1万台近く、オンタリオ州ウィンザーとミシガン州デトロイトを往復するとは、60年前の誰が想像できただろう。「国産」という触れ込みの製品の多くが実は外国で生産されていることも常識だし、ケーブル会社の親切な顧客サポート係がポーランドやフィリピンで電話を受けていると知っても、誰も驚かなくなった。国境を越えた企業所有（対外直接投資）は2007年に3兆ドルを突破した。大手メーカーは外国のライバル企業を買収し、銀行は経営陣が名前も知らない未知の国に支店を出し、ウォルマート、カルフール、テスコなどの小売業者は、規模にものを言わせれば世界中のどこに出店しても採算がとれると信じていた。30年前のLDCs（開発途上国）の債務危機当時は約1兆ドルだった銀行の対外融資は、今や3兆ドルに達していた。

1940年代後半から1980年代後半にかけての第二のグローバル化では、主に富裕国同士のつながりが強まった。一方で富裕国に原材料を供給し、富裕国の輸出品を購入する役割の貧困国は、ほとんど恩恵を受けることができなかった。アフリカ・アジア・中南米の多くの地域では、1985年になっても1人当たり所得は1955年から微増しただけで、一部の金持ちを除けば生活水準はほとんど向上しなかった。貿易や外資の進出は、繁栄でなく搾取を意味していたのだ。

一方、1980年代後半からの第三のグローバル化では、地球上で最も貧しい地域にも経済的利益がもたらされた。数年前まで絶望的なまでに貧しく、遅れていたバングラデシュ・中国・インドネシア・ベトナムなどが、1980年代後半以降は重要な貿易国として台頭した。20世紀終わりには工業品が開発途上国の輸出の80%以上を占めるまでになり、多くの国が不安定な鉱物・農産物輸出への依存から脱却した。

安全管理のずさんな工場や悪質な環境汚染は当然非難されるべきだが、現金給与が健康・教育・生活の質の急速な改善をもたらしたことは確かである。辺鄙《へんぴ》な山奥の村でさえ、国産品ではとても実現できない低価格で、ありとあらゆる種類の輸入品を買えるようになった。国際競争の激化で、これまで保護されてきた国内産業も近代化を迫られ、先端技術もいち早く市場に出回るようになった。例えば多くの農民が安定した電力を得られないケニアでも、中国製の携帯電話のおかげでネットバンキングが利用できるようになった。第三のグローバル化が始まった当時は、世界人口の3分の1以上が世界銀行の尺度で「極度の貧困」に分類されていたが、20年後にその割合は半分以下になった。経済学者のジョヴァンニ・フェデリコとアントニオ・テナ・ユンギトは当時の状況をこう要約している。「2007年には世界は100年前よりも開かれたものとなり、人々は先人をはるかにしのぐ利益を貿易から得られるようになった[1]」

そして2008年の後半、その国際貿易が崩壊に瀕することになった。それは史上初のグローバル規模の景気後退と呼ぶべきものの原因でもあったし、結果でもあった。

金融危機が貿易に与えたダメージ

この景気後退は2007年末に米国で始まり、住宅価格の下落に端を発していた。長年にわたる過剰な住宅供給と、返済能力のない住宅購入者を対象とした「サブプライムローン」という詐欺まがいの融資が原因だった。このローンでは当初の金利が人為的に低く設定されたことで融資資格を得た人が多く、3、4年後に金利が急上昇すると、これらの人々は月々の返済に困るようになった。なかには収入や資産を証明できない（そして実際に申請通りの収入を得ていない）借り手にまでローンを提供していた業者もあった。貸し出し側の金融機関はこれを証券化し、高い利回りをつけて投資家に売り込んだ。だが大量の債務者が返済に行き詰まると、サブプライムローンを組み込んだ証券は値下がりした。2007年6月には米国の投資銀行ベアー・スターンズ傘下のファンド2社が、サブプライムローンの影響で損失を出した。ベアー・スターンズの危機が伝わると、投資家は何が問題なのか、リスクの規模がどれほどなのかもわからないまま、安全な投資先に資金を移動させようとして、取り付け騒ぎが起きた。もはや安全と思われるのは各国の国債くらいのものだった。[2]

米国のサブプライム危機はグローバル化によって世界に広がった。突然の貸し渋りが始まると、日頃から数日ないし数カ月単位で融資を受けていた銀行や企業はあわてて現金調達に走った。西欧などの多くの銀行が米国の住宅ローン債券に投機的に投資しており、金融市場が冷え込むとともに、米欧の大手金融機関は軒並み大損失をこうむった。2007年には素性のあやしい借り手までが簡単に借金できていたのが、2009年にはいっさい借金はできなくなった。銀行などの貸し手は体力が落ちて融資ができず、数年前まで低利の融資を大量に受けていた小売・製造・不動産なども業績不振で借金ができなくなった。

米国では2年間で建設業の雇用200万人近くが失われ、2009年10月には10人に1人が失業者となった。米国以上に住宅バブルが進んでいたスペインでは、またたくまに失業率が20％に達した。住宅価格の下落でローンが住宅価格を上回ると、多くの人々が支出を控えるようになった。

2009年には世界最大の輸入国である米国の輸入が激減した結果、世界中の製造業者が生産を減らして労働者を解雇し、労働者は消費を手控えるようになった。ドイツ、フランス、チリ、ベネズエラ、マレーシア、南アフリカが軒並み不況に陥り、韓国とフィリピンもほぼ同様の状態だった。世界経済が減速すれば国際貿易の伸びも鈍化するのは当然のことだが、サブプライム危機とその後の欧州債務危機がもたらした損害は空前の規模だった。世界貿易機関（WTO）にデータを提供した104カ国のすべてで、2008年後半と2009年前半に輸出入が減少した。さらに、これらの国では鉱工業生産より大幅かつ急激に貿易が落ち込んだ。このようなシナリオは専門家ですら予想していなかった。銀行も住宅市場も健全で、米国のいかがわしい住宅ローン債券に手を出さなかった国でさえ、危機の当事国以上に輸出が冷え込んだ。世界の貿易量は2008年の第2四半期から2009年の第2四半期にかけて、17％という驚くべき落ち込みを示した。経済学者のリチャード・ボールドウィンとダリア・タリオーニが皮肉交じりに指摘した通り、「結果として、世界貿易のほとんどが今すぐ必要なものではなかったことが明らかになった」。世界全体の名目GDPは2009年、世界銀行が1961年に統計を取りはじめて以来、初めて減少を記録した。[3]

「貿易大崩壊」の背景には何があったのだろうか。国際バリューチェーンの普及で、貿易の伸びは一貫して世界経済の伸びを上回り続けていた。それが突然、状況が逆転するとどうなるのか。例えば米国の工場がドイツ製機械の購入を延期すると、ドイツの輸出が減るだけでなく、ドイツが他の国から輸入する部材の量も減る。そうした部材は、さらに別の国の部品や原材料を使っているから、一つの注文がキャンセルされると、5、6件、ないし十数件の国際取引がキャンセルされる。もはや昔ながらの輸出と輸入の区別は存在しなくなっていた。輸出は輸入と密接に結びついていて、一方が激減するともう一方も激減する。日本を例に挙げると、2009年の4月から9月の間に輸出量は前年比で36%、輸入量はなんと40%も減少した。日本はサブプライムローン危機も銀行システムの脆弱化も起きなかったが、企業のバリューチェーンが崩壊したことで、他のどの経済大国よりはるかに深刻な不況に見舞われたのである。[4]

グローバル化経済の効率性が、今となっては逆効果に働いた。カンバン方式の物流システムを採用していると、需要の変化がバリューチェーン全体の縮小につながるのはあっという間だ。例えばヨーロッパの消費者が電気スタンドの購入を控えれば、小売業者のデータシステムは数日以内にこのトレンドを把握する。そこでこの小売業者は在庫を減らそうと、中国の製造工場にメールで出荷を遅らせるよう指示する。すると今度はこの工場がコードやエナメル塗料の供給業者に同様の通知を行い、供給業者も銅線や二酸化チタンの購入を減らすことになる。このようにカンバン方式時代の経済では、すぐに売れそうにない商品を倉庫に積み上げることを嫌うのだ。だが多様な商品を扱う小売業者にとっては小さな調整であっても、スタンドのスイッチを専門にするメーカーにとっては大規模な調整に相当する。地球の反対側にある工場が直ちに操業を停止し、不要となった労働者が放り出される事態につながるのだ。

世界の輸送システムもすぐに影響を受けた。航空貨物輸送は落ち込んだし、ほとんどが輸入品で占められる米国の鉄道コンテナ輸送も、かつてない急激な落ち込みを示した。そして２００９年は、コンテナ業界にとっても史上最悪の年となった。海上輸送のコンテナ数は４分の３に減少した。運賃は急落し、多くの船で燃料費が収入を上回った。５００隻以上のコンテナ船が運航を停止し、港に足止めされた。マースクラインは1年間で20億ドル以上の損失を出し、ライバルの船会社もことごとく赤字に転落した。

＊＊＊

それまでの数十年は、たとえ輸出入が減少しても一時的に過ぎず、国際貿易の成長率は常に長期的な上昇トレンドへと回帰していた。だからエコノミストは２００９年の貿易の減少も同様に上昇トレンドに戻ると予測した。不振の原因は消費者心理・企業心理の冷え込みであり、ヨーロッパ・北米・アジアの各国政府が協調して景気回復に取り組めば、企業も消費者も自信を取り戻し、雇用も輸入も回復すると考えられた。こうした予測の前半は正しかった。ギリシャ、ポルトガル、スペイン、イタリアでヨーロッパの銀行への債務不履行が増加する懸念が生じ、ヨーロッパ経済の低迷は長引いたものの、政府による減税・緊急財政出動・ゼロ金利政策などによって最終的に成長は回復した。しかし予測の後半は大きく外れた。輸入はこれまでの成長トレンドに復帰できなかったのだ。2009年の急落ののち、商品の貿易が世界経済に占める割合は2010年と2011年にいったん増加に転じた後、再び減少に戻ってしまった。2017年時点で、世界経済に占める貿易の割合は十数年前より低い水準まで落ち込んだ。

冷静に計算すると、貿易の急成長がいつまでも続くことはありえない。1990年代から2008年までの間に、製造業者は高賃金国の工場を次々と閉鎖し、自社工場を開設するにせよ他社工場から調達するにせよ、生産を低賃金国へと移転した。重要な貿易協定が次々と結ばれ、北米では自由貿易地域（NAFTA）、ヨーロッパではさらに大きな自由貿易圏（EU）が生まれ、中国・台湾・ベトナム・サウジアラビアもWTOに加盟するなど、国境を越えた生産ネットワークが強力に推進された。さらに2006年にはトルコとモロッコ、2008年には日本とインドネシア、2009年には米国とペルーなど、多くの国が互いの製品に加え、サービスまで含めた貿易障壁の緩和に合意した。協定が結ばれるたびに、グローバル化はさらに進んだ。

だが金融危機とサブプライム危機に端を発したグレート・リセッション（大不況）が終わる頃には、ヨーロッパ・日本・米国・カナダからの生産移転は減少していった。さまざまな自由貿易協定の効果も、時が経つにつれて薄まっていった。ＮＡＦＴＡの結成でメキシコ製品が米国市場に自由なアクセスを得た１９９４年１月以降、メキシコの対米輸出は２００８年10月までに４・５倍にふくらんだが、その後の10年間の伸びは２倍にも届かなかった。同様に欧州連合（ＥＵ）の域内貿易は、12カ国が単一通貨を採用した２００２年から２００８年までに年率約６％のペースで増加したが、２００８年以降は年率２％にとどまった。その頃には、中国、インド、メキシコなどの開発途上国において低コストで行える生産活動は、ほとんどすべて移転を終えていた。高賃金国に残った生産活動はハイエンド品ばかりで、高度に自動化されていたり、機密事項が多かったり、政府の調達規制の対象となっていたりして、法制度が脆弱で特許などの知的財産保護がほとんど期待できない国には移転できないものばかりだった。生産活動の多くが低賃金国に移転したことは貿易を強力に後押ししたが、グローバル化のこの段階はすでに終わりを迎えていたのである[5]。

貿易の伸び悩みは、20年にわたってグローバル化を牽引してきたバリューチェーンにも影響を与えた。バリューチェーンの重要性を測る尺度の一つは、その国の輸出額に他国での生産が占める割合を見ることだ。世界全体におけるこの比率は、最初に算出された1990年代初めから2008年までの間に3倍近くに増えた。2008年、バリューチェーン内の貿易は世界全体のGDPの5分の1近くを占め、一国が生産する製品の貿易額をはるかに上回った。だが外国での付加価値が輸出に占める割合は2009年には急落し、翌年わずかに回復したものの、その後は緩やかに減少していった。本当に久しぶりに、製造業者の国外の中間財への依存が減り、国内で付加される価値への依存度が増えたのである。[6]

中国のアメとムチ

各国政府の政策も国内付加価値の拡大を後押しした。特に中国政府は積極的だった。何十万もの労働者が輸入部品を使ってiPhone 3Gを組み立てるようになるずっと前から、中国の経済政策担当者は、急成長する輸出に国内の付加価値がほとんど含まれていないことを懸念していた。WTOへの加盟交渉を進めていた21世紀初頭は輸入部品・原材料が工業品輸出額のほぼ半分を占め、国内での付加価値はほぼ人件費に限られていた。対照的に、日本では輸出に国内付加価値が占める割合は91%だった。ハイテク分野となると、中国が提供できる付加価値はいっそう少なかった。2000年に輸出した590億ドル相当の電子・光学製品のうち、中国の労働者と供給業者の貢献はたった160億ドルに過ぎなかった。残りは日本・米国・韓国・台湾など、他の国が生み出した価値だった。中国の貿易の大半は加工貿易と呼ばれるもので、製造業者が外国製品を輸入し、低賃金の労働力を使って組立てや梱包を行って輸出する。中国製品は世界中にあふれたが、外国のブランドとして流通していた。高賃金の仕事や利益の大半は、外国の手に握られたままだった。

こうした富を中国に引き込むため、中国政府はアメとムチを使い分けた。外国企業が成長著しい国内市場（魅力的なアメ）に参入するには、中国での生産拠点を高度化するか、中国の合弁先に機密技術を供与することを求めたのだ。それから十数年後には、中国の工業品輸出の3分の2近くを国内で生み出された価値が占めるようになった。ブランド名のない部品ではなく、中国ブランドのハイアールの冷蔵庫やレノボのコンピュータが輸出されるようになり、２００８年頃から加工品貿易はめっきり姿を消した。このままでは低賃金の組立工程だけでなく、航空機や電気自動車の生産までがアジアに移転すると、各国から懸念の声があがった。アップルが２０１８年にiPhone Xを発表すると、9年前のiPhone 3Gではわずか1・3％だった販売価格あたりの中国コンテンツの割合は10・4％に跳ね上がった。２００７年に中国のＧＤＰに輸出が占める割合は3分の1を超えていたが、２０１９年にはわずか6分の1に減少した。これはバリューチェーンの多くが中国内で行われ、国境を越えて部品がやり取りされることが減ったためである。[7]

中国経済の規模の大きさゆえに、外国企業が中国国内での価値付加を促されたことの影響は全世界に波及した。「戦略的新興産業」の一つとして「新エネルギー自動車」を政府が支援することが決まると、2009年から2017年にかけて中央政府・地方政府合わせて推定590億ドルの補助金がバッテリー駆動車向けに支出された。これは当該期間の中国における電気自動車の売上の42％に相当する。補助金の一部は国内の自動車メーカーを対象としていたが、電気自動車の取得税免除など、消費者を対象にしたものもあった。政府は補助金や減税と並んで、輸入自動車への25％関税も実施し、外国企業が中国内で電気自動車を生産するよう誘導した。ただしその場合も中国企業と合弁を組み、技術供与を行うことが条件だった。ヨーロッパ各国・米国・日本・韓国も電気自動車の開発に補助金を出しているが、規模において中国にははるかに及ばない[8]。

こうした補助金と規制の組み合わせは、他の多くの産業にも適用された。このことは中国を世界最大の輸出国にしただけでなく、米国・EU・日本と同種の品目も輸出できるようになった。中国の経済政策は、きわめて効率的に経済の近代化を実現した。グローバル化に邁進した1991年から2013年にかけて、中国の実質GDP成長率は7・5％を下回ることはなく、GDPは6倍に上昇した。

だが補助金には落とし穴もあった。補助金漬けの中国の産業が多くの製品で世界的な生産過剰を引き起こし、収益が低下しただけでなく、工場を存続させ、雇用を維持するために政府は補助金を出し続けるしかなくなった。補助金の総額は確かめるすべもないが、かなりの額にのぼったはずである。ある試算によると、２０１７年の中国企業への政府の補助金は４３００億人民元（約６４０億ドル）だったという。また別のデータでは、２０１８年の上場企業の財務報告に１５４０億人民元（２２０億ドル）の補助金が計上されていたという。これには、はるかに数の多い非上場企業の数値は含まれていない。自動車メーカーなど、補助金の恩恵を受ける中国企業の多くは国内外で外国企業と競争しており、補助金は公然と国内企業に優位性を与えるものだった。[9]

グローバル化の行き詰まり

21世紀最初の10年間、中国の補助金によって貿易の流れが変わったことに各国が激しく反発した。しかしそうした国々も、決して潔白だったわけではない。経済学者が等しく認める真理によれば、国際貿易のパターンは比較優位を反映している。つまりそれぞれの国は、最も効率的に生産できる財・サービスを輸出し、それ以外の財・サービスを輸入するということだ。だがこの前提が当てはまるのは、貿易パターンが市場原理に従っている場合に限られる。財・サービスの輸送コストがほとんどゼロに近く、規制もほとんどないとすれば、比較優位よりも補助金によって何がどこで生産され、誰が利益を得るかが決まってしまうこともある。第三と第四のグローバル化では貨物輸送費がきわめて安価で通信にもほとんどコストがかからなくなったから、国際経済の動向はかつてないほど補助金の影響を受けるようになった。ＩＭＦと世界銀行の調査によれば、開発途上国のほとんどが、雇用創出を約束する製造業者に法人税減免や暫定減税などの誘致策をとっていた。そして多くの場合、こうした優遇策は実際に外国企業の進出を促した。南アフリカでは新たな輸出税優遇策で外国の自動車メーカーが輸出拠点を設置した。同国の自動車輸出は優遇策が導入された１９９６年の5億ドルから、10年後には25億ドル近くまで跳ね上がった。[10]

富裕国も同じだった。デンマークは２０１７年、化石燃料を削減する企業を支援するなどの目的で、国民所得の１・５％にあたる多額の産業補助金を給付した。同じ年、欧州連合（ＥＵ）でも鉄道や農業を除く産業への補助金が１１６０億ユーロ（約１３００億ドル）に達している。カナダの有力州では２００５年から２０１５年にかけて、国際競争にさらされている農業や製造部門のコスト削減を助けるための減税など、住民１人当たり年７００〜１２００カナダドル（約６３０〜１０５０米ドル）の補助金が給付された。米国では雇用創出の見込める企業を誘致するため、州などの地方政府が年間推定７００億ドルを注ぎ込んだとされる。２０１２年、アラバマ州政府は同州モービルに工場を開設するエアバスに1億５８００万ドルを給付。その3年前には、サウスカロライナ州がライバルの米ボーイングのチャールストン近郊にある航空機組立工場に9億ドルを給付した。アラバマ州に続き、ワシントン州もシアトル近郊で７７７を製造するボーイングに８７０億ドルの補助金パッケージを提供した。ドイツの自動車メーカーであるフォルクスワーゲン

（VW）、ダイムラー、BMWもそろって多額の補助金を得て米国南東部に工場進出し、そこから輸出を行った。補助金がなければ生産はヨーロッパやメキシコで行われていたはずだった。補助金ブームが広がるなか、台湾のメーカー、フォックスコンも2017年、ウィスコンシン州にテレビ用ディスプレイパネルの工場を建設して補助金40億ドル超を獲得した。エレクトロニクス製品の生産を中国から米国にシフトさせる動きとして歓迎されたが、同社の厳格な製造プロセスを米国人が守れるかどうかに懸念があり、結局は実現に至らなかった。[11]

国内工場を後押ししたのは補助金だけではなかった。インドでは太陽電池のセルやモジュールを国内生産することが義務づけられた。インドネシアではスマートフォンに国産コンテンツを用いることが求められた。ロシアでは国営企業に対し、輸入品より大幅にコストが上がる場合を除き、国産の財・サービスを利用するようにとの指示が出た。政府が「勝者と敗者を選ぶ」べきでないというのは米国の信条だが、連邦政府の補助を受ける公共輸送車両の組立ては国内に限定された（ただし多くの部品は輸入可とされた）。またある食器メーカーが2019年に連邦議会に直訴したことから、軍の食堂では米国製のフォークとスプーンのみが使用されるようになった。WTOのデータでは貿易の「技術的障壁」の急増が指摘されている。その一例は輸入業者に対する厳しい製品基準で、2007年に27件だったものが、わずか9年のうちに449件に増えている。

こうした誘致策や規制が、企業の投資先やバリューチェーン構築をめぐる意思決定を左右するケースは増えていった。2016年、欧州中央銀行（ECB）がヨーロッパの多国籍企業44社を対象に調査したところ、工業品の生産・販売の距離を縮める動きが加速していることがわかった。そうなると当然、輸出入の重要性は低下する。「現地市場での調達・生産へと貿易フローは切り替わった」とECBは指摘している。世界全体でも輸出が世界経済の成長率を上回ることはなくなり、1960年代から続いていた長期トレンドは終止符を打った。[12]

グローバル化の行き詰まりを示す兆候は、貿易の鈍化以外にも見られた。外国市場に積極的に投資していた投資家が撤退を始めた。世界の対外直接投資は2008年にピークを打ち、2018年には18年ぶりの低水準まで落ち込んだ。国境を越えた合併買収（M&A）の数が、特に金融分野で急激に減少した。銀行が世界展開の意欲を失い、規制の強化によって対外進出のメリットが減ったからである。国境を越えた対外融資も2008年初頭を境に縮小し、その後も低水準で推移した。国際債券市場の成長も頭打ちとなった。国際的小売業者も外国の拠点から撤退を始めた。ある国で高度な商品化計画の技術が開発されても、国が違えば歓迎されないことを高い授業料を払って学んだのだ。さまざまな意味で、グローバル化の全盛期は終わったかに見えた。

16章 グローバル化の代償

中国沿岸の工業都市が活況に沸く一方で、世界各地に第三のグローバル化がもたらした社会的・経済的影響は深刻なものだった。生産がメキシコ・アジア・東欧にごっそりシフトすると、町は荒れ果て、失業と過疎だけが残された。１９９０年からの四半世紀に英国は製造業の雇用の半分近くを、日本は3分の1を、米国は4分の1を失った。雇用の落ち込みは生産の自動化も原因だったが、国際サプライチェーンの成立によって富裕国経済の工場雇用は着実かつ段階的に減少し、崩壊の危機に瀕していた。ノルウェーでの研究によると、中国からの輸入と製造業の雇用減の間には強い相関関係があった。スペインでは中国からの輸入が１９９９年の40億ドルから２００７年には２５０億ドルに急増し、中国製品との競争に敗れて製造業の雇用34万が失われた。米国では１９９０年に全雇用の約17％を占めていた製造業が、２０１０年代にはわずか９％まで低下した。ある試算によれば、減少の5分の1は中国からの輸入増が原因とされた。米国の工場でのタイヤ生産は2004年に2億2200万本だったのが、2014年には1億2600万本まで減った。それまでオハイオ、ケンタッキー、テキサスの各州でタイヤ生産を行っていた企業が中国からタイヤを輸入するようになったためだ。大連や青島でタイヤ製造がさかんになる一方で、米国のタイヤ産業は壊滅状態となった。[1]

全体としてみれば、第三のグローバル化は世界中で生活水準を向上させたと言って良いだろう。極度の貧困状態にある人の数は激減し、平均余命と識字率はほぼすべての国で向上し、20億の人々が電力を使えるようになったほか、最貧国を除くあらゆる国で携帯電話が普及した。特にアジアでは経済成長によって所得がヨーロッパや北米の水準に近づいた。1980年から2016年にかけて、1人当たり平均所得はEUで66%、米国とカナダで84%増加したが、アジアでは230%、中国ではなんと1237%も増加した。とはいえ平均値だけでは本当のことはわからない。国ごとの所得格差が広がる中、アフリカと中南米の大半は底辺に追いやられた。1980年には、中南米の成人の平均所得（生活費調整後）は中国の9倍もあった。それから数十年、中国はグローバル化に熱心に取り組んだが、中南米の大半はそうではなかった。2016年になると、中国と中南米の成人1人当たりの平均所得はほぼ同じになった。[2]

だが平均所得だけでは多くの国の国内の所得格差は見えてこない。ほとんどすべての国で、第三のグローバル化がもたらした所得増の大半は一部の国民に集中していた。このことの一因として、世界的なインフレ後退を受けての、1982年以後の金融市場の活況があった。株式・債券が賃金をはるかに上回るペースで上昇し、金融市場の好況に参加できる金持ちがその恩恵を受けた。技術革新でチャンスを得る労働者も多かった一方、事務職や工場では単純作業が自動化され、多くの労働者が職を失った。富裕国の経済成長が鈍化すると、メーカーが需要の拡大が見込まれる国に投資を振り向けたため、地域によって失業が深刻化するケースが生じた。製造業から締め出された労働者の多くは、慣れない分野で低賃金の非熟練労働に従事するほかなかった。[3]

グローバル化が奪ったもの

グローバル化は所得格差の拡大に大きな役割を果たし、国際企業の経営者や、国際化する経済に適したスキルの持ち主に高収入をもたらす一方、大多数の人々は賃金交渉力を失った。貿易拡大によって多くの国で輸入品の価格が下がり、国産メーカーに強い値下げ圧力がかかった。そして製造業の賃金だけでなく、工場を解雇された人々が再就職した先の産業でも同じように賃金が低下した。企業収益をもっと労働者に還元するよう要求する労働組合の力も、ほぼすべての国で弱体化した。人件費を上げるなら国外に移転すると脅されれば、受け入れるしかないからだ。カナダのシンクタンクの調査によると、「グローバル化がもたらした経済的利益の大部分は、カナダの上位20％の階層にもたらされた」という。[4]

豊かでない国はグローバル化の痛みを味わった。2010年、発展途上国から中国への輸出の70％近くを一次産品が占める一方、逆に中国から発展途上国に輸出されたのは工業製品だった――まるで重商主義が再来したかのようだ。サンパウロ郊外も、オハイオ州も、アルザスも、等しく中国からの輸入によって荒廃した。アフリカや東アジアの国々は、かつての日本や香港や韓国のように製造業で成功しようとしたが、低賃金労働者のスキルではどんなに単純な製品でも外国と太刀打ちできなかった。中国の貿易相手国は深圳や広東省に進出し、傘、電気アダプター、プラスチックのハンドバッグなどで製造契約を結び、完成品をコンテナ船で自国に送り返した。中国国内でも、輸出の拡大の一方で、労働集約的な国内産業は輸出向け以外の製造業で雇用を生み出せなくなっていった。[5]

多くの国で工場の雇用が失われ、他の産業もその穴を埋めるだけの成長を達成できなかった。ハイテク化がいけないのか、グローバル化がいけないのかと経済学者が論争しても、低収入に苦しむ人々には何の得にもならなかった。労働協約によって守られ、安定した給料をもらって60歳で定年退職できた旧世代はいいが、若い世代の就職先は「ミニジョブ」（2003年からドイツで認可された低賃金の非常勤雇用）や「ゼロ時間契約」（英国で考案された労働時間を設定しない新種の雇用形態）などしか見つからない。短期雇用が富裕国の全雇用の9分の1、スペインでは4分の1を占めるに至った。賃金の低迷と雇用の不安定はグローバル化の代償だったのだろうか。雇用創出の決定打といわれた外国からの投資拡大も、賃金の伸びをますます鈍らせた。日本銀行のペーパーによれば、輸出依存度の高い産業に外国からの投資を呼び込んだ結果、企業は賃金への締め付けを強めるようになったという。[6]

金融のグローバル化で、高所得層が収入や資産をタックスヘイブン（租税回避地）に移転できるようになったことも、格差拡大に一役買った。2007年の試算によれば、世界の「富」の8％が低課税の国で保有され、そのほぼすべてがごく少数の個人のものだったという。タックスヘイブンに加え、貯蓄なし世帯には手の出ない危険な投資も富裕層なら手を出せることから、金持ちはますます金持ちになった。ヨーロッパ・米国・中国のデータに基づく試算では、人口の上位1％が富に占める割合は1985年には26％だったが、2015年には33％に達した。この増加分は中流家庭が富に占める割合の低下と一致しており、ここにしわ寄せが回ったと考えられる。また下位50％に変化がなかったのは、そもそも富があまりにも少なかったからだった。[7]

企業の株式の大部分は金持ちの個人が所有していたが、企業もまた直接間接に脱税ゲームに手を染めた。実際、グローバル化における最も重要な補助金は「利益移転」だった。企業はほとんどすべて所得税を徴収されるが、グローバル展開をしている企業はどこで税金を納めるかを決めることができる。ある子会社から別の子会社に製品を売ることで、低税率国で利益を申告することもできるし、収益からの利息控除が最も大きい高税率国の子会社で融資を受けることもできる。また「タックスヘイブン」といわれる国では、現地に事務所や工場を開設する見返りに税優遇措置を提供するケースも増えている。経済協力開発機構（OECD）は、2018年に全世界に2万1000件以上の秘密法人税取引を確認している。

ある試算によれば、こうした法人税回避によって、2013年だけでも富裕国を中心に1230億ドルの税収減があったという。「利益移転は、米国企業が節税によって国外事業の税引き後利益を押し上げる有力な方法となっている」と、エコノミストのトーマス・ライトとガブリエル・ザックマンは指摘している。米国以外の国の企業についても事情は同じだ。株主は節税に励む企業の株価上昇や配当によって恩恵を受けるが、納税者は税収不足を補うための増税、政府サービスの低下、政府借り入れへの利払いなどの形で負担を負わされる。法人税回避を使えば国内より国外に投資するほうが収益は高くなるため、企業間の収益格差は拡大し、企業が国内生産より輸入を選んだり、必要もない国際バリューチェーンを構築したりする原因となった。[8]

グローバル化は不平等の元凶か

グローバル化をめぐっては激しい論争が続いており、1992年の米大統領選ではNAFTAに反対するロス・ペロー候補が19%という予想外の票を獲得し、1999年のシアトルでのWTO会議では数万人の抗議デモで大混乱が起き、2002年のジェノバ・サミットでは警察がデモ隊を暴力的に鎮圧する事態に至った。こうしたことを考えると、金融危機後の国際貿易と国際投資の減少は、少なくとも富裕国では歓迎されるはずだったのだが、実際には誰も国際貿易・投資の縮小に注目することはなかった。金融危機はむしろ、グローバル化よりも所得格差や富の不公平な分配へと目を向けさせたのだ。2011年9月にウォール街占拠運動が起き、ニューヨーク証券取引所からわずか数ブロック先に反対派のテントが設置されたとき、批判の的となったのは企業の強欲さや「ビッグファイナンス（大金融界）」であり、輸入や国内工場の人員整理ではなかった。[9]

グローバル化への流れを止めるのは不可能だが、グローバル化によって労働者や一般家庭がこうむる被害は、国際貿易や国際金融が原因なのではなく、各国政府が社会政策や税制によって対処すべきものである。収入が低下した世帯に社会的便益を与え、労働者の教育・訓練により多くを支出した国では、労働者の自助に任された国より所得の分配がより均等になった。高所得層に劇的な所得税減税を実施し、相続税をほとんど廃止した米国では、当然のことながら所得と富の分配がいっそう不均等になった。ロシアも同様で、

1990年代の民営化の波を受けて、有力な人脈を持つ一部の個人が国有資産を引き継ぐことになった。グローバル化は不平等の元凶というより、各国政府がグローバル化された経済の現実に対応できない、あるいは対応しようとしないことの言い訳にされたのだ。

グローバル化された経済の現実とは、各国政府が昔から貿易フローの調整手段にしてきた貿易政策が、かつてのように機能しなくなったということである。国際バリューチェーンの普及は、関税の引き下げ、輸入割当の撤廃、企業が目指す生産の形を妨げる恐れのある政府の調達規制の抑止など、長年にわたる貿易政策によってもたらされた予期せざる、だが当然の結果だった。しかしそのバリューチェーンが発展すると、伝統的な貿易政策の多くは機能しないどころか、逆効果になりはじめた。貿易ルールの策定や実施で実績を積んできた官僚・外交官・政治家たちは混乱した。さらに政府もグローバル化のマイナス効果に対処し、かつ政治的にも受け入れ可能な選択肢を見失っていった。

歴史的に見ると、国家の貿易政策とは、外国からの競争に対して雇用を守るという短期目標と、経済成長を促し国の安全保障を維持するという長期目標の間にバランスを見出すことだった。かつては、ほとんどの国が貿易管理をとおして特定の産業を振興したり、他国に経済活動を奪われるのを防いだりしていた。これはまさに重商主義者が喜びそうな考え方である。一方で経済学者たちは声を揃えて、貿易障壁は国内の消費者に損害を与えていると主張していた。20世紀後半、輸入障壁で国内雇用を「救済」するための政策コスト（非効率性などのコスト）は、保護された労働者が得る賃金をしばしば上回った。結局は物価高という形で、つけは消費者に回された。保護主義の有害な影響は立証が難しかったものの、確かに存在した。保護主義は間違いなく長期的成長を阻むものだった。ゾンビ企業を存続させ、競争力のない産業への投資をうながし、農家や工場に対して技術革新や効率化をうながす外圧をそぐからだ。まして各国が報復的に輸入障壁を導入したりすれば、輸出に頼る地域では輸出が伸び悩んで消費が冷え込むなど、多大な損害を受ける。[10]

それでも、保護主義は得るところより失うものが大きいという主張は、なかなか受け入れられなかった。というのも工場が衰退したり農家が競争にさらされたりしている地域では、労働組合や産業界、地域のリーダーたちが保護主義を後押しするロビー活動を展開するからである。いったん特定の企業や産業を優遇する高関税、輸入割当制度などの政策がとられてしまうと、これを廃止するだけの支持を得るのは容易でない。こうしたジレンマから生まれたのが、近代初の貿易協定として１８６０年に英国とフランスの間で結ばれた輸出関税削減合意だ。米国でも１９３４年に同様の動きがあり、連邦議会が高すぎる米国の関税を引き下げる方策として、複数の互恵貿易協定を承認している。これらの貿易協定は、発言力の強い業界の要望に応えるよう配慮されていた。最初のものは１９３４年の米＝キューバ協定で、キューバに食器と電球の関税引き下げを求めることで米国の輸出業者を満足させ、代わりにキューバ産のタイルや砂糖、キュウリの関税を引き下げるというものだった。米国の正規の関税率は依然として高かったが、1940年までに米国の貿易の60%以上を占める21カ国が、同様の特別協定を結ぶにいたった。[11]

こうした二国間協定の交渉は骨の折れるもので、本来、貿易がもたらすはずの経済的利益を損なう一面もあった。というのも、関税交渉でキューバが要求したからといって、タイルをポルトガルでなくキューバから輸入するとしたら、協定は産業の効率化を促すものとはならないからだ。これが第二次大戦後、二国間交渉が支持されなくなった理由の1つであり、代わりにGATTやEEC内の多国間交渉が台頭した。だが、そうした多国間交渉にも限界があった。2001年に中国が加盟した当時のWTOには140カ国以上が加盟していたが、これらの国々を一つの交渉テーブルに集めるのは難しく、全員が新たな国際貿易協定に合意するのも不可能だった。そもそも交渉担当者が目指すのは、昔も今も自国の輸出を拡大し、政治問題になりそうな製品の輸入を阻止することだからだ。2014年にチリ・コロンビア・メキシコ・ペルーの4カ国が経済関係強化に合意した協定や、EUとアフリカ南部6カ国が結んだ2016年の自由貿易協定などの地域協定が流行したのは、規模の大きな貿易協定の実現が難しかったからだ。

第三のグローバル化は、貿易交渉の背後にあるこうした政治的駆け引きを粉砕してしまった。グローバル・バリューチェーンに組み入れられた輸出業者は輸入業者でもあり、原材料や半完成品を輸入・加工して輸出する。簡単な例を挙げると、鉄鉱石1キロは五度も六度も国境を越えるかもしれない。溶かされて鋼ビレットになり、ワイヤに加工され、鍛造されてボルトになり、ねじ切りと硬化を経て、最後は編機の部品になる。そこでワイヤ工場を有利にするために輸入割当制度が導入されると、鋼ワイヤの価格が上がり、バリューチェーンの川下にあるリンクすべてで価格が上がる。川下でボルトをつくる国が、ワイヤの値上がりを理由に輸入関税を引き上げたりすれば、影響はもっと大きくなる。そして最終的に編機が国際市場での競争力を失うことになれば、最初に保護策で守られたはずのワイヤ工場も、編機の製造にかかわるすべての工場も、損害をこうむることになるのだ。

さらに問題を複雑にしたのは、テクノロジーの革新によってサービスが工業製品の価値に占める割合がどんどん大きくなっていったことだ。インターネットのおかげで、サービスの大半は簡単に国際取引ができるようになった。そのため国内の製造業を保護する貿易政策が、国内のサービス産業に損害を与える可能性も出てくる。例えば米国で販売された日本製ピックアップトラックの価値の一部が、カリフォルニアの技術者やデザイナー、コンピュータ技術者によって生み出されたものだとすれば、このトラックに米国が関税をかけた場合、国内の自動車産業の雇用は守れても、日本車の製造に関わった国内の労働者の雇用は脅かされることになる。実際、関税が輸入価格に対してかけられれば、米国は完成品に含まれる自国労働者の貢献にも課税していることになる。貿易障壁がサービス部門に及ぼす影響はあまり注目されていないが、決して小さくない。ある試算によると、2009年に支払われた関税の30%は、工業製品に組み込まれたサービスの価値に対して課されたものだった。ヨーロッパの靴製造に関するある調査では、ヨーロッパで販売された中国製品の価値の半分以上は、ヨーロッパで提供されたサービスに由来するものだったという。したがって中国製の靴に貿易障壁を設ければ、ヨーロッパの靴デザイナー、技術者、出荷ラインの従業員、本社の重役までが影響を受けることになる。そしてこの人たちの受ける損失は、雇用を守られたヨーロッパの靴工場労働者たちの利益を上回るだろうというのだ。[12]

貿易政策が良いか悪いかという以前に、グローバル化は安定雇用をむしばみ、社会的セーフティーネットを破壊するものだという認識が広がった。こうした考え方はもともと左派から出たもので、グローバル化は豊かな国の多国籍企業を助け、貧しい国の貧しい人々を犠牲にしていると告発してきた。それが金融危機以後は右派が、それも左派以上に巧みにこの主張を展開し、移民・金融・貿易に対する国家の統制強化を要求する根拠にしてきた。そうした極右からの圧力が2016年の英国での国民投票につながり、「主権を取り戻そう」というスローガンのもと、EUを脱退することになった。国民投票直後に行われた世論調査では、英国の成人、特に45歳以上の人々がグローバル化と不平等の拡大や賃金低下を強く結びつけていた。シリアの内戦やアフリカの貧困を逃れてきた難民がヨーロッパに流入すると、2017年にフランス大統領選に立候補したマリーヌ・ルペンが「右派か左派かでなく、愛国者かグローバリストかという、まったく新しい対立軸」を予告した。ルペンは大統領選に敗れたが、英国のテリーザ・メイ首相のような主流派の政治家でさえ彼女の言葉を認めざるを得なかった。2017年1月、世界中のエリートが集うことで知られる世界経済フォーラムがスイスのダボスで開かれた際、メイ首相は「グローバル化推進と聞いただけで人々は恐怖にかられる」と述べたのだ。[13]

第5部

第四の
グローバル化へ

17章 赤字の海

ベイヨン橋は奇跡の建造物だ。1931年11月に開通したこの橋はキル・バン・カル川に架かっている。石油タンクや船の修理工場が立ち並ぶ殺風景なこの川は、ニュージャージー州バイヨンヌとニューヨーク市スタテンアイランド地区の間を流れている。数キロ北にあるジョージ・ワシントン橋のような荘厳さはないが、ベイヨン橋には独特のおおらかさがある。高さ1657フィートの鋼製アーチはかつて数十年にわたり世界最長を誇り、橋の上を走る道路は水面から平均151フィートの高さにあった。1956年のコンテナ革命初期の船団も、ニューアークからヒューストンへ向かう途中でこのアーチをくぐったし、その後も歴代のタンカーやコンテナ船が北米大西洋岸最大の港ニューヨーク・ニュージャージー港への出入りのたびにこの橋を通過した。

2006年のエマ・マースク号の進水後、これまでの船をはるかに上回る大型コンテナ船が次々と建造されると、この優美な橋は邪魔になった。大型トラック8000台分の貨物を積載できる船が発注され、早ければ2010年に就航する見込みだった。2015年にパナマ運河が拡幅されて大型船が通れるようになれば、東アジア＝ニューヨーク間の海上輸送コストは劇的に低下するだろう。そうした大型船が、時代遅れになったベイヨン橋の下を通れず、ニューヨーク・ニュージャージー港のターミナルにほとんど入港できなくなる恐れがあった。港湾の維持管理を担当する米国陸軍工兵隊は、2009年に状況をこう分析している。「高い経済効率で貨物を積載できる船舶によって船会社が得られる規模の経済を、ベイヨン橋が阻んでいる」。結局、ニューヨーク港を避けてボルチモアやノーフォーク港を使うか、太平洋側の港にコンテナを運んで鉄道で東に運ぶかしかないと陸軍工兵隊は指摘している。いずれの場合も、米国最大の都市ニューヨークが港湾関連のビジネス・雇用・税収を失い、国全体でも対外貿易の平均コストが上昇することは間違いないとされた。[1]

新しく橋を架けたり、キル・バン・カル川の下にトンネルを掘ったりするのは恐ろしく金がかかる。だが別の解決策があった。地元の政治家や労働組合幹部の大合唱に押され、ベイヨン橋のかさ上げを要求する声が上がったのだ。2013年、ニューヨーク・ニュージャージー港湾局は、アーチを横切る高速道路の撤去を開始し、代わりに24フィート高い新しい道路が建設された。新しい橋は土木工学の奇跡であり、2017年に桁下の通行が開始され、メガシップがニュージャージーの埠頭にたどり着けるようになった。このプロジェクトはニューヨーク港を利用する荷主、海運会社、そして大型船の寄港を期待するターミナル所有者に恩恵をもたらした。ただし通勤で橋を利用する地元の人々にはとんだ迷惑だった。大型船を通すための17億ドルの改修費のほとんどは海運関係者や荷主でなく、値上がりしたトンネルと橋の通行料を支払わされるドライバーたちが負担したのだ。

これほどの官民問わぬ大型支出がなされた背景には、グローバル化が過去数十年と変わらず発展し続けるとの確信があった。だがそれは大きな誤算だった。国際貿易は拡大するどころか、立ち往生してしまったのだ。グローバル金融危機後に欧米が経済危機に見舞われると、アジアの工場から海を越えて商品を運ぶ必要性はなくなった。航空貨物の需要は低迷し、コンテナ船は半ばからっぽで世界を行き来した。危機が過ぎてもサプライチェーン回復の動きは鈍く、不安定要素も増した。遠く離れた国のストライキや暴風雨、地震が工場の生産を中断させた。2012年には、靴を積んだコンテナを上海からシアトルに送るのに、1990年代より数日多くかかるようになり、商品が期限通り到着する割合も低下した。遅延に対応するため小売業者・卸売業者・製造業者は倉庫の数を増やし、在庫を積み増した。リスクは減ったものの、コストが上がってグローバル・バリューチェーンは本来の存在意義を大きく失った。

海運巨人症

コンテナ時代の幕開けから2009年に至るまで、年間コンテナ輸送量が減少したことは一度もなかった。たとえ世界経済の減速によって伸び率が低下しても、景気が持ち直せばすぐに回復していた。2010年に世界経済が危機を脱すると、事情通の投資家は今度も同じパターンが繰り返されると判断した。マースクラインもコンテナ船需要が年率7％で伸びると予想。来るべき貨物拡大に対応するには船舶数が足りないと考え、ライバルを一気に出し抜くことを決断した。2011年には引き受けコンテナ数が過去最高となる一方、コンテナ当たりの損失が約75ドルに達するなか、マースク社はエマ・マースク号を2割がた上回る一連の大型船の建造に着手した。2013年から納入が開始される予定のこれらの船は、規模の経済、燃費効率の高さ、環境への配慮といった特徴を強調するため、「トリプルイー」と名付けられた。積載量はトラック9000台分に相当する1万8000TEUを超え、コンテナ・マイル当たり温室効果ガス排出量は半減される予定だった。韓国の造船所で30隻のトリプルイーを建造すれば、コンテナ当たり運賃をライバル会社の4分の3に削減できるとマースクは予測した。[2]

マースクが再び積極策に出たことは他社を驚かせた。今回もまた、難しい選択を迫られての決断だった。何もしなければ、大手ライバルよりはるかに運賃が高くなる恐れがある。たとえ資金繰りで無理しても、満載になるかわからない新造船を発注すべきなのだろうか。だが選択の余地はなかった。フランスの船会社CMA CGMがエマ・マースクより大きな船を3隻発注したことで、家族経営で閉鎖的なマースクには大きなプレッシャーがかかり、外部資金を求めざるを得なくなったのだ。2012年には第三位の大手船会社、メディテラニアン・シッピング・カンパニーの創業者が1万8000TEUの船の購入を中止し、より大型の船を発注することを発表した。他社もこれに追随し、エマ号を上回る大型船数十隻の建造が始まった。満載トラック1万1000台分の積載量のある船が本当に必要なのかどうか、誰も考えもしなかった。「過去10年間の世界のコンテナ船建造の動向は、世界貿易の動向や実需と完全に乖離している」と、2015年のOECD国際輸送フォーラムは指摘している。[3]

大手の船会社はほとんどが国営か同族会社で、強大な権限を持つ経営者たちはマースクの後塵を拝するつもりはなかった。無謀な拡張によって運賃は大幅に安くなり、収入だけでは運航コストを賄えず、ましてや船の抵当権をカバーすることもできず、世界の海に赤字を垂れ流すことになった。経済学者のミケーレ・アッチャーロは2015年にこう指摘している。「理屈では考えられないことだが、大手海運会社は市場に展開する既存の輸送力を減らすどころか、競うように輸送力を増強した」。アッチャーロは伝染性のあるこの熱病を「海運巨人症」と命名した。[4]

巨大化は船会社以外にも広がっていった。巨大船は巨大ターミナルへとつながる。船会社の合併が相次ぐなか、コンテナ船の積み降ろしを行うターミナル運営会社も合併を模索し、埠頭の延長や15階建てビルに相当するクレーンの導入、コンピュータ制御の倉庫ヤード建設などの費用を捻出しようとした。岸壁の補強も必要になった。大型船は着岸時に水圧が上がるし、積み降ろしに必要な大型クレーンの重量にも大半の岸壁は耐えられない。大型船が一度に積み降ろす大量のコンテナを処理するには従来の保管施設は狭すぎたし、出入りするトラックの台数が増えれば新たなターミナルゲートも必要だった。[5]

　各国政府は港の水深を深くし、運河を拡張し、高層ブリッジを建設するなど、巨大インフラに投資して新型船が寄港できるようにした。より多くの貨物を受け入れられるよう、高速道路は拡幅され、鉄道では車両基地が増強され、線路が延長された。ダーバンでは、南アフリカ最大の港を管理する国営企業が、２０１８年に大型船向けのバース（係留施設）の深化に5億ドルの投資を決めた。エジプト政府はスエズ運河の拡張深化に80億ドルを投じたが、これは南アジアと北大西洋を結ぶ船舶を、拡張されたパナマ運河に奪われるのを阻止するためだった。ハンブルクでは市営港湾当局が、長年のこう着状態を経て環境保護団体との10年にわたる法廷闘争に勝利し、エルベ川深化工事の認可を勝ち取った。７億ドルのこのプロジェクトは２０１６年２月、全長４００メートルのＣＳＣＬインディアン・オーシャン号がエルベ川で座礁し、６日にわたって立ち往生した事故を受けて決定されたもので、コンテナ船の輸送量を１回の運航当たり１８００ＴＥＵ上乗せさせることを目指していた。またスウェーデン最大の港ヨーテボリに関する２０１５年の調査報告は、「北欧の他の港と競争していくには、海上アクセスを改善しなければならない」と指摘していた。そのためには水路とバースを水深16・5メートルまで深くするべく、4億ドルの国家資金を新たに投入する必要があるというのだ。ジェノバの港湾当局も、巨大船が入港できるよう10億ユーロで防波堤を補強したうえ、さらに数億ユーロを投じて既存の防波堤を撤去することを決断した。マイアミ港では２０１５年、2億５００万ドルをかけて50フィートの水路を掘削する「ディープ・ドレッジ」プロジェクトを完了したが、わずか3年後には大型船の入港が困難との水先案内人の苦情で、さらに深く掘る必要があることを公表している。[6]

それでもまだ、大型船に寄港してもらえるかどうかはわからない。英国では１９８３年にマーガレット・サッチャー首相が国有の英国港湾運輸公社を強引に民営化して以来、貨物の積み降ろしを行うターミナルの経営は営利企業に委ねられることが多くなった。それでも港湾の維持管理や航行の安全確保は引き続き公的機関が担当している。これは昔からの慣わしで、貿易業者が港を経由して商品を移動する際に政府はその取引に課税できるから、航行の安全確保に投資することは価値があった。だが寄港する船がいなければ、せっかくの投資も無駄に終わってしまうのだ。

こうした投資も、アジア各国の政府が着手した超大型貨物輸送プロジェクトに比べればはした金に過ぎない。ドバイ首長国はかつては潮汐クリークに面した静かな交易の村だったが、1973年と1979年の原油価格急騰で一夜にして金持ち国になった。国営の港湾会社は経済の多様化を図るため、ペルシャ湾を浚渫してジュベル・アリ港を建設した。一連の人工島建設によって使い途のない砂州を世界最大級の港に変えたのである。

中国では1997年当時、自治権を持つ香港を除けば世界10大港に数えられるような港はなかった。それが20年後には、国有企業の大規模投資によってトップ10港のうち7つを占めるまでになった。上海では遠浅の悪条件を克服するため、政府が上海沖の複数の小島を世界最大のコンテナターミナルに改造し、パイプラインを併設した全長32キロの橋によって港と本土を結んだ。多くのターミナル運営会社が180億ドルの費用を分担したが、最も多く出資したのは各種政府機関だった。これは中国が世界最大の工業国へと変貌を遂げるなかで、輸出促進が国家戦略の一環となっていたためである。2013年に採択された中国の「一帯一路」構想では、数千億ドルを陸上・海上輸送プロジェクトに投入した。これは国内産業に不可欠な原材料輸入と完成品輸出の新たなルートを確保し、中国の戦略的地位を確立することを目的としていた。大々的に宣伝された一帯一路プロジェクトの一つは、中英間1万2000キロを鉄道で貨物輸送するというもので、多額のインフラ投資に加え、運行にも各省から多額の補助金が出された。それというのも、40フィート・コンテナ1個を運んで得られる運賃は3000ドルだったのに対し、列車の運行コストはその

3倍もかかったからである。[7]

こうしたインフラ投資では、恩恵を受ける船会社・輸入業者・輸出業者に投資の負担が求められることはほとんどなかった。船は通常、入港時に入港料を請求され、国によっては入荷貨物にも課税される。だが第三のグローバル化の時代には、港湾浚渫、橋梁のかさ上げ、人工島の建設、高速クレーンの設置といった費用を賄うために入港料や税金が改訂されることはほとんどなかった。さらに船会社に長期契約が求められることもなかった。政府機関が港の改修資金調達のために債券を発行し、その支払いに30年もかかるというのに、改修を要求した船会社が別の港に乗り換えてしまい、多額の公共投資が無駄になることもあった。港湾の深化や埠頭の延長が次々と必要になり、世界中の港が実需を大幅に上回る受け入れ能力を獲得した結果、地元自治体の財政が圧迫される一方、船会社の交渉力は強まり、もっと良い施設、もっと低い使用料、またはその両方を要求するようになった。

＊＊＊

拡大路線を突き進む船会社は、コンテナ輸送の黎明期と同様、造船所の存続に必死の各国政府から補助金を得ることができた。韓国政府は造船業を重要産業と見なしていたが、これは造船が鉄鋼需要の5分の1以上を占めていたからだ。韓国の大型造船所は中国の造船所より先進的で、エマ・マースク号の就航で始まった大型コンテナ船ブームで活況に沸いていた。２００８年末に国際貿易が大きく落ち込み、造船の新規受注が途絶えると、韓国政府は手厚い保護策を発動した。２００８年から２０１３年にかけて、韓国の国営金融機関は造船業者に４５０億ドルの融資や融資保証を行った。そして借り手の一部が返済不能に陥ると、債務を大手造船所２社の過半数株に転換した。この救済措置で韓国は世界の造船市場の３分の１、コンテナ船市場の半分以上のシェアを何とか維持することができたが、相変わらず採算は度外視だった。２０１５年に再び造船業にメルトダウンが起きると、国有の韓国開発銀行はまたも大宇造船の債務を株式に転換し、政府が経営不振にあえぐ同社の79％を保有する株主となった。

２０１６年８月にコンテナ輸送の供給過剰で韓国の韓進海運が倒産すると、さらなる国の支援が造船業者とその顧客に注ぎ込まれた。２カ月後には、韓国で唯一生き残っているコンテナ船運営会社の現代商船を救うため、韓国政府は現代のコンテナ船の一部を時価で買い取り、格安料金で同社にリースした。救済措置がそれでも不十分とわかると、２０１８年にも28億ドルを現代商船に貸し出し、使うあてもないコンテナ船20隻を発注させた。これらの船はもちろん韓国の造船所で建造され、すでに供給過剰に陥っていた世界のコンテナ船業界に、補助金が生み出したさらなる輸送力が加えられることになった。[8]

これは韓国に限った話ではない。２０１６年11月、台湾政府はメガシップの建造コストが重くのしかかっていたコンテナ船会社、エバーグリーン・マリンと陽明海運に19億ドルの低コスト融資を供与した。台湾政府の閣僚はウォール・ストリート・ジャーナル紙に、「海運はわが国の経済発展の鍵である」と語っている。メガシップの建造は1隻あたり2億ドル近くするので、補助金をもらえない中小の船会社は競争に加わることさえできなかった。2014年12月にはチリのコンテナ船会社CSAVがドイツのハパックロイドと合併。2015年には中国政府が大手国有コンテナ船会社2社に合併を命じた。日本の船会社3社は2016年、新船建造の資金繰りのため、それぞれのコンテナ事業を統合して合弁会社を設立した。3社のうち最大手の日本郵船の社長は、「3社がみなゼロにならないよう、一つになる」と説明。しかし合弁でも赤字が止まらないため、2018年に3社の事業を統合した新会社を発足させた。ハパックロイドとユナイテッドアラブシッピングも合併、マースクはドイツのハンブルクシュドを買収した。2016年8月には世界7位の大手コンテナ船会社、韓進海運が破綻。2018年にはシンガポール政府が所有するオリエントオーバーシーズが中国に売却された。[9]

今やマースクは世界の生産能力の18％を占める業界の覇者となり、他社に圧倒的な差をつける戦略目標をほぼ達成していた。コンテナ船会社をグループ化した四つのアライアンスが世界市場を支配し、全大陸の需要をまかない、国際的大企業の業務を独占した。中小船会社が生き残るには、大手にすり寄るほかなかった。激しい競争からわずか数年で、業界は寡占へと移行していった。[10]

マースクはメガシップ建造を、グローバル化を究極まで推し進める手段として構想していた。効率性の高いメガシップは最小限のコストで大量のコンテナを運べるから、それでなくても低廉化していた貨物運賃は極端に低くなるはずだった。長距離バリューチェーンの運賃はさらに安く、顧客に受け入れやすいものとなり、マースク所有船に対する需要はさらに高まるはずだった。温室効果ガスの排出量も削減し、グローバルな取引は拡大。コンテナ当たり収益は減ったとしても、それ以上にコストを削減できるだろうから、業界再編でマースクを筆頭とする寡占が進めば十分な利益が得られるはずだった。

マースクラインは、自社航路の交通量と顧客の需要を慎重に吟味したうえで、楽観的な予測のもとに１万８０００ＴＥＵの新型船が自社のニーズに最適と判断した。すでに就航している１万５０００ＴＥＵのエマ・マースク系の大型船は、より交通量の少ない航路にシフト（業界用語で言うところの「カスケード」）させ、そちらの輸送能力も強化するつもりだった。こうして業績拡大に対応できる体制は整ったが、グローバルな物流システム全体の効率性は計算に入れていなかった。姉妹会社ＡＰＭターミナルも含め、ターミナル運営会社にもいっさい相談しなかった。港湾運営会社やターミナル運営会社が大型船に対応するための出費をためらうなら、別の会社を探せばいいと思っていたのだ。巨大船の出現で港でのコンテナの搬出入がどう変わるかも心配していなかった。鉄道、トラック、バージ船が搬出入を担うだろう、くらいに考えていた。マースクに追随して巨大船を発注した競合他社の考えも似たりよったりだった。2万3000TEUにもなろうという彼らの巨大船は、マースクの船よりさらに大きかった。こと海上輸送に関しては「大きければ大きいほどいい」のだと、誰もが疑わなかった。運賃が安くなれば、必ず顧客はついてくるはずだった。[11]

メガシップ戦略がもたらしたもの

こうした船会社の胸算用は、新型船がほぼ満載で運航されることを前提にしていた。だがコンテナ輸送量の年成長率は6〜7%どころか3〜4%にとどまり、さらにそれを下回る年もあった。貨物の減少で新しい巨大船は半ば空で運航され、予想された輸送効率の向上も、環境面での改善も実現できなかった。

確かにコンテナ当たり運賃は下がったが、そのしわ寄せで運航遅延や信頼性の低下などが生じた。船会社はその対策として停泊延長や便数削減などで過剰輸送力を減らしたから、コンテナが船に積み込まれず、ヤードに待機することも増えた。荷揚げ・荷下ろしにも時間がかかるようになったが、それはコンテナの量が増えたせいだけではない。トリプルイー型の船や後続の大型船は、エマ・マースク世代の船と全長はあまり変わらないが幅は3メートルも広い。船の側面に並べるクレーンの数は変わらなくても、クレーンの首を長く伸ばさなければならず、コンテナ当たりの平均移動時間が数秒増えてしまうのだ。コンテナ当たりの処理時間が増え、しかも数が多いとなると、1回の寄港に何時間、あるいは何日も余計にかかることになる。遅延が頻発し、2018年には中国を出港する船の30%で遅れが生じた。

かつては出航が遅れても航路上で取り返すことができた。だが今はそれもできない。大型船は燃料を節約するため、旧型船よりゆっくり航行する設計だったからだ。航行速度は24ないし25ノットでなく19ないし20ノットだから、アジア＝ヨーロッパ間などの長距離になると数日余計にかかることになる。以前の船ならスピードを上げて遅れを取り戻すこともできたが、メガシップはそれができない。上海の出港が遅れれば、マレーシア、スリランカ、スペインへの到着も遅れる可能性がある。過密スケジュールでバリューチェーン内の貨物移動を処理することは、以前よりも難しくなった。

陸側の荷役にも変化が起きた。メガシップの導入で搬出入のラッシュ時とそうでない時間帯の違いが鮮明になった。運航数が減って1回の搬出入量が増えた結果、設備やインフラが使われずに遊んでいるか、処理しきれないほどフル回転しているか、どちらかに偏った。輸出入品を詰め込んだコンテナの山が倉庫を埋め尽くし、その山が大きくなればなるほど、スタッカークレーンでコンテナを探し出して持ち上げ、運搬車に積み込むまでに時間がかかるようになった。そこから荷物は埠頭に運ばれて船に積み込まれるか、鉄道ヤードやトラックターミナルから顧客の元へと発送されていくのだが、鉄道輸送では列車の長さや走行本数に限りがあるから、船舶が大型化したからといって輸送量を増やすことはできない。だから船で届いた貨物を内陸まで1日で運べていたのが、2日も3日もかかるようになった。さらに外洋航海を牛耳る船会社の四つのアライアンスは、同じ港でそれぞれ別のターミナルを使うことが多く、あるターミナルに着いた荷物をトラックで別のターミナルに運び、そこから別の船にのせるなどの余計な手間がかかることも多かった。

公平に評価しても、メガシップは輸送の信頼性を低下させ、本来奉仕するはずのグローバル・バリューチェーンにもマイナスに働いたと言っていい。造船競争のきっかけをつくったマースクにとってもメガシップは悩みの種となった。財務上の負担はこの大企業に重くのしかかった。2014年には傘下のデンマーク最大手小売チェーンの株式の49％を、その1年後にはデンマーク最大の銀行の株式の5分の1を手放した。2016年、オーナー一族がCEOを解雇し、収益の4分の1を占めるエネルギー事業から撤退することが発表された。なりふりかまわぬ経営立て直しにもかかわらず、またメガシップの投入で規模の経済が実現するはずだったにもかかわらず、2018年6月の同社の株価は、エマ・マースクが発注された2003年12月当時の水準を回復できなかった。確かに市場シェアは拡大したが、コンテナ船事業の収益は蹴落とすはずだったライバルたちと大差なかった。

「最大手になっても収益率が上がらなければ意味がない」とCEOは嘆いた。一言で言えば、メガシップは関係者全員にとって大失敗だったのだ。

同じことは造船所にも言えた。２０１９年2月、大宇造船の株式過半数を保有する国有の韓国開発銀行は、国内の造船最大手である大宇と現代重工業の合併に合意した。計画が発表されると複数の国の競争当局が警戒感をあらわにした。数カ月後、中国政府が中国船舶工業集団と中国船舶重工集団という国有2社の合併を指示。両国における合併の目的は、自国の2社だけが生き残り、世界の造船市場のシェアの56％を握ることだった。低迷を続ける造船業の収益がこれをきっかけに盛り返せるか、確かなことを言えるものは誰一人いなかった。

18章 フードマイル

２０１９年5月31日、船齢16年のコンテナ船ババリア号（リベリア船籍。旧名ＡＰＬパナマ）がフィリピンのスービック湾を出港した。運航会社はデンマークのマースクラインの委託を受けたシンガポール企業、69個のコンテナの中身はカナダの家庭ごみや電子廃棄物、行き先は台湾だった。もともとはある民間企業が表向きはリサイクルのため、だが実際は安価に廃棄するためフィリピンに持ち込んだものだったが、フィリピン政府はこれらのコンテナを押収して5年以上保管したあげく、元来た場所に送り返すことにした。この送還廃棄物は台湾で別の船に積み変えられたあと、6月29日にバンクーバーに到着し、焼却場に送られて発電に利用された。

ペットボトルや危険な医療廃棄物などのゴミの大量輸出は、コンテナ以前の時代には考えられなかった。それまでは古新聞を８０００キロも輸送すれば採算が取れなかった。

２０１０年代にゴミ貿易がさかんになったのは、距離や国境が以前より重要でなくなったことの証でもあった。輸入品の牛肉・大豆・パーム油への需要増加は森林や湿地帯を消滅させ、動植物の絶滅を引き起こした。貿易自由化により、製造業者は環境規制の厳しい国から有害物質の投棄や水質汚染への規制がゆるい国へとシフトしていった。例えばインドネシア産の石炭はパキスタンの発電所で燃やされ、粒子状物質がアジア全体にばらまかれた。長距離貿易の爆発的な拡大はほとんどすべての国の輸送量を増やし、その結果、化石燃料の使用が増えて温室効果ガスの濃度がどんどん上昇し、地球規模の気候変動をもたらした。

とはいえ環境悪化をグローバル化のせいにすることには少し抵抗がある。貿易や対外投資・対外融資が増えることで、何十億もの人々の所得が増えた。グローバル化は多くの人を置き去りにし、安全や仕事を求めて多くの人が移住を余儀なくされたが、同じくらい多くの人が貧困から救い出された。世界中で、それまで沼地や水田だった場所にタワーマンションや大型ショッピングモールが出現し、そのためにコンクリート・ガラス・鉄骨・銅管などを生産・輸送する必要が生じた。１９８０年代後半、家で電気が使える人の数はおよそ35億だったが、２０１７年には65億に達した。短期間に大量の発電所が建設されたおかげだが、そのために化石燃料の中でも最大の汚染源である石炭が輸入された。中産階級の数が急増し、テレビや飛行機の旅が手軽になる一方、多くの国でぜいたく品だった牛肉の消費が1990年から2017年にかけて1・5倍に増えた。こうした成果を軽々しく否定することはできない。[1]

しかし多くの人々がかつてない物質的豊かさを享受するようになった裏で、環境への負荷が増大したことも間違いない。OECDの印象的な報告にあったように、「グローバル化とチェーンソーはしばしば仲間同士」だったのも事実であり、未発達の経済が急激に発展した国では林立する工場や廃棄物処理場、大規模プランテーションなどを監視するための科学的知識も行政機構も存在しなかった。中国では工業の拡大が優先され、工場が汚染水を下水や河川に投棄してもほとんど規制がかからず、多くの河川の水が飲用に適さなくなった。PM（微粒子状物質）への曝露評価から見た大気汚染は危険なレベルにまで悪化し、それを受けてPM排出削減の緊急対策が取られたことで今度は大気の化学組成が変化し、中国の大都市圏でオゾン濃度が上昇した。ある調査によると、2006年に中国が排出した二酸化硫黄の3分の1以上、窒素酸化物の4分の1、一酸化炭素の5分の1が輸出品の製造によるものだったという。中国の温室効果ガス排出量は1978年から2000年代初頭にかけて3倍以上に増えたが、これは石炭火力発電所の建設や工場からの煤煙が原因だった。中国の工場から排出されたPM物質は韓国と日本の大気を汚染し、さらに太平洋を横断して広がり、米国西部の硫酸鉛濃度の4分の1が中国における輸出品の製造によるものとされている。[2]

環境関連の法整備が遅れ、取り締まりもゆるいなかでは、政府高官にコネのある国有企業ほど環境への配慮が欠けることになる。企業活動がもたらす経済的代償がまったく自覚されず、こうした代償を踏まえて生産・輸送に関する意思決定がなされることもなかった。批判の高まりを受けて環境負荷を認識するよう企業への圧力が高まったことが、やがてはグローバル化の再構築へとつながることになった。

環境問題の深刻化

世界の一体化が進めば環境破壊の危険も増えることは、経済の「グローバル化」が始まるずっと前からわかっていた。１９４７年、国連の発足から2年後に設立された国連教育科学文化機関（ＵＮＥＳＣＯ）は、環境保護と天然資源に関する国際会議の開催を決定した。１年後、第一回会合が民間・政府から派遣された33カ国の代表を集めてパリ南郊のフォンテンブローで開かれ、国際自然保護連合が発足した。当時は環境省を持つ国はなく、カリフォルニア州がロサンゼルスで最初の近代的大気汚染防止プログラムを策定したばかりだった。ロンドンの「殺人スモッグ」で４０００人が死亡したとされ、議会が大気汚染防止法を可決するのは4年後のこと。米国議会が大気汚染防止法という環境法を可決するのは、7年後の１９５５年のことだった。フォンテンブローの会議では、汚染対策についての議論はまったくなされなかった。むしろ懸念されたのは、貿易と経済の発展が動植物、特にアフリカにあるヨーロッパ植民地の動植物の生息を脅かすことであり、自然保護区の設置と大型動物の保護が主たる関心事だった。[3]

1950年代から1960年代にかけて出された一連の出版物によって環境問題は一挙に脚光を浴びた。殺虫剤DDTが魚・鳥・人間に及ぼす影響を論じたレイチェル・カーソンの『沈黙の春』、スタンフォード大学の生物学者ポール・エーリックが人口増による飢餓を警告し、1968年にベストセラーとなった『人口爆弾』、過剰消費が「人口と産業能力の急激かつ制御不能の減少」をもたらすと予測した1972年の衝撃作『成長の限界』などである。大気汚染や水質汚染、有害化学物質の健康リスクが科学的に実証されるようになり、富裕国ではクリーンな環境への要求が高まり、所得や生活水準の上昇もあって環境への関心はますます高まった。1970年から1972年にかけて、カナダ・米国・日本、そして西欧の多くの国で、公害問題に本格的に取り組む環境庁が設置された。だが環境問題の緊急性は発展途上国には共有されなかった。豊かな国で過剰消費が問題になっても、貧しい国にとっては富裕国並みの生活水準を望むなと言われているに等しかった。[4]

新たな環境規制は当初、もっともあからさまな汚染源、すなわち工場や発電所など、未処理排水を河川に流したり、有害ガスを大気中に放出したりする事業者を対象としていた。汚染を引き起こした当事者に社会への損害を全額保証させることを原則としており、きわめてわかりやすい規制だった。だが自由貿易が進展すると、国ごとの環境規制の格差が経済的に大きな意味を持つようになる。例えば規制のない国でつくられた鋳造品を輸入するほうが安上がりなのに、わざわざ煤煙を排出する鋳造所にお金をかけて排出抑制装置を導入する必要があるだろうか。貧困と失業がはびこり、公害の規制など二の次になっている国に生産を移転すればすむことなのに、雇用や収益を犠牲にしてまで、ノウハウのある旧来の製造法を放棄する必要があるだろうか。

１９７４年、米国の２人の科学者が、スプレー缶やエアコンに広く使用されている化学物質のフロンガスが、紫外線から地球を守る成層圏のオゾン層を破壊していることを発見した。これをきっかけに紫外線が皮膚がんを引き起こしたり、動植物に突然変異を起こしたりする可能性がメディアで大きく取り上げられた。ニューズウィーク誌によれば、最も高レベルの放射線にさらされるとされたチリの技術者は、「まるで大気のＡＩＤＳだ」と不安を口にした。一部の国は直ちにフロンの使用を禁止したが、国レベルで解決できる問題ではなかった。ただちに国際協議が始まった。１９８７年に採択されたモントリオール議定書では、１００種以上の化学物質の生産と使用を段階的に廃止するだけでなく、署名を拒否した国からこれらの物質を輸入することも禁じられた。ＧＡＴＴが掲げた自由貿易の推進が環境問題によって待ったをかけられたのも、途上国が同調を求められたのもこれが初めてのことだった。冷蔵庫やエアコンのメーカーは冷気を保持する新技術の開発を迫られ、規制のゆるい国から厳しい国へ輸出することで、新たなルールを回避することも許されなかった[5]。

酸性雨もまた、別の形で国際的な問題を引き起こした。1970年代後半、研究者たちの報告が相次ぎ、発電所や精錬所で石炭を燃やすことで発生した二酸化硫黄が偏西風に乗って北東に運ばれ、雨に溶け込んで地上に降り、カナダや米国北東部でカエデやカバノキの森が枯れ、無数の湖で魚が死滅していることが明らかになった。二酸化硫黄は両国とも排出していたが、カナダのほうがはるかに被害が大きく、問題ははるかに深刻だった。1981年3月、大統領就任後初の外国訪問でオタワを訪れたロナルド・レーガンは、「酸性雨を止めろ」というプラカードを掲げたデモ隊に迎えられた。解決には複雑な政治情勢がからんでいた。カナダの大気汚染を防ぐために発電所にスクラバー（排ガス洗浄装置）を導入すれば、オハイオ州やインディアナ州の電力料金が大幅に高くなる。絶大な力を持つ米国の石炭産業も、決して責任を認めようとはしなかった。カナダが国内に排出規制をもうけ、米国が発電所の硫黄排出防止計画を策定し、両国が二国間の大気協定に合意するまでに10年、酸性濃度を下げて不毛の湖に魚が戻るまでにさらに長い時間がかかった。

国際貿易が拡大するなか、環境問題と貿易政策の矛盾はますます深まっていた。デンマークは1990年、ビール瓶をリサイクルするだけでなく、大部分を詰め替え式に切り替える措置をとった。空き瓶を集めて遠くの工場に送らなければならないから、外国メーカーにとっては輸出を禁止されたも同然だった。１９９１年にはドイツで、小売業者が商品の包装を顧客から回収し、メーカーに戻してリサイクルすることが義務づけられた。環境保護のためには重要なことだが、ドイツ国内の販売規模が小さい輸入業者は、国内市場を専門とする業者に比べて負担ははるかに大きい。最も反発が激しかったのは、米国が太平洋でのイルカ被害を減らすため、メキシコ・ベネズエラ・バヌアツ・パナマ・エクアドルなど、防止策を講じていない国からのマグロ輸入を禁止したことだった。１９９１年初め、折しもＮＡＦＴＡの創設が協議されるなか、メキシコはＧＡＴＴに提訴し、マグロ輸入を禁止する「海洋哺乳動物保護法」を貿易を不当に妨害するものとし、その判断を求めた。メキシコの提訴ははからずも、貿易交渉に環境保護という扱いの難しいテーマを持ち込むことになった。[6]

　当時、対外債務にあえいでいたメキシコはＧＡＴＴに加盟してわずか4年。長引く債務危機からの脱却を目指し、外国からの投資に少しずつ門戸を開こうとしていたところだった。ジーンズの縫製や自動車用ワイヤーハーネスの組立てなどの労働集約型の産業から、より高度な製造業へと経済を移行させるため、ＮＡＦＴＡの締結を望んでいた。米国とカナダの企業はメキシコを有望な輸出先と見ており、輸入に関してもアジアより距離が近いことを評価していた。米政府もＮＡＦＴＡの締結で隣国メキシコが安定することを期待していた。NAFTAが1992年後半に署名されると、労働組合や農業関係者だけでなく、メキシコ国境の大気汚染や化学物質投棄に反対する環境団体からも激しい反発が起きた。批判を抑えるため3カ国はNAFTAに環境委員会を設置することで合意したが、国際貿易協定に環境保護への取り組みが盛り込まれたのは、これが初めてのことだった。

皮肉なことに、NAFTAはメキシコの環境にも恩恵をもたらした。メキシコでももっとも深刻な環境問題（下水処理施設の不足、未舗装道路での塵埃《じんあい》の影響など）は、NAFTA加盟の何十年も前からの懸案だった。そこへNAFTA環境委員会からの補助で道路の舗装や下水処理施設の建設が進んだことに加え、メキシコへの投資を検討する外国企業からの改善要求も後押しとなった。NAFTAのもとで輸入品が流入し、国内にも新しい工場が増えたことで、煤煙を撒き散らす旧式の工場やセメント工場は淘汰されていった。さらにカナダや米国で製造された最新型の自動車が、排気ガスを撒き散らす旧式のメキシコ車に取って代わった。何より重要なこととして、一部の地域で環境保護団体が政治的影響力を持ちはじめ、森林伐採の禁止、自然保護区の設置、環境法の整備などを要求するようになった。[7]

「フードマイル」の導入

気候変動がグローバル化に突きつけた課題は、従来の環境汚染などとはまったく異なるものだった。ヨーロッパのリサイクル制度やＮＡＦＴＡの交渉で提起された環境問題とは異なり、化石燃料による大気中の温室効果ガス濃度の上昇は、正真正銘の地球規模の問題だった。ほとんどの国で、国際貿易は温室効果ガス排出の主たる原因ではなかった。ある試算によれば、２０００年代初頭の輸出入品の生産・輸送による排出量は、生産活動全体の排出量の４分の１以下であり、総排出量に占める割合はさらに低かった。米国の経済学者ジョセフ・シャピロの計算によると、国際貿易は世界の温室効果ガス排出を約５％増加させ、世界の二酸化炭素排出量を年間１・７ギガトン増加させたという[8]。

１９９７年には、ヨーロッパを中心とする37カ国が京都議定書に署名し、温室効果ガスの排出削減に合意した。21世紀初頭の段階では、これらの国々の多くが削減目標を守っているように見えるが、排出が下降線をたどっているというのは幻想である。暖房システムの燃料効率が上がり、風力や太陽光発電が石炭のシェアを奪うなど、明らかな改善も見られる一方、多くの国がグローバル・バリューチェーンを隠れ蓑にし、排出削減に取り組んでいない国からの輸入を増やすことで、自国の二酸化炭素・メタンなどのガス排出を抑えているのも事実である。さらに関税率を個々の商品の生産時の排出量で調整すると、多くの国で環境基準を満たしたクリーンな商品より守っていない商品（汎用金属素材など）のほうが関税が低くなり、排出量の多い産業の国外移転を促す要因となっている。自国の製錬所や製鉄所を閉鎖して貧困国からの輸入を増やせば富裕国の排出量は改善するかもしれないが、大気中に放出される温室効果ガス全体の量は減っていない。輸出による総排出量は1990年から2008年にかけて年率4・3%で増加したが、これは世界の人口増の3倍のペースだった。富裕国は、貿易によって目ざわりな自分たちの排出量に蓋をしているだけなのだ。[9]

経済学者はほぼ全員一致で、温室効果ガスの排出を抑制するには排出税を導入すべきと考えている。経済理論に基づけば、排出に課税することで工場や発電所には排出量を減らす経済的理由ができる。個々の運転手や農業者に排出税を課すのは政治的に危険だが、EUや米国・カナダの一部の州では、発電所や工場に二酸化炭素排出にトン当たりの料金支払いを義務付けている。とはいえグローバル経済のもとで排出に税金を課すことは、それほど簡単ではない。税金が高いために発電所が燃料効率のよい設備を導入し、それが料金に跳ね返れば、利用者は排出に税金がかからない国から電力を輸入するほうを選ぶかもしれない。セメントはもともと価格が安くて長距離輸送のコストに見合わないから、セメント工場の排出に税金を課しても貿易にほとんど影響はないが、電気の場合、アルミニウム製造などではコストの大きな部分を占めるから、排出税で電気料金が高くなれば、輸入品のアルミ地金が有利になるだけかもしれない。[10]

工業品貿易は、グローバル化による温室効果ガス排出の一例に過ぎない。農業では2010年代の年間生産のうちカロリーベースで5分の1以上が国際取引され、特に大豆・トウモロコシ・綿実などの作物から抽出される食用油がその大半を占めた。農産品輸出が最も多かったのはEU域内だが、チリも大量のサクランボ（2018〜19年に16万6304トン）とプラム（7万6784トン）を中国に輸出しているし、メキシコのアボカドもカナダと日本で需要が急増した。アラスカの水産品流通業者は鮮度の高いダンジネスクラブを中国に空輸し、そこで加工されたカニ肉が米国向けに出荷された。またナミビア沖でとれた魚はボーイング747に積み込まれ、スペインのサラゴサまでノンストップで輸送され、そこで加工業者のカラデロが切り身にしてスペイン国内のスーパーで販売している。[11]

アブラヤシ農園や牧場をつくるために大規模な森林伐採を行えば大量の温室効果ガス発生につながるし、そこでの生産物を長距離輸送すればさらに排出量が増える。気候変動への懸念が、大企業や長距離貨物輸送が国内自給率を低下させているという、何十年も前からの主張と一体化したのだ。英国のNPO団体、SAFEアライアンスは1994年の報告書で「フードマイル」という概念を導入し、消費者に輸入食料品の真のコストを測定する方法を提案した。食品の長距離輸送はエネルギーと食品の両方を無駄づかいし、大手スーパーを潤す一方で汚染を拡大させる。地元産品を購入して食品の移動マイル数を最小限に抑えるほうが、輸入品を購入するより環境に良いというのがSAFEの主張だった。[12]「フードマイル」は、台頭する反グローバル化運動の核心をつくものだった。輸入食品が安いのは、消費者が温室効果ガス排出を含めた環境コストを負担していないからだという主張は確かに正しい。だがその裏に地元産品を購入するほうが環境に良いという考えがあるとしたら、それは必ずしも当たっていない。例えば英国の農家は家畜用に工場生産の濃縮飼料を購入することが多く、牧草だけで育てることはない。したがって英国で生産されたラム肉は、ニュージーランドから輸入されたラム肉に比べ、トン当たり温室効果ガス排出量は4倍になる。またニュージーランドからの輸入粉ミルクも、英国製品に比べ排出量は半分以下だった。英政府の調査によれば、米国産の有機小麦を船で輸入するほうが、同じ小麦を英国内で栽培するより大気汚染がずっと少なく、温室効果ガス排出量も少なくなることが報告されている。この調査によれば、フードマイルを減らすことが必ずしも温室効果ガスの排出量を減らすことにはならない。なぜなら小規模な地元生産者は大手の生産者よりエネルギー効率が悪く、流通システムのエネルギー効率も劣る傾向があるからだ。環境に関するかぎり、グローバルな購買行動のほうがまさっていることもあるのだ。[13]

投資家や消費者の監視

ワイン愛好家なら誰でも知っているように、高価なフランスワインには「Mis en bouteille au château（シャトー元詰め）」というラベルが貼られている。これは地元産のブドウのみを使い、そのシャトーで醸造・ボトル詰めされたことを示すもので、最高純度の最高級品であることを保証している。愛好家はラベルなんて大した意味はないと言うかもしれないが、これだけは認めざるを得ないだろう。つまりシャトー元詰めのワインを輸送する場合、消費地近くでボトル詰めする場合より40％ほど温室効果ガス排出量が増えるということだ。[14]

商品輸送に由来する排出量を減らすことが２０１０年代の重要課題となった。２００７年には運輸全体で排出量の約10分の1を占め、温室効果ガス以外の大気汚染でも大きな割合を占めた。トラックのエンジンが主な排出源だが、国際海上輸送も世界の排出量の約３％、国際航空貨物も２％を占めた。貨物輸送による温室効果ガス排出は発電や製造よりはるかに少ないが、重要な相違点があった。発電所や工場は動かないから偽装が難しく、当該政府の法制度に従わざるを得ないが、船舶や航空機はある国の国民が所有し、別の国で登録され、所有者や登録地に関係ない国同士を結ぶルートを運航することも少なくなく、その規制が容易でないのだ。２０１２年、欧州連合（ＥＵ）では域内を離発着する全便に対し、航空会社が温室効果ガス排出許可証を購入するよう定めたが、各国はこの規定が国際協定に違反すると強く抗議した。この結果、規定はＥＵ域内を運行する便のみに適用されることになった。

第三のグローバル化では航空貨物輸送が大きく成長した。そのことをもっともよく示す指標は輸送トンキロ数だが、運賃が大幅に安くなったことが主な理由となって、２０１７

年は1987年の5倍に増えている。一般物価上昇率調整後の航空貨物の平均運賃は、1990年代後半から2000年代前半にかけて年率2%以上低下した。2017年の世界貿易に占める航空貨物輸送の割合は、重量ベースではごく小さいが、金額ベースで見ると、上海向けの米国製半導体からアムステルダム向けのケニア産バラに至るまで、輸出入品の3分の1以上が航空機によって運ばれたことになる。新型のジェット機は古い機種よりトンキロ当たりの燃料消費量が少ないとはいえ、燃費効率向上のペースは時とともに低下している。また座席を外して貨物輸送に転用するなどして、燃料をがぶ飲みする旧型機が何十年も使われ続けている。航空業界の急成長ゆえに、温室効果ガスやその他の汚染物質の排出量削減がきわめて難しくなっているのだ。[15]

海運業界も同様の難題に直面していた。ほとんどの外航船は、原油からガソリン・ジェット燃料などの高級油を抽出した後の粘度の高い低級油を燃料としている。外航船では燃料はエンジン内の燃料タンク（バンカー）に貯蔵されるため、「バンカー燃料」と呼ばれることが多い。バンカー燃料は有害な汚染物質だが、価格が安いのが長所である。外航船は特定国の汚染防止法が適用されない公海上にいることが多く、船主には汚染性の低い高価な燃料を使うインセンティブがなかった。それでも船舶の運行コストで最も大きな割合を占める燃料費を節約できれば、船会社にとっても顧客にとっても有利である。2007年頃に船会社が燃料節約のため低速運行に転換した際も、荷主からの反対はなかった。それと並行して、貨物が満載であれば旧型船よりトンマイル当たり燃料消費量が少ない新型船舶の導入も進んだ。荷主、特に消費者と直接取引をする荷主の場合は、サプライチェーンを環境に優しいものにすることを求められており、小麦輸送のコンテナ当たり／トン当たり温室効果ガス平均排出量は減少しているとの荷主側の主張も事実である。しかし国際貨物の総量が増え続けているため、外航船の総排出量が減少しているかどうかは簡単に判断できない。[16]

世界の海運業界は、国連の一部門である国際海事機関（ＩＭＯ）の緩やかな監視を受けている。ＩＭＯはコンセンサスに基づいて運営されるため動きが鈍いとはいえ、個々の国の環境関連法が国際海運に影響を与える場合、何らかの行動をとらざるを得ない。２００５年に施行されたＩＭＯの新しい規則では、酸性雨の原因となる二酸化硫黄の排出を抑制するため、船舶の窒素酸化物排出量を制限し、燃料中の硫黄含有量に許容限度が示された。６年後、ＩＭＯは新造船の設計をエネルギー効率の高いものにするよう義務づけ、２０１８年には２０５０年までに温室効果ガス排出量を２００８年の半分に削減する方針を表明した。こうした対応策は短期的には影響は出ていないが、いずれは輸送コストの引き上げにつながることは確実だった。ＩＭＯは２０２０年以降、推定11万隻の船舶に低硫黄燃料の使用を義務づけたが、そのためには精油所の設備変更が必要であり、貨物運賃は年間６００億ドル上昇すると見込まれている。[17]

2020年代に入る頃には、環境問題がグローバル化に影を落としはじめた。各国の環境政策は足並みがそろっていなかったものの、環境規制の強化へ向かう点では一致していた。高所得国は石炭火力発電所の段階的廃止、バッテリー駆動車への補助金支給、焼却炉や埋め立て処分場に送られる廃棄物の削減に取り組んだ。最近まで環境問題から目を背けていた開発途上国でも、新たに台頭した高所得層は大気汚染や水質汚染を経済成長の不可避の代償とは認めない。中国・インドネシア・マレーシア・タイ・ベトナムは富裕国からの廃棄物輸入を禁止した。ケニアやタンザニアのような貧しい国でも、水路を詰まらせたり樹上に引っかかったりするプラスチック袋の使用を禁止した。燃料や温室効果ガス排出に対する課税が強化されたことで、貨物輸送のコストは後で考えればよいことではなく、慎重に検討されるべき事項となった。[18]

何より重要なことは、投資家も消費者も、企業が環境への影響を最小限に抑えるために何をしているのか知りたがっているということである。企業が生産や輸送をめぐる意思決定において環境への負荷を重視するようになるにつれ、グローバル・バリューチェーンは企業の財務担当者が考える以上にリスキーで、高くつく恐れのあるものとなりつつあった。

19章 バリューチェーンの変質

モネッセンは名前だけでもグローバル化を連想させる。「モン」はモノンガヒラ川に由来し、この川では石炭をのせたバージ船がいそがしく往き来し、モネッセンを通過して北へ30キロ離れたピッツバーグの製鉄所地帯へと運んでいく。一方、「エッセン」はドイツのルール地方にある、製鉄で有名なエッセン市に由来する。1897年に町の建設に出資したピッツバーグの資本家たちは、グローバルな雰囲気の名前なら住民も集まると考えたのだろう。しかしフィンランド・スウェーデン・ドイツのルーテル派の移民を除けば、この町にはグローバルな雰囲気はほとんどない。20世紀の大半においてこの町の中心であり、かつては6000人の労働者を雇っていた大手製鉄所は、外国製品の流入を阻止しようと1962年から輸入規制を要求し続けたが、1986年についに廃業に追い込まれた。やがてモネッセンは「崩壊する企業城下町」と呼ばれるようになり、その後も事態は一向に改善する兆しはなかった。この町にとってグローバル経済は脅威にこそなれ、決してチャンスにはならなかったのである。[1]

２０１６年６月、大統領候補のドナルド・トランプが遊説先にモネッセンを選んだとき、その人口は１９４０年のピーク時の３分の１に減っていた。残った工場のうち最大のものは石炭を加工して液体鋼を精製する高炉用コークスの工場で、強烈な硫黄のにおいを撒き散らしていた。近隣のピッツバーグでは医療・ＩＴ産業がさかんだったが、そこで働く人々もモネッセンに家を建てたり、起業したりしようという人はいなかった。トランプは演説でグローバル化を真っ向から非難したが、その内容はモネッセンを念頭に置いたものだったのかもしれない。「グローバル化は（中略）わが国の何百万もの労働者に貧困と心の痛みをもたらしただけだった」と彼は訴えた。モネッセンの票はとれなかったが、そのメッセージはペンシルベニア州西部のさびれた石炭と鉄鋼の町々に伝わった。２０１６年11月の大統領選で、南西部にモネッセンが位置するウェストモーランド郡では、倍近い得票率でトランプを押す共和党が支持された。[2]

しかしこうした怒りと苦しみの原因となった時代のグローバル化は、もはや過去のものになろうとしていた。予想を覆すトランプの勝利、英国の国民投票でのＥＵ離脱支持、そしてヨーロッパ・中南米・アジアでの極右政党台頭によって発想の転換を迫られるずっと前から、世界経済はまったく違った様相を呈するようになっていたのである。

バリューチェーンとリスク

1980年代後半から始まる時代の特徴は、複雑なバリューチェーンが世界経済を結びつけたことにある。国際企業はバリューチェーンを生み出す過程で生産の多くをヨーロッパ・北米・日本から、東欧・メキシコ・中国・東南アジアなど、低賃金で企業に有利な労働法制の国に移していった。ブランド企業は主要な製造工程をアウトソースし、型抜き・成形・組立てなどを無名企業に外注する一方、自社の社員は金融・設計・販売などに集中させるようになった。例えばインドネシアのセランでは無名の台湾企業が1万5000人の労働者を雇い、ドイツ・ブランドでカナダ向けのスニーカーを製造した。アイルランドのウォーターフォードでは、米国企業が所有する工場で、ヨーロッパの有名ブランドの精密医療機器の成形・組立てが行われた。グアテマラシティの近郊では韓国企業が所有する工場で、5000人の労働者が米国の小売業者のラベルのついた服の縫製を行っていた。対外貿易、対外投資、対外融資、国境を越えた移住は目新しいものではなかったが、製造工程をこれほど多くの国で分け合うことはかつてないことだった。[3]

1990年代から2000年代にかけて、バリューチェーンは長距離かつ複雑なものとなり、貿易はますます拡大していった。製造工程がきわめて複雑な自動車メーカーでは、個々の車種のバリューチェーンが8段階以上にわたり、下位の階層にいる供給業者が、上位の階層にいる高度製品メーカーに原材料や単純部品を供給していた。つまり原油からプラスチック樹脂を製造し、これを成形してオーディオ機器のコントロールパネルのボタンをつくり、このコントロールパネルをオーディオ機器のコントロールパネルとして自動車のステアリングコラムに組み込むまで、一つ一つのプロセスが別々の場所で行われるのである。2019年にボーイング737型機の翼の部品に欠陥が見つかり、米連邦航空局が調査を行った際、原因として特定された金属メッキ会社はボーイングの組立工場から4工程以上も離れた下請け業者だった。[4] グローバル化の象徴となったコンテナ船の主な積荷も、すぐに小売店で売れるような製品ではなく、何かに加工するための原材料や部品だった。同様に、列車を使ってユーロトンネルを行き来するトラックの荷台や、日本の半導体工場と東南アジアの検査出荷施設を結び、さらにそこから中国のスマートフォン工場を結ぶ航空機でも、満載されていたのは産業用投入財だった。[5]

米国の住宅市場の崩壊をきっかけに起きた2007年後半のサブプライム金融危機は、ギリシャ、ポルトガル、スペインの債務がヨーロッパの大手銀行を破綻させる恐れが出てさらに長期化し、第三のグローバル化にストップがかかった。景気後退時の常として、世界貿易は縮小した。だがこれまでずっとそうだったように、不況が終われば輸出入も回復し、以前のように世界全体のGDPを上回る成長率を取り戻すはずだった。巨大船やコンテナターミナルへの多額の投資は、そうした見通しに立って行われたものだった。だが従来の常識は通用しなかった。輸出は2010年と2011年には反発を示したものの、その後は横ばいとなった。1990年代後半から2000年代初めに世界経済の2倍のペースで成長した貿易は、今や年成長率わずか0・8％と、世界経済の成長率を下回るようになった。世界銀行の試算によると、総商品貿易額（一次産品と工業品の総輸出入額）は2008年に世界全体のGDPの51％に達したが、10年後には5％ポイント減少した。言い換えれば、金融危機後の世界経済の成長のほとんどは国内向けの財・サービスの生産によるもので、貿易の増加はほとんど貢献していなかったのだ。

金融危機の影響で世界の巨大企業は規模の縮小へと向かい、収益性の低い事業を切り捨て、競争力を持てない地域からは撤退した。外国からの直接投資の年間フロー（工場建設・企業買収・不動産取得に投じられた資金）は金融危機前のピークの3分の1まで減った。低金利が続いたにもかかわらず、国外向け銀行融資や外国市場での債券発行は減少した。2016年になると移民からの海外送金すら横ばいになり、親族の学費支払いや自宅購入、起業などのための仕送りに依存している貧困国の経済は圧迫された。

第三のグローバル化の衰退は、単純な数字上の結果でもあった。それまでの20年間に低賃金国や内需の増大した国に生産が移転し、富裕国の何十万（米国だけで7万以上）もの工場が閉鎖された。日本の電機メーカーが組立工程をマレーシアへ移転し、ヨーロッパの衣料品チェーンがバングラデシュからの買い付けを増やすと、外国資本が大規模投資を行って製造施設を新設し、世界貿易の全体量は増加した。しかし事業の国外移転で利益を得られる富裕国の工場の数は限られている。だから高賃金国からの製造工程の大量流出が一段落すると、もはや製造移転によって貿易が拡大する余地はなくなったのだ。

多くの製造業者や小売業者は、複雑な長距離サプライチェーンの収益性が予想外に低いことに気づきはじめていた。貨物輸送は時間がかかるようになり、不安定さも増した。単一の調達先しか持たない工場で想定外の操業停止が頻発するようになり、経営幹部や株主は企業戦略次第で脆弱性を招きかねない危険性に敏感になった。生産コストを最小限に抑えることだけが優先事項ではなくなり、ニーズに対して確実に商品を提供できることが重視されるようになった。

操業停止のリスクを回避するのは、金のかかる複雑な作業だ。在庫を増やせば商品が陳腐化して損失が出る。デパートでは去年のファッションを値下げして売るしかないし、ディーラーの倉庫に眠る去年の自動車も値段が下がる。重要部品を一カ所の大工場で生産せず、複数の場所に分散して生産すれば柔軟性を得られるが、貴重な投資外貨をつぎ込まなければならず、商品の製造コストが上がる恐れもある。緊急事態が起きてもいないのに、競争上のハンデを負わなければならないのだ。輸送についても、複数の船会社に分散して別々の港を経由すれば不測の事態に備えるレジリエンスは向上するが、運賃は上がってしまう。長距離バリューチェーンを地域内のバリューチェーンに切り替えても、リスクはなくならない。どこか一カ所で地震や大きな火災が発生すれば、会社全体が倒産に追い込まれかねないからだ。

一方で、バリューチェーンの信頼性を高めようとすれば、昨今の顧客の期待とは正面からぶつかることになる。個人であろうと企業であろうと、顧客は翌日配達、あるいは即日配達さえ求めるようになっている。小売業をはじめとする多くの産業で、短納期はもはや追加料金のとれる特殊オプションではなく、業界で生き残るための必須要素になっている。企業は迅速な配達を可能にするため、人工知能を使った先進的な物流システムを導入しているが、商品はあくまで商品であり、製造業者や卸売業者や小売業者が即時配達を実現するにはより多くの商品を配送センターに保管し、マウスのクリック一つで出荷できるようにするしかない。こうしてかんばんシステムが導入されて以来初めて、在庫が増えはじめたのだ。

「人類に対する犯罪」

グローバル化への反発が高まったこともリスク要素を増やした。1944年のブレトンウッズ会議以降、各国政府は70年にわたって国境をより開かれたものにすべく協力してきた。第二次大戦終結直後は、富裕国への輸入品の多くが関税のせいで20％以上も割高になっていた。しかもほとんどの国が特定産品の輸入割当制度、外貨による輸入代金支払い規制、政府調達を国産に制限する規制など、さまざまな政策によって外国製品を締め出していた。それが２０１０年代になると、ＧＡＴＴでの度重なる交渉を経て富裕国の平均輸入関税は３％ほどまで下がり、複数の国同士が関税を完全撤廃する自由貿易協定も締結された。企業がサプライチェーンを長大化させても、国境で課税されて事業計画が狂う恐れはなくなったのだ。[6]

富裕国は工業製品の輸入に比較的開放的だったが、開発途上国の多くは新興の製造業部門を保護するため高関税を維持し続けた。開発途上国の平均関税率はベトナムの９％、インドの10％、中国の11％、エチオピアの17％など富裕国の３〜４倍であり、免税輸入品（関税撤廃品目）の割合も低かった。多くの開発途上国が他にもさまざま貿易障壁をもうけており、たとえ公式の関税率が低くても、中国に自動車を輸出したりインドに医薬品を輸出したりするのはきわめて難しかった。製造業の雇用が激減し、賃金が低迷するヨーロッパや北米では、開発途上国が不正な貿易上の優位を得ているとの強い反発が起こった。20年にわたってグローバル化に反対してきた批判勢力が、２００８年に初めて勝利を収めた。１６４カ国が参加する貿易交渉「ドーハ・ラウンド」で、農産物や、銀行・通信などのサービス貿易をめぐって激論となり、交渉が決裂したのだ。多数の国が交渉のテーブルにつき、しかもそれぞれが国内の利害を背負って外国からの競争を阻止しようとしたことから、もはや国際的な合意は考えられなくなった。以後は、何らかの協定によって貿易障壁を取り除こうとするなら、少数の国同士で協議するしかないように思われた。

当時、富裕国の政治指導者の多くは貿易や対外投資の拡大を強く支持していたが、サブプライムに端を発した世界金融危機の影響でそうしたコンセンサスは崩れ、国境の強化を望む新世代の政治家たちが台頭した。ギリシャからスウェーデンにいたるまで、ナショナリズム勢力がＥＵ域内の自由貿易に反対の声をあげ、オランダの反イスラム主義者ヘルト・ウィルダースが自由貿易を「ブリュッセル（ＥＵ本部がある）の怪物」と呼んだ。イタリアでは、ＥＵ19カ国が採用する統一通貨ユーロを「人類に対する犯罪」と呼んだマッテオ・サルヴィーニが極右政党・北部同盟の党首になり、やがて副首相となった。第三のグローバル化で最大の恩恵を受けたと言える中国では、習近平首相が自由貿易を称賛しつつ、外国企業が特許技術を開示し、中国での部品生産を増やすことを要求するなど、外国企業に厳しい措置を導入した。２０１２年の米大統領選の直前、バラク・オバマ政権は中国が米国産自動車の輸入を違法に妨害し、逆に自動車や自動車部品の輸出に補助金を出しているとしてＷＴＯに裁定を求めた。大統領選でオバマの対抗馬だったミット・ロムニーも、中国の通貨操作に対抗するため、中国からの輸入品に関税をかけることを公約に掲げた。[7]

こうしたグローバル化に否定的な論調を受けて、企業経営者の多くは生産方法や生産拠点のあり方を考え直さざるを得なかった。主力とする輸出品が重要市場でいきなり輸入制限を受ければ、莫大な損失をこうむりかねない。しかもアウトソース先として人気の高い地域では人件費が急上昇しつつあった。富裕国の企業は、安い労働力を利用して労働集約的な仕事を中国や東欧に移転したのだが、そうした戦略はもはや通用しなくなっていた。2011年頃になると、一部の世界的大企業の個別の動きがきっかけとなって貿易パターンに変化が生じ、多国籍企業の間でバリューチェーンの見直しが始まった。

このことの影響は輸出入に関するデータに現れただけでなく、ある国の製造業者が他の国からの輸入投入財をどの程度使っているかを示す地味なデータにも現れた。すなわち2011年のOECDのデータによると、韓国の輸出品（現代の自動車や大宇のタンカーなど）の価格の42％を輸入品の原材料や部品が占めていたのが、6年後には30％に低下した。中国の場合、2011年の工業製品輸出額の23％を輸入品が占めたが、5年後には17％まで下がった。米国・英国・ドイツ・イタリア・日本・スウェーデンでも同様の現象が起きた。台湾・インドネシア・マレーシアも同様である。このことの説明は2つしか考えられない。第一は、これらの国の製造業者が輸入投入財を多く使用する製品の輸出を減らしたという説明。第二は、これらの製造業者が投入財を外国から輸入せず、国内で調達するようになったという説明である。いずれであったとしても、製造業は以前よりグローバルではなくなったのだ。

経済の視点からすると、これは必ずしも良いことではない。グローバル・バリューチェーンの導入が進めば、外国から最新の知識が流れ込んで各国の生産性が向上することは研究結果が示す通りだ。バリューチェーンのあらゆる工程を自前でこなそうとすれば、よその国に任せればもっと効率的にできる仕事に無駄な労力をかけることになりかねない。外国メーカーの投資誘致に熱心だったマレーシアでは、中央銀行が2017年、国が非熟練労働者の移民を大量に受け入れて工場で就労させたため、メーカー各社が先進技術に投資するインセンティブが失われたと指摘した。「低賃金・低コストの生産方法に依存するのは、マレーシアが競争に遅れをとるリスクを伴い、受け入れがたい長期戦略である」と警告したのだ。世界最大の輸出国である中国でも、国内に研究センターやハイテク工場を設置するよう政府がメーカーに働きかけ、「中国製造2025」という10年計画のもとに、電気自動車・合成素材・ロボットなどの先端産業の自給率向上を呼びかけた。このように外国企業や外国産の投入材を締め出すのは、国の成長を加速させるどころか低迷させる可能性が高いことは、さまざまな科学的根拠によって裏付けられているのだが。[8]

トランプという象徴

こうした動きは英国の有権者がブレグジットを選択し、ドナルド・トランプが大統領に選出される2016年より前から広がっていた。トランプは同時代のナショナリスト的指導者たちと同様、さまざまな点でグローバル化に懐疑的だった。30カ国の軍事同盟である北大西洋条約機構（NATO）にもWTOにも批判的であり、移民を取り締まり、EUの解体を促し、2015年に締結された環太平洋12カ国の貿易協定「環太平洋パートナーシップ（TPP）協定」もきっぱり否定した。TPPは残りの11カ国によって合意にこぎつけ、加盟しなかった米国の環太平洋市場へのアクセスは後退した。

トランプ大統領は2017年に就任するとさまざまな輸入品に関税を課し、品目をさらに増やすことを約束した。さらにNAFTA解体を警告し、外国からの対米投資を厳しく制限した。他の国々も同様の措置を取り、米国からの輸入品に関税をかけたり、米国からの投資に制限をかけたりした。当時の米国の最大の貿易相手国だった中国は米国産の豚肉や大豆など、数百件の輸入品に関税を発動。米国側が中国製の通信機器によって他国の情報が中国に盗まれていると告発すると、中国側も報復措置として米国の自動車メーカーに価格操作容疑で罰金を課した。主要なバリューチェーンを完全に国内化しようとする中国政府の動きには、キャンベラからベルリンにいたる各国政府が警戒感を抱いたし、それ以外の国も激しい米中対立に巻き込まれていった。米国側が中国は為替操作で米国での中国製品の価格を引き下げ、米国の関税引き上げの影響を相殺しようとしていると非難したことで、事態はいっそう深刻化した。2大経済大国の貿易戦争が加熱するなか、企業はいっせいにバリューチェーンの一部を中国外に移転しようと動いた。

トランプ政権にとっては望んだ通りの結果だった。トランプ大統領が好んで用いる国際経済指標は米国と他の国々との貿易収支だった。例えば電子機器における米国の対中貿易赤字は、主にそれ以外の国で生産された投入財によるもので、利益の多くは米国企業の株主に回っているのだが、トランプはそんなことにはおかまいなしだった。「本国のマザー工場を握っているだけでは、長期的に米国経済のプラスにならない。そうした工場では、外国製の部品を主体にして〝米国製〟と称する製品を組み立てている」と、２０１７年初めに大統領顧問の一人は述べている。「これらの部品をしっかりした国内のサプライチェーンで製造すれば、雇用拡大と賃金上昇が実現できる」[9]

中国の政策もそうだったように、サプライチェーンのリンクを自前のものにしようとする米国の取り組みもまた、国内の製造業を活性化するには至らなかった。両国とも工場で働きたい労働者が職を得られずだぶついていた。世界銀行によると中国の労働力の規模は２０１７年にピークに達したが、中南米からの不法移民をシャットアウトした米国では労働力はほとんど増加しなかった。いずれの国でも生活水準の向上と教育水準の向上によって労働者のキャリア意識が高まり、工場労働への関心は低下した。

ナショナリスティックな政策によって実現したのは国内製造業の活性化ではなく、むしろさまざまな種類の製造業でグローバル化に代わって地域主義が台頭した。一つ一つの投資の積み重ねを通して、世界経済は徐々に三つの核を中心に再編されていった。第一に、ロシアからアイルランドにいたる数十カ国を含む貿易ネットワークの中心としてドイツが台頭した。ヨーロッパ各地の製造業で使われる輸入品の大半を、ドイツの専門部品が占めるようになった。第二に、かつて米国を中心に回っていたアジア・太平洋諸国が今や中国を中心に回るようになった。中国はこれらの国々から多くを輸入し、両者の貿易収支はほぼ均衡した。1990年代にアジアの工業大国となった日本は、とうの昔にこの地域の経済の牽引役ではなくなっていた。第三に、米国の生産はメキシコとカナダと密接につながったが、これは地理的条件に加えて3カ国間の自由貿易協定によって貿易が容易かつ安価になったからである。さらに米国と他地域との貿易でも財よりサービスが重要性を増した。このようにバリューチェーンは健在でも、そのグローバル性は大きく低下していった。[10]

20章 次に来る波

第三のグローバル化の最大の原動力となったのは、物質的な生活水準の急速な向上である。1987年、中国の道路は自転車ばかりが溢れ、年間の新車台数は1万7840台ですべて国産だった。それから30年後、北京の交通渋滞は有名になり、中国は世界一の自動車生産国となった。米政府の統計担当者の試算によると、2010年代の女児用衣料品価格は1980年代に比べてはるかに安かったという。英国の平均的購買者が2017年に30年前の5倍の量の衣料品を購入したというデータがあるのも、おそらくこのためだろう。2017年に米国の新築住宅価格の中央値は1987年より38%高く、面積は2426平方フィートと、ラウンジチェア、カーペット、トレーニング機器などを置ける広さで、3分の1は複数の冷蔵庫を備えていた。第三のグローバル化は、モノの時代と呼んでも言い過ぎではないだろう。[1]

そうしたモノの消費は時代遅れにならなかったが、グローバル化は2010年代後半に後退しはじめたように見える。テクノロジーや人口動態、消費者嗜好の変化によって、新たな経済地理学的変化が起きたためである。WTOからIMOまで、世界経済のルールを定める国際機関が批判されるようになった。有名な中国の「万里の長城」のように国家がデジタル情報の流れを管理しようとする動きが起き、ほとんど規制のないインターネットに代わって、厳しく統制された国家インターネットが台頭する可能性が出てきた。テロや不法移民を恐れてどの地域でも国境警備が厳重になり、国境を越えての気軽なショッピングツアーは不可能になった。2020年1月、COVID-19の爆発的流行で中国の数千の工場が閉鎖された。2月には韓国経済が麻痺状態となり、3月にはヨーロッパと北米で商取引がほぼストップした。これはバリューチェーンがチャンスだけでなく、リスクをもたらすことを改めて認識させる出来事だった。ウイルスを食い止めようと各国政府は国際航空輸送をほぼ停止。それまで当たり前と思われていた国際間の行き来はストップした。

だがこれらのことを別にすれば、グローバル化はかつてない空前の威力を発揮した。KFC（旧ケンタッキーフライドチキン）は中国大陸のレストランチェーンで圧倒的1位となり、選手もオーナーも英国人ではないイングランド・プレミアリーグの名門チームの試合が、アフリカ全土で広く視聴された。ドバイのモールを訪れたロシア人避寒客はギャラリー・ラファイエットでキッチンウエアを、ヴァンクリーフ＆アーペルで宝石を、シャネルで香水を、そしてラデュレのマカロンを買うことができた。わざわざパリに飛ぶ必要はなかったのだ。2019年の世界の観光客（観光目的の入国）は15億を記録。これは1987年の4倍にあたる。またFacebookによると、世界人口の5分の1近くが平均で1日1回、このサイトを訪れていたという。大手多国籍企業の多くがソフトウェア・ホテル・不動産・コンピュータサービスといった無形品の業界で占められる一方、製造業大手は過酷な競争のもとで縮小を余儀なくされた。第四のグローバル化の時代には、世界中でアイデア・サービス・人を移動させることが船で商品を運ぶことより重要となり、勝者と敗者の顔ぶれはガラリと変わる可能性が高い[2]。

「モノ」の衰退

第三のグローバル化は製造業が牽引した。魚・果物・花・石炭・石油なども長距離バリューチェーン内を移動したが、工業生産のほうが規模も金額もはるかに大きかった。だが長年の間に、製造業は徐々に経済的重要性を失っていった。あまり知られていないが、衰退したことでうまくいった面もあった。貿易がさかんになったことで、全般的に外国からの競争にさらされにくいサービスに比して、工業品の価格が割安になったのだ。世界銀行の試算によると、製造業は2002年に世界全体のGDPの17%以上を占めていたが、その割合は2010年代には2%ポイント近くも減少した。こうした傾向は中国・メキシコ・インドネシア・EUのすべてで見られた。もはや製造業は、グローバル化において以前ほど重要性を持たなくなったのである。[3]

こうしたトレンドは家計や企業の支出動向にも表れている。多くの国のデータが示すように、一般家庭の消費対象は商品よりサービスや経験へと移ってきている。例えばフランスでは第三のグローバル化の黎明期、消費者支出にサービスが占める割合は43％だったが、2018年には55％となった。一方でコーヒーメーカーからランニングシューズに至るまで、バリューチェーンの一環として船で運ばれる商品の占める割合は低下した。同じパターンは、フランスよりはるかに貧しい南アフリカでも見られた。この国でサービスが消費者支出に占める割合は43％と、1987年から8％ポイント増加した。消費者支出は有形の商品を離れ、輸送・教育・医療・通信などへと向かいつつあったのだ。

「モノ」が衰退していった理由はいくつかある。1つは世界の高齢化である。世界人口の年齢中央値は1985年には23・3歳だったが、2019年には31歳に上昇している。アフリカや南アジアでは若年層の消費者が多いが、富裕国ではそうではない。2018年には日本とドイツの国民の半数が47歳以上、ロシア、中国、米国では年齢の中央値が40歳に近づいた。高齢世帯では長年かけて家具を買い揃え、洋服ダンスも服であふれ、それ以上何かを買おうという意欲はおおむね薄れている。むしろ家具や什器より休暇旅行、レストランでの食事、医療費などにお金を使う可能性のほうが高い。もちろんレストランや病院もテーブルや椅子を購入するが、一般世帯での購入減を埋めあわせるには至らない。世界人口に占める15歳未満の割合は1960年代後半には38%だったが、半世紀後にはわずか25%にまで減少した。高齢世帯に代わる若年世帯の数が少ないから、当然ながら住宅・家具の需要も減ることになる。欧州中央銀行の集計でも、2018年のEUの世帯数は2年前より減少していた。[4]

有形物の需要を減少させたもう一つの要因は、商品からサービスへの転換である。第三のグローバル化の初期には、マルチピースステレオシステムが学生の部屋の必須アイテムであり、プラスチックケースにはCDがぎっしり詰まっていた。それが2000年代初頭になると、データ保存用内蔵ディスクとCD再生用の光学ドライブを備えたコンピュータへと変わった。さらに2010年代になると、これらのシステムも次々と姿を消し、データ保存もコンテンツも、一般のPCよりはるかに高性能なサーバーを介してインターネット上で行われるようになった。文化もかつてないほどグローバル化し、デジタルダウンロードとストリーミングサービスにより、これまでのように書店やレコード店で商品を買って物理的に所有しなくても、映画や書籍、音楽を楽しめるようになった。大手自動車メーカーは人の輸送もサービスに代わると見ている。消費者は自家用車を購入するより、料金制で必要なときだけ使う傾向にあるとの予測のもとに、メーカーはカーシェアリングサービスに投資しており、自動車の登録台数は減る可能性がある。たくさんの女性が一つのドレスを共有することなど誰も想像していなかったが、インターネットベースのある会社は、アパレルを個人所有から必要に応じて利用できるレンタルサービスに切り替えた。経済学的に言うと、共有によって無駄な遊休資産が減るからその資産の需要は減ることになる。自転車を1日に数分しか乗らないとしたら、大勢の人が共有サービスに登録して代わる代わる利用すれば、その自転車はフル稼働することになる。

モノの市場を変えた第三の要因は、テクノロジーの進歩によって小規模生産が容易になったことだ。第三のグローバル化は大量生産の時代だった。例えば中国の鄭州市にある570ヘクタールの工場では、台湾の電子機器製造請負企業フォックスコン（鴻海科技集団）が1日50万台ものiPhoneを製造していた。2016年当時、フォックスコンは200社以上の供給業者から得た部品で製造を行っていた。遠く離れた場所から液晶画面やマイク、半導体を鄭州市まで輸送しても採算が取れたのは、同系機種の携帯電話を大量に組み立てることでコストを大幅に節約でき、しかも大量輸送が安上がりだったからだ。だが少量生産でも採算がとれるようになると、大工場ならではのスケールメリットはなくなる。メーカーはニッチ市場向けの製品や、カスタマイズされた製品を魅力的な価格で提供できるようになり、買い手は不要な機能にお金を払うことなく、必要な機能だけを手に入れられるようになる。[5]

企業のお金の使い方も以前とは変わってきた。かつて企業の投資と言えば建物や機械などの有形資産であり、ブルドーザーや生産設備などの工場製品（工場で製造して現場に設置するもの）の需要を生み出していた。しかし２０１０年代になると、多くの国で企業投資のうち研究開発・ソフトウェアなどの無形支出が占める割合が5分の1を超えた。これは１９８０年代の2倍から3倍にあたる。社内コンピュータでなく、インターネット経由でアクセスするＩＴ企業運営の「クラウド」コンピュータバンクへのデータ格納など、情報テクノロジー分野でのアウトソーシングが進むと、グローバル化が最も進んだ製品と言われたコンピュータ機器への投資が減っていった。産業機械の更新も、ハードの交換よりソフトウェアのダウンロードですむようになり、工場製品の売上をさらに低下させることになった。

「ものづくり」の意味そのものが時代とともに変化し、グローバル化を根本から変えていった。テクノロジーのおかげで有形の製品の成形・押出し・プレス・組立てなどに要する労力は減り、関連するサービスにはるかに多くの労力が割かれるようになった。例えばクレバーエンジニアリング、クリエイティブマーケティング、アフターケアとしての修繕やメンテナンスサービスなどは投資利益率が高く、実際の生産工程よりライバルに追いつかれる心配も少ない。航空機メーカーでも翼や胴体を組み立てるだけでなく、機体に数千万行のコードを埋め込んで、フラップの調整、航法信号の送信、要整備箇所の検知など、数十種類もの機能を組み込んでいる。２０１９年3月、2度の墜落事故を受けてボーイング

737MAXが運行停止となった事例では、原因はハードウェアではなくソフトウェアの欠陥にあった。またマッキンゼーの2018年の予測によれば、2030年までに大型車の価格の30%をソフトウェアが占めるようになるという。しかも搭載されるプログラムの多くは無国籍で、複数国からなるチームによって作成されると予測している。新しい車種の発売が各国の労働者にどんな影響を与えるかを知るのは、今よりいっそう難しくなるだろう。ブレーキシステムの調達先を米国からメキシコに移すなら、米国の雇用が失われてメキシコの雇用が創出されると言える。だがブレーキを管理するソフトウェアの一部がグアダラハラで作成されたからといって、ロサンゼルスのプログラマーが失業するかどうかは、そう簡単には答えられない。[6]

多くの業界で製造プロセスが単純化され、はるかに少ない労力で済むようになるだろう。環境への配慮から、多くの国でガソリン車やディーゼル車から電気自動車（EV）への転換が奨励されている。EVにはエンジン、トランスミッション、排ガス制御装置がないため、EVのシェアが増えればギアやピストンリングはいらなくなり、低賃金国にその製造を移転する理由もなくなる。当初は不快で危険な作業のためだけに導入されたロボットも、今や進化してTシャツを大量生産できるまでになり、ある種の衣料品製造では高賃金国も競争力を持つようになった。現在では工場の自動化・ロボット化によって米国やドイツでもスポーツシューズが生産されるようになり、インドネシアの労働者の職を奪っている。３Ｄプリンタを使ったＡＭ（付加製造）技術は、コンピュータがプリンタに指示してプラスチックや金属を積層加工して製品を造形するもので、特殊部品を遠隔地から輸送しなくても製造現場で少量生産を行うことができる。この技術では人件費を削減できるので、広域バリューチェーンの重要な存在意義の一つが失われていくだろう。[7]

こうした動きは２０１５年に中国が「中国製造２０２５」計画を発表し、２０１６年に英国が欧州連合（ＥＵ）離脱を選択し、２０１７年に米国が複数の多国間貿易協定から手を引くずっと前から始まっていた。たとえ米中貿易戦争が瀬戸際で回避されようと、世界貿易のブロック化が続こうが続くまいが、この動きに変わりはないだろう。製造業者・造船業者・海運業者にどんなに補助金が出ても、長距離バリューチェーンは高くつき、リスクが大きく、信頼性が低く、必要性も低いという認識によって、コロナウイルスが登場するずっと前から21世紀初頭のグローバル化には終止符が打たれつつあった。各国政府がどんな対応をとろうと、財貿易の成長は世界経済より緩やかなものになり、やがて衰退しはじめるだろう。

サービス産業は世界競争へ

グローバル化は終わったのだろうか。決してそうではない。むしろ新しい段階に入ったのだ。工場生産や対外投資におけるグローバル化は後退しているが、サービスやアイデアの流通という点では急速に進化している。第三のグローバル化のビジョンとは、先進国の大企業で働くエンジニアやデザイナーが製品を考案し、低賃金の地域でこれを製造し、世界中で販売するというものだった。第四のグローバル化では、研究開発やエンジニアリング、デザインがグローバル化される。具体的に言えば、世界のトップ100の大企業が世界の研究開発費の3分の1以上を占め、これを複数の国の技術センターに分散し、現地の人材を活用して製品を現地の好みに合わせるケースが増えるということだ。一方で、製造はほとんどどこで行ってもよくなる。有形物の生産の役割は低下し、製造業者が株主の金を使って現地社員を雇って生産するのでなく、現地企業とのライセンス契約や製造サービス業者との契約という形をとることが多くなる。したがって外国への直接投資は減るだろう。必要な技術訓練を受けていれば、たとえ高賃金の国の労働者であっても高度に自動化された工場で働けるようになる。

一方でサービス産業の労働者は、初めて外国との厳しい競争に直面することになるだろう。業界によっては、そうした競争はとうの昔に始まっている。早くも1981年には、アメリカン航空がデータ処理業務をカリブ海のバルバドス島に移転した。そこでは何百人もの女性が乗客のチケットの半券から情報をコンピュータに打ち込み、衛星経由で米国に送信していた。それから数年後には、米国の保険会社が保険金請求書をアイルランドのシャノンに送り、そこでデータ処理を行ったうえで大西洋を越えて送り返していた。それから10年もたたないうちに、光センサの採用でデータ入力はほとんど不要になった。アイルランドの処理センターはコールセンターに変わり、1万人と言われる労働者がヨーロッパの銀行や米国のIT企業への顧客問い合わせに対応するようになった。製造バリューチェーンへの投資と同じく、政府の補助金と賃金コストの格差がこうした対外投資を後押しした。アメリカン航空の試算によると、チケットのデータ処理をバルバドスで行ったことで、オクラホマ州タルサで行う場合に比べてコストを半減できたという。[8]

そこから時代が下るにつれ、サービス貿易はより高度な業務にも広がっていった。1989年には、当時最大の多国籍企業の1つだった米国のゼネラル・エレクトリック（GE）が、ソフトウエアのプログラミングをインドに外注するようになった。2017年のインドの技術系アウトソーシング産業の売上は、推定で年間1500億ドルに達したとされる。航空会社でも、これまで下請け会社に外注していた旅客機の整備業務の一部を、人件費の安い土地にシフトしはじめた。米国の航空会社は2006年、重整備の3分の1以上を外国の認定工場に委ねている。インターネットの普及で、記念撮影を専門とする米国やヨーロッパのカメラマンがパキスタンにデジタル写真を送ってレタッチ作業を委託したり、ロンドンの銀行が必要経費の処理をポーランドの事務員に委託したりできるようになった。運輸・旅行・財関連サービス以外をまとめて「その他サービス」と呼ぶが、こうしたサービスの国際貿易は21世紀の最初の20年間に年率約8％で増加し、2018年には3兆1000億ドルに達した。その影響をもろに受けたのが高賃金国の熟練労働者であり、ITの利用が大幅に増えたにもかかわらず、インドとの競争のせいで米国のシステム設計者やプログラマーの賃金上昇率はインフレ率を下回った。[9]

グローバル化において無形性の貿易が増えるにつれ、サービス産業・情報産業の労働者へのしわ寄せは大きくなっていくだろう。音声・文章翻訳が急速に進歩するなどの人工知能(AI)の台頭で、サービス分野で外国からの競争にさらされる業種や国が出てきそうだ。イタリア語を話せる人は極めて少ないが、コンピュータの活用でイタリア語の話せない低賃金の外国人が仕事をこなせるようになれば、イタリア人の住宅ローン取扱業者の仕事は危うくなるだろう。映画もどこでも作れるようになるから、世界中でビデオ番組を販売している多国籍企業は、どこであろうとコストの一番安い場所で制作や編集をやりたいと思うだろう。[10]

影響を避けようと政府は規制をかけるだろうが、その効果には限界があるだろう。例えば建築物の設計をその国の資格を持つ建築士に限定するのは簡単だが、この建築士が外国のCADオペレータに依頼し、詳細な図面を輸入するのを妨げることはできない。金融データ、医療カルテ、テーマパークのアトラクションなどの国際貿易を禁止するのは、有形財の移動を禁止するよりずっと難しい。また外国からインターネット経由で提供されるサービスがどんな損害を生じさせるのかも、ほとんど予測がつかない。インターネットによって仕事がどこでもできるようになれば、政府は貿易政策より教育政策に力を入れるようになるだろう。第三のグローバル化では、低賃金労働が大量に供給されたことが一部の国の工業化を進展させた。だが第四のグローバル化では、経済成長をもたらす最大のカギは柔軟な技能を持つ高度に訓練された労働力となるだろう。サービス産業・情報産業の労働者が失業した場合に備え、彼らを支援し、再訓練する社会保険制度を整備することが、社会の安定を維持するうえで重要になってくるだろう。

これは決して杞憂ではない。第三のグローバル化では、中国をはじめとする一部の国々の急速な工業化に加え、超低利の融資が大量に提供されたことが世界経済を活性化し、2001年のITバブルや2008年から2009年にかけての深刻な金融危機を乗り越えさせた。だが2010年代における世界的な平均所得の増加率は年率1・7%を下回った。これは1940年代以降で最低の数字であり、平均所得が2倍になるには40年以上かかる計算である。しかもほとんどの国で所得格差が拡大していることを考えると、労働者の多くはほとんど所得が増えなかったことになる。第四のグローバル化でサービス産業や情報産業の労働者が得る所得増は第三のグローバル化ほど大きくないだろうが、所得格差がなくなることはないだろう。[11]

たとえコロナウイルスによって国際貿易が中断しても、こうしたトレンドが変わる見込みは少ない。2020年初めの感染拡大で貿易が急減したときには、グローバル・バリューチェーンの脆弱性が露呈されたと指摘する声もあった。確かに影響が甚大だったことは間違いない。ウイルスの発生源と言われる中国の複数の省に、直接取引のある供給業者を持つ企業は世界中に5万1000社、同地域の供給業者と取引のある供給業者から調達を行っている企業は500万以上との試算もある。しかしバリューチェーンにおける業務遅滞の規模が前例のないものだったとしても、重要部品を単一の供給者から調達することの危険性はとっくの昔にわかっていたことだ。ずいぶん前から、バリューチェーンを多様化して操業停止のリスク回避に努めてきた企業も多く、その一方で競争に勝ち残るため単一供給源のリスクをあえて受け入れざるを得ない企業もあった。すでに始まっていた変化が避けられないものであることを、コロナウイルスは改めて浮き彫りにしたのだ。[12]

2007年のピーク時に世界全体のGDPの5・4%を占め、2018年にその3分の1以下に落ち込んだ対外直接投資の流れも、大きく変わることはないだろう。むしろコロナウイルスによる混乱をきっかけとして、工場・オフィスビル・機械・土地などへの長期的コミットメントを排除した国際ビジネスの形が、よりいっそう求められていくことになるだろう。コロナ流行による航空会社の便数削減や、入国者の2週間の隔離待機などで海外旅行はほぼ停止状態のため、企業は国外の関係先とのやり取りをこれまでのような出張視察や対面会議で行うことはできなくなった。だがもともと出張が苦手な経営幹部は、ウイルスの流行が過去の話になった後でも、以前のやり方に戻ろうとは思わないかもしれない。一方で観光客は、海外旅行でクルーズ船に乗ったりアンデスでトレッキングしたりするのは、予想外に複雑な危険をはらむ冒険であることに気づいただろう。ウイルスのせいで何万人もの旅行者が帰国できなくなる様子が大々的に報道されたことで、国際観光とそれに伴うホテル・空港・ショッピングモールなどへの外国投資の伸びは減速するかもしれない。

「第四のグローバル化」の勝者は？

第四のグローバル化で、それぞれの国はどこまで成功できるのだろうか。2世紀も前のデヴィッド・リカードの時代から、国家は最も効率的に行える活動に専念し、それ以外は輸入すべきだと経済学者たちは教えてきた。だがこの「比較優位」という考え方は、補助金制度が貿易パターンを左右したことで疑問符がついたうえに、生産物の価値がどこでどれだけ付加されたかがはっきりしないデジタル時代においてはもはや意味を失っている。貿易収支に注目しても勝者と敗者を見分けることはできず、これも時代遅れの概念となった。第四のグローバル化では、その国が成功したかどうかは統計学者が算出する貿易黒字や貿易赤字によってではなく、急速に変化する世界経済のなかで国民の生活水準が上がったかどうか、あるいはグローバル化の恩恵が国民に広く共有されたかどうかによって決まるようになるだろう。

第四のグローバル化の経済的輪郭はすでに明らかになっているが、その政治的輪郭は不明瞭なままである。最も深刻な問題は1世紀近くにわたってグローバル化を推進し、国際関係を形づくってきたさまざまな取り決めが、今後どう変わっていくかということだろう。これらの取り決めも、決して完全なものではなかった。コロナウイルスは、各国が病気に関する情報を共有し、渡航者の健康状態を監視する体制がいかに脆弱であったかを明らかにした。だが軍事同盟である北大西洋条約機構から政治同盟であるアフリカ統一機構、さらには貿易ルールを策定する世界貿易機関（WTO）に至るまで、何十年にもわたる外交成果も過少評価すべきではない。さまざまな欠陥があったとはいえ、これらの機構は世界中の武力紛争の頻度を減らし、その拡大を防ぎ、何十億もの人々の生活水準に著しい向上をもたらした。

2010年代に起きたグローバル化に対する政治的攻撃の最大の目的は、国際協力を妨害することにあった。こうした攻撃によって、リージョナル化がグローバル化に取って代わることも予想される。研究者のなかには、米中の動きが重なって「世界が従来型のブロック政治・ブロック経済へと引き戻されるかもしれない」と指摘する声もある。しかしそれも確実ではない。いま私たちの前に立ちふさがっているさまざまな障害は、リージョナル化をも阻むものだからである。2015年、それまで15年間にわたって快適な列車の旅を提供してきたコペンハーゲン行きの新規路線では、スウェーデン人通勤客が不法移民を監視するデンマーク国境警察の検問を毎日受けていた。2017年には、米国が北米自由貿易協定（NAFTA）のパートナーであるカナダとメキシコに貿易制裁を発動し、中国では韓国の新ミサイル防衛システム配備に激しく反発して不買運動が起き、100億ドルを中国に投資していた韓国の小売大手ロッテ・グループが撤退に追い込まれた。その2年後、経済以外での長年の緊張がきっかけとなり、大規模で密接な貿易パートナー同士である日本と韓国の間に貿易戦争が勃発し、世界的にも不安定要素を抱えるこの地域での両者の軍事協力にヒビが入った。隣国同士だからといって、友好や相互理解、緊密な関係が保証されるわけではない[13]。

エマ・マースク号は未知の海に船出したわけではない。何十年もかけて構築されてきた貿易や対外投資に関するルール、金融規制といった国際的な枠組みに導かれての船出だった。だが、こうした枠組みがグローバル化の暴走をもたらしたことも間違いない。2010年代、各国の指導者たちは国内の政治的利害に動かされて、この枠組みを支える重要な柱をあっさり引き抜いてしまった。それを何で置き換えるのか、さしたる考えもないままに……。本書が示唆するように、より緩やかなグローバル化というものが存在するとしても、やはり枠組みは必要である。そうした新しい枠組みを構築することは、過去の枠組みを捨て去ることよりはるかに難しいだろう。

Software and Electronics Architecture," McKinsey & Company, February 2018, https://www.mckinsey.com/industries/automotive-and-assembly/our-insights/rethinking-car-software-and-electronics-architecture.

7. Marc Bain, "A New T-shirt Sewing Robot Can Make as Many Shirts per Hour as 17 Factory Workers," Quartz, August 30, 2017, https://qz.com/1064679/a-new-t-shirt-sewing-robot-can-make-as-many-shirts-per-hour-as-17-factory-workers/.
8. Canute James, "Caribbean Nations Savor Boom in Data Processing," *Journal of Commerce*, June 15, 1987; Proinnsias Breathnach, "Information Technology, Gender Segmentation and the Relocation of Back Office Employment: The Growth of the Teleservices Sector in Ireland," *Information Communication and Society* 3 (2002): 320–35.
9. Jay Solomon and Kathryn Kranhold, "In India's Outsourcing Boom, GE Played a Starring Role," *Wall Street Journal*, March 23, 2005; Rahul Sachitanand, "India's $150 Billion Outsourcing Industry Stares at an Uncertain Future," *Economic Times*, January 15, 2017; Calvin L. Scovel III, "Aviation Safety: FAA Oversight of Foreign Repair Stations," testimony before the US Senate Committee on Commerce Science and Transportation Subcommittee on Aviation Operations, Safety, and Security, June 20, 2007; Prakash Loungani, Saurabh Mishra, Chris Papageorgiou, and Ke Wang, "World Trade in Services: Evidence from a New Dataset," IMF working paper WP/17/77 (2017).
10. 翻訳の進歩については以下を参照。Richard Baldwin, *The Globotics Upheaval* (New York: Oxford University Press, 2019).
11. Michael O'Sullivan, *The Levelling* (New York: Public Affairs, 2019), ch. 6.
12. Dun & Bradstreet, "Business Impact of the Coronavirus," special briefing, 2020, p. 5, https://www.dnb.com/content/dam/english/economic-and-industry-insight/DNB_Business_Impact_of_the_Coronavirus_US.pdf.
13. Chad P. Bown and Douglas A. Irwin, "Trump's Assault on the Global Trading System," *Foreign Affairs* 98 (2019): 136 (quote); Jung Suk-yee, "S. Korea's Investment in China Almost Halved This Year," BusinessKorea, September 18, 2017, http://www.businesskorea.co.kr/news/articleView.html?idxno=19332.

※統計類などのウェブサイトは、原著刊行以後に閉鎖されたものもある。

tor, Spring 2017; Ang Jian Wei, Athreya Murugasu, and Chai Yi Wei, "'Low-Skilled Foreign Workers' Distortions to the Economy," in *Annual Report 2017*, by Bank Negara Malaysia, 35–43 (quote 39); Xin Li, Bo Meng, and Zhi Wang, "Recent Patterns of Global Production and GVC Participation," and David Dollar, Bilal Khan, and Jiansuo Pei, "Should High Domestic Value Added in Exports Be an Objective of Policy?" both in *Global Value Chain Development Report 2019: Technological Innovation, Supply Chain Trade, and Workers in a Globalized World*, by World Bank and WTO (Washington, DC: World Bank Group, 2019), 9–44, and 141–54.

9. X. Li, Meng, and Wang, "Recent Patterns," 39; Shawn Donnan, "Trump's Top Trade Adviser Accuses Germany of Currency Exploitation," *Financial Times*, January 31, 2017.
10. X. Li, Meng, and Wang, "Recent Patterns," 27–34.

20章 次に来る波

1. Ward's Reports, Inc., *Ward's Automotive Yearbook* 1989 and 2017; Dharshini David, "The Real Price of Buying Cheap Clothes," *BBC News*, August 7, 2019, https://www.bbc.co.uk/news/business-49248921; US Department of Commerce, *2017 Characteristics of New Housing*, 345, https://www.census.gov/construction/chars/pdf/c25ann2017.pdf; "2015 RECS Survey Data," US Energy Information Administration, May 31, 2018, table HC3.3 (appliances by year of construction), https://www.eia.gov/consumption/residential/data/2015/.
2. United Nations World Tourism Organization, *Tourism Highlights 2000*, 2nd ed. (August 2000), https://www.e-unwto.org/doi/pdf/10.18111/9789284403745, and "International Tourism Growth Continues to Outpace the Global Economy," press release, January 20, 2020; Facebook, Inc., Form 10-K for the year ended December 31, 2018, https://www.sec.gov/Archives/edgar/data/1326801/000132680119000009/fb-12312018x10k.htm; UNCTAD, *World Investment Report 2019* (New York: UN, 2019), 20–21.
3. World Bank, "Manufacturing, Value Added (% of GDP)," accessed March 15, 2020, https://data.worldbank.org/indicator/NV.IND.MANF.ZS.
4. 年齢中央値は以下を参照。United Nations Division of Economic and Social Affairs, Population Division, *World Population Prospects 2019* (New York: UN, 2019). 世界の総消費支出に占める世帯あたり支出の割合は何十年も増加を続けて21世紀初頭には60%に達したが、2010年代に57%まで後退した。世界銀行の試算によれば、世界の消費者支出は1990年代と2000年代にそれぞれ平均年率2.75%で増加したのに対し、2010年代は平均年率2.4%の増加だったたという。OECD, "Annual National Accounts Data," table 5, "Final Consumption Expenditure of Households," OECD.Stat, accessed March 15, 2020, https://stats.oecd.org/Index.aspx?DataSetCode=SNA_TABLE5; European Central Bank Statistical Data Warehouse, series SHI.A.V1.DWEL.A, accessed March 15, 2020, https://sdw.ecb.europa.eu/browse.do?node=70499.
5. David Barboza, "An iPhone's Journey, from the Factory Floor to the Retail Store," *New York Times*, December 29, 2016, https://www.nytimes.com/2016/12/29/technology/iphone-china-apple-stores.html; Kathrin Hille, "Foxconn: Why the World's Tech Factory Faces Its Biggest Test," *Financial Times*, June 10, 2019.
6. Ondrej Burkacky, Johannes Deichmann, Georg Doll, and Christian Knochenhauer, "Rethinking Car

16. Alan McKinnon, "The Possible Influence of the Shipper on Carbon Emissions from Deep-Sea Container Supply Chains: An Empirical Analysis," *Maritime Economics and Logistics* 16 (2014): 1–19. 国際海事機関（IMO）と国際エネルギー機関（IEA）のデータでは、船舶業界による温室効果ガス排出は2008年以降は現状維持、ないし低下としているが、以下の文献では2015年まで増加を確認している。Naya Olmer, Bryan Comer, Biswajoy Roy, Xiaoli Mao, and Dan Rutherford, *Greenhouse Gas Emissions from Global Shipping, 2013–2015* (Washington, DC: International Council for Clean Transportation, 2017)。
17. International Maritime Organization, "Initial IMO Strategy on Reduction of GHG Emissions from Ships," Resolution MEPC.304(72) (April 13, 2018). The maximum sulfur content in ship fuels was reduced from 4.5% to 0.5%.
18. Leslie Hook and John Reed, "Why the World's Recycling System Stopped Working,"*Financial Times*, October 25, 2018.

19章　バリューチェーンの変質

1. John N. Boucher, *History of Westmoreland County* (Chicago: Lewis, 1906); the origin of the name is explained on the municipal website, https://www.cityofmonessen.com/, accessed July 10, 2019. Bob Dvorchak, "Decaying Company Town Pinched Further by Steel Strike with Wheeling-Pittsburgh," Associated Press, July 24, 1985, https://apnews.com/7bba5b6b7c989ccfb1b31e46b66a2039.
2. Trump quoted in David Jackson, "Donald Trump Targets Globalization and Free Trade as Job-Killers," *USA Today*, June 28, 2016; Daniel Moore, "A Future Made of Coke?" *Pittsburgh Post-Gazette*, January 28, 2019.
3. この靴メーカーはPou Chen Corporation。以下を参照。Adidas Group, "Primary Suppliers and Subcontractors," January 1, 2019. また医療機器メーカーはJabil Corp。このアパレルメーカーはSae-A Trading Companyである。Deborah Belgum, "Why Manufacturers Are Turning to Central America for Quick-Turn Apparel," *California Apparel News*, June 1, 2017.
4. Michael Laris and Ian Duncan, "Boeing Knew of Problems with Wing Parts but Told FAA Planes Were Safe, Agency Alleges," *Washington Post*, December 7, 2019.
5. US Department of Commerce, International Trade Administration, "The Current State of the U.S. Automotive Parts Market," April 2013.
6. Bown and Irwin, "GATT's Starting Point." 2010年代の加重平均実質関税率の出典は以下。UNCTAD, "Import Tariff Rates on Non-agricultural and Non-fuel Products," accessed March 15, 2020, https://unctadstat.unctad.org/.
7. Wilders quoted in Ian Traynor, "Le Pen and Wilders Forge Plan to 'Wreck' EU from Within," *Guardian*, November 13, 2013; Salvini quoted in "Lega, Salvini contro euro: 'Crimine contro l'umanità,'" ANSA.it, December 15, 2013, http://www.ansa.it/web/notizie/rubriche/politica/2013/12/15/Lega-Salvini-contro-euro-Crimine-contro-umanita-_9781968.html.
8. Chiara Criscuolo and Jonathan Timmis, "The Changing Structure of Global Value Chains: Are Central Hubs Key for Productivity?" *OECD International Productivity Monitor*, Spring 2018, and "The Relationship between Global Value Chains and Productivity," *OECD International Productivity Moni-*

定を採用しないことを決めた。以下を参照。"Mexico etc versus US: 'Tuna-Dolphin,'" WTO, accessed March 15, 2020, https://www.wto.org/english/tratop_e/envir_e/edis04_e.htm.

7. Jordi Diéz, "The Rise and Fall of Mexico's Green Movement," *European Review of Latin American and Caribbean Studies* 85 (2008): 81–99.
8. Jaime de Melo and Nicole A. Mathys, "Trade and Climate Change: The Challenges Ahead," Fondation pour les études et recherches sur le développement international, working paper P14 (2010); Joseph S. Shapiro, "The Environmental Bias of Trade Policy" NBER working paper 26845 (2020).
9. Glen P. Peters, Jan Minx, Christopher Weber, and Ottmar Edenhofer, "Growth in Emission Transfers via International Trade from 1990 to 2008," *Proceedings of the National Academy of Sciences of the USA* 108 (2011): 8903–8.
10. Rahel Aichele and Gabriel Felbermayr, "Kyoto and the Carbon Content of Trade," VoxEU, February 4, 2010, https://voxeu.org/article/kyoto-and-carbon-content-trade.
11. Graham K. MacDonald, Kate A. Brauman, Shipeng Sun, Kimberly M. Carlson, Emily S. Cassidy, James S. Gerber, and Paul C. West, "Rethinking Agricultural Trade Relationships in an Era of Globalization," *BioScience* 65 (2015): 275–89; Jing Zang, "Chilean Fruit Exports to China Grow by 11% in 2018/19 Season," *Produce Report*, April 21, 2019, https://www.producereport.com/article/chilean-fruit-exports-china-grow-11-201819-season; Choy Leng Yeong, "NW Salmon Sent to China before Reaching U.S. Tables," *Seattle Times*, July 16, 2005; Yossi Sheffi, *Logistics Clusters: Delivering Value and Driving Growth* (Cambridge, MA: MIT Press, 2012).
12. Angela Paxton, *The Food Miles Report: The Dangers of Long-Distance Food Transport* (London: SAFE Alliance, 1994).
13. ある試算では、環境コストをすべて消費者に負担させる方法をとると、国産品が輸入品より安くなり、オランダの農産物貿易は4.2%減少すると予測している。以下を参照。Lóránt Tavasszy, Jorrit Harmsen, Olga Ivanova, and Tatyana Bulavskaya, "Effect of a Full Internalization of External Costs of Global Supply Chains on Production, Trade, and Transport," in *Towards Innovative Freight and Logistics*, ed. Corinne Blanquart, Uwe Clausen, and Bernard Jacob (Paris: Transport Research Arena, 2014), 337–51; Caroline Saunders and Andrew Barber, "Carbon Footprints, Life Cycle Analysis, Food Miles: Global Trade Trends and Market Issues," *Political Science* 60 (2008): 73–88; Alison Smith et al., *The Validity of Food Miles as an Indicator of Sustainable Development* (London: Department of the Environment, Food, and Rural Affairs, 2005). 金属や食料を中心に、国際貿易の4分の1ほどで、貿易を行わないより行ったほうが温室効果ガスの排出量が低かったという。以下を参照。Anca Cristea, David Hummels, Laura Puzzello, and Misak Avetisyan, "Trade and the Greenhouse Gas Emissions from International Freight Transport," *Journal of Environmental Economics and Management* 65 (2013): 153–73,.
14. Alan C. McKinnon, "Options for Reducing Logistics-Related Emissions from Global Value Chains," European University Institute working paper RSCAS 2014/31 (2014).
15. David Hummels, "Transportation Costs and International Trade in the Second Era of Globalization," *Journal of Economic Perspectives* 21 (2007): 131–54; International Air Transport Association, "IATA Cargo Strategy" (2018); Ralph Sims, Roberto Schaeffer, Felix Creutzig, Xochitl Cruz-Núñez, Marcio D'Agosto, Delia Dimitriu, Maria Josefina Figueroa Meza, et al., "Transport," in *Climate Change 2014: Mitigation of Climate Change*, ed. O. Edenhofer et al. (Cambridge: Cambridge University Press, 2014), 646.

8. OECD Working Party on Shipbuilding, "Peer Review of the Korean Shipbuilding Industry and Related Policies," C/WP26(2014)10 (January 13, 2015); Joyce Lee, "South Korea's Daewoo Shipbuilding Unlocks $2.6 Billion Bailout after Bondholder Approval," Reuters, April 18, 2017, https://uk.reuters.com/article/us-daewoo-restructuring/south-koreas-daewoo-shipbuilding-unlocks-2-6-billion-bailout-after-bondholder-approval-idUKKBN17K0KX; Xiaolin Zeng, "South Korean Shipbuilders' Fight for Life," *Fairplay*, April 6, 2017; Costas Paris, "Korea Extends Aid Package to Hyundai Merchant Marine," *Wall Street Journal*, January 27, 2017; Costas Paris, "South Korea Sends Another $5 Billion to Hyundai Merchant Marine," *Wall Street Journal*, October 10, 2018.
9. Costas Paris, "Taiwan Approves $1.9 Billion Aid Package to Troubled Shipping Companies," *Wall Street Journal*, November 17, 2016; NYK president quoted in Leo Lewis and Robert Wright, "NYK, MOL and K Line to Combine Container Shipping Units," *Financial Times*, October 31, 2016.
10. 市場シェアのデータは2018年7月31日付けAlphalinerより。
11. Quote from Richard Milne, "Maersk Shares Slide as Chief Warns on US-China Trade War Risks," *Financial Times*, May 18, 2018; Costas Paris and Dominic Chopping, "Maersk Will Restrain Costs, Expand Logistics Services on Weak Shipping Outlook," *Wall Street Journal*, November 15, 2019.

18章 フードマイル

1. 世界銀行の推定値によれば、1987年に世界人口50億人のうち、電力アクセスを持つのは約70%（35億人）だった。2017年になると世界人口は75億人、電力アクセスは87%の65億人が持っていた。OECDのデータでは、世界の牛肉消費は1990年の4700万トンから2017年には7000万トン近くに増加した。ある試算では、国際貿易の経済効果は、温室効果ガス排出の環境破壊による経済的損失の161倍とされる。以下を参照。Joseph S. Shapiro, "Trade Costs, CO2, and the Environment," *American Economic Journal: Economic Policy* 8 (2016): 220–54.
2. Jean-Yves Huwart and Loïc Verdier, *Economic Globalisation: Origins and Consequences* (Paris: OECD, 2013): 114; Elizabeth Economy, *The River Runs Black* (Ithaca, NY: Cornell University Press, 2004); "China's War on Particulate Pollution Is Causing More Severe Ozone Pollution," *Science Daily*, January 2, 2019; Jintai Lin, Da Pan, Steven J. Davis, Qiang Zhang, Kebin He, Can Wang, David G. Streets, Donald J. Wuebbles, and Dabo Guan, "China's International Trade and Air Pollution in the United States," *Proceedings of the National Academy of Sciences of the USA* 111 (2014): 1736–41.
3. *International Union for the Protection of Nature* (Brussels: Imprimerie M. Hayez, 1948).
4. Rachel Carson, *Silent Spring* (Boston: Houghton Mifflin, 1962); Paul Ehrlich, *The Population Bomb* (New York: Ballantine Books, 1968); Donella H. Meadows, Dennis L. Meadows, Jørgen Randers, and William W. Behrens III, *The Limits to Growth* (New York: Universe Books, 1972), 23.
5. Mario J. Molina and F. S. Rowland, "Stratospheric Sink for Chlorofluoromethanes: Chlorine Atomic-Catalysed Destruction of Ozone," *Nature* 249 (1974): 810–12; "Life under the Ozone Hole," *Newsweek*, December 8, 1991; C. Ford Runge, *Freer Trade, Protected Environment* (New York: Council on Foreign Relations, 1994), 89–93.
6. Marc Levinson, "The Green Gangs," *Newsweek*, August 2, 1992; Frances Cairncross, "How Europe's Companies Reposition to Recycle," *Harvard Business Review*, March–April 1992, 34–45. GATTの法律小委員会はメキシコの主張を認めたが、米国とメキシコは貿易協定の交渉中だったため、この裁

めた。以下を参照。"After Brexit, Britain Will Be a Rule-Taker," *Financial Times*, March 7, 2019.
12. Sébastien Miroudot, Dorothée Touzet, and Francesca Spinelli, "Trade Policy Implications of Global Value Chains," OECD trade policy paper no. 161 (2013); Sébastien Miroudot and Charles Cadestin, "Services in Global Value Chains: From Inputs to Value-Creating Activities," OECD trade policy paper no. 197 (2017); Kommerskollegium (Swedish National Board of Trade), *Adding Value to the European Economy* (Stockholm: Kommerskollegium, 2007).
13. ComRes, "Independent/Sunday Mirror December 2016 Political Poll," ComRes Global, https://www.comresglobal.com/wp-content/uploads/2016/12/Sunday-Poll-December-2016.pdf; GEG, "'Maintenant ce sont les patriotes contre les mondialistes': Traduction d'extraits d'un entretien de Marine Le Pen à Bjørn Bredal de Politiken, 19 mars 2017," Medium, April 2, 2017, https://medium.com/@LLDD/marine-le-pen-%C3%A0-politiken-principal-journal-danois-maintenant-ce-sont-les-patriotes-contre-les-41875ac8ef6d; Rory Horner, Daniel Haberly, Seth Schindler, and Yuko Aoyama, "How Anti-globalisation Shifted from a Left to a Right-Wing Issue—and Where It Will Go Next," Conversation, January 25, 2018, https://theconversation.com/how-anti-globalisation-switched-from-a-left-to-a-right-wing-issue-and-where-it-will-go-next-90587 (May quote).

17章 赤字の海

1. US Army Corps of Engineers, New York District, *Bayonne Bridge Air Draft Analysis*, September 2009, 23.
2. マースクラインは2001年に40フィートコンテナ310万台に対して6億200万ドルの損失を報告している。A. P. Møller-Maersk A/S, *Group Annual Report 2011*, 22.
3. Drewry Maritime Research, cited in *Containerisation International Yearbook 2012*, 5; comment by Gianluigi Aponte to Lloyd's List, cited in "Mediterranean Shipping Company (MSC)," Fitch Solutions, December 17, 2012, https://www.fitchsolutions.com/corporates/industrials-transportation/mediterranean-shipping-company-msc-17-12-2012; International Transport Forum, *The Impact of Mega-Ships* (Paris: OECD, 2015), 18, 29.
4. Michele Acciaro, "Naval Gigantism: Rationale and Limits," speech to Federagenti, Rome, Italy, December 16, 2015.
5. Olaf Merk, *The Impact of Mega-Ships* (Paris: International Transport Forum, 2015), 41; Adam Carey and Richard Willingham, "Port of Melbourne: Ships May Soon Be Too Big to Pass under West Gate Bridge," *Age*, September 15, 2015.
6. Bundesstelle für Seeunfalluntersuchung, "Investigation Report 34/16: Grounding of the CSCL Indian Ocean in the River Elbe on 3 February 2016," October 14, 2016; Port of Gothenburg, "The Impact of Megaships: The Case of Gothenburg," 2015, 2, 15, 26; International Transport Forum, *The Impact of Alliances in Container Shipping* (Paris: International Transport Forum, 2018), 61; Chabeli Herrera, "Despite Recent Dredge, Port Miami Still Can't Fit Some Large Ships. New Project in the Works," *Miami Herald*, July 8, 2018.
7. UNCTAD, *Review of Maritime Transport 1999* (New York: UN, 1999), 71; presentation of Robin Carruthers, World Bank consultant, to Transportation Research Board, Washington, DC, January 14, 2020.

in Local Labour Market Outcomes?: An Analysis for Spanish Provinces," *Regional Studies* 49 (2015): 1746–64; David H. Autor, David Dorn, and Gordon H. Hanson, "The China Syndrome: Local Labor Market Effects of Import Competition in the United States," *American Economic Review* 103 (2013): 2121–68. グローバル化の代償に対する初期の、だが現在も妥当な論評としては以下を参照。Dani Rodrik, *Has Globalization Gone Too Far?* (Washington, DC: Institute for International Economics, 1997).

2. Facundo Alvaredo, Lucas Chancel, Thomas Piketty, Emanuel Saez, and Gabriel Zucman, coordinators, *World Inequality Report 2018* (World Inequality Lab, 2017), 64, 66.
3. IMF, *World Economic Outlook* (Washington, DC: IMF, April 2018), ch. 3.
4. Jeff Rubin, "Has Global Trade Liberalization Left Canadian Workers Behind?" Centre for International Governance Innovation Papers no. 163 (2018), 12.
5. Francisco Costa, Jason Garred, and João Pessoa, "Winners and Losers from China's 'Commodities-for-Manufactures' Trade Boom," VoxEU, September 24, 2017, https://voxeu.org/article/winners-and-losers-china-s-commodities-manufactures-trade-boom; Adrian Wood and Jörg Mayer, "Has China De-industrialised Other Developing Countries?" Oxford University Department of International Development working paper 175 (June 2010); Robert Neuwirth, *Stealth of Nations: The Global Rise of the Informal Economy* (New York: Pantheon, 2011).
6. Alvaredo et al., *World Inequality Report 2018*, 200; Bank of Japan, Research and Statistics Department, "Recent Developments of Japan's External Trade and Corporate Behavior," October 2007 (English translation of Japanese original released August 27, 2007), https://www.boj.or.jp/en/research/brp/ron_2007/data/ron0710a.pdf; Hitoshi Sasaki, "Import Competition and Manufacturing Employment in Japan," Bank of Japan working paper 07-E-25 (2007).
7. Gabriel Zucman, *The Hidden Wealth of Nations* (Chicago: University of Chicago Press, 2015); Annette Alstadsaeter, Niels Johannesen, and Gabriel Zucman, "Tax Evasion and Inequality," *American Economic Review* 109 (2019): 2073–2103.
8. "OECD Secretary-General Report to the G20 Leaders," Osaka, Japan, June 2019; Ernesto Crivelli, Ruud de Mooij, and Michael Keenan, "Base Erosion, Profit Shifting, and Developing Countries," IMF working paper WP/15/118 (2015); Jane Gravelle, "Tax Havens: International Tax Avoidance and Evasion," Congressional Research Service Report R40623 (2013); Thomas Wright and Gabriel Zucman, "The Exorbitant Tax Privilege," NBER working paper 24983 (2018).
9. 参考文献の一例は以下。 Micah White and Kalle Lasn, "The Call to Occupy Wall Street Resonates around the World," *Guardian*, September 19, 2011; Naomi Klein, "Occupy Wall Street: The Most Important Thing in the World Now," *Nation*, October 6, 2011, https://www.thenation.com/article/archive/occupy-wall-street-most-important-thing-world-now/.
10. Michael E. Waugh, "The Consumption Response to Trade Shocks," NBER working paper 26353 (2019).
11. Percy Ashley, *Modern Tariff History: Germany, United States, France* (London: John Murray, 1920), 297–306; Douglas A. Irwin, "From Smoot-Hawley to Reciprocal Trade Agreements," in *The Defining Moment: The Great Depression and American Trade Policy in the Twentieth Century*, ed. Michael Bordo et al. (Chicago: University of Chicago Press, 1998), 343; United States, *Reciprocal Trade Agreement between the United States of America and Cuba* (Washington, DC: Government Printing Office, 1934). ジャーナリストPhilip Stephensによると、サッチャー首相はドイツが規制を強化して英国製芝刈り機の輸入を実質的に禁止するのを防ぐため、EUに芝刈り機の騒音に関する規制を導入するよう求

2002–2019," accessed March 15, 2020, https://ec.europa.eu/eurostat/statistics-explained/index.php?title=Intra-EU_trade_in_goods_-_main_features&oldid=452727#Evolution_of_intra-EU_trade_in_goods:_2002-2019.
6. Anna Ignatenko, Faezeh Raei, and Borislava Mircheva, "Global Value Chains: What Are the Benefits and Why Do Countries Participate?" IMF working paper 19/19 (2019).
7. Yuqing Xing, "How the iPhone Widens the U.S. Trade Deficit with China: The Case of the iPhone X," VoxEU, November 11, 2019, https://voxeu.org/article/how-iphone-widens-us-trade-deficit-china-0; Logan Lewis and Ryan Monarch, "Causes of the Global Trade Slowdown," Federal Reserve Board International Finance Discussion Paper note, 2016, https://www.federalreserve.gov/econresdata/notes/ifdp-notes/2016/files/causes-of-the-global-trade-slowdown-20161110.pdf; Jin Hongman, "China's Practice in Statistics of Goods for Processing," presentation, United Nations Regional Seminar on Trade Statistics, Beijing, October 24–26, 2011.
8. Scott Kennedy, *China's Risky Drive into New-Energy Vehicles* (Washington, DC: Center for Strategic and International Studies, 2018).
9. Tom Hancock and Yizhen Jia, "China Pays Record $22bn in Corporate Subsidies," *Financial Times*, May 27, 2018.
10. Bela Belassa, "Trade Liberalisation and 'Revealed' Comparative Advantage," *Manchester School* 33 (1965): 99–123; S. M. Ali Abbas and Alexander Klemm, "A Partial Race to the Bottom: Corporate Tax Developments in Emerging and Developing Economies," IMF working paper WP/12/28 (2012); United Nations, *Design and Assessment of Tax Incentives in Developing Countries* (New York: UN, 2018); Dorsati H. Madani and Natàlia Mas-Guix, "The Impact of Export Tax Incentives on Export Performance: Evidence from the Automotive Sector in South Africa," World Bank policy research working paper 5585 (2011).
11. Greg Leroy, *The Great American Jobs Scam* (San Francisco: Berrett-Koehler, 2005); Mike Pare and Dave Flessner, "Volkswagen Won Most Subsidies in Tennessee, but Were They All Necessary?" *Chattanooga Times Free Press*, September 16, 2017; Jason Spencer, "Spartanburg Takes a Look Back at Landing BMW," *State*, July 13, 2014; David Wren, "BMW's South Carolina Plant Remains Top Car Exporter Despite Higher Tariffs," *Post and Courier*, March 8, 2019; European Commission, "State Aid Scoreboard 2018," accessed March 15, 2020, http://ec.europa.eu/competition/state_aid/scoreboard/index_en.html; John Lester, "Business Subsidies in Canada," University of Calgary School of Public Policy Publications, *SPP Research Paper* 11, no. 1 (January 2018).
12. "Global Production Patterns from a European Perspective," *ECB Economic Bulletin* 6 (2016): 44; European Central Bank, "Understanding the Weakness in Global Trade," occasional paper 178 (2016), 30.

16章 グローバル化の代償

1. Ragnhild Balsvik, Sissel Jensen, and Kjell G. Salvanes, "Made in China, Sold in Norway: Local Labor Market Effects of an Import Shock," IZA discussion paper no. 8324 (2014); Vicente Donoso, Víctor Martín, and Asier Minondo, "Do Differences in the Exposure to Chinese Imports Lead to Differences

April Wortham, "In Quake's Wake, Honda's U.S. Suppliers Lend a Hand," *Automotive News*, August 20, 2007.

8. 2004年1月26日、「同時多発テロ事件に関する独立調査委員会」（National Commission on Terrorist Attacks Upon the United States）におけるRobert C. Bonner（米国税関・国境警備局（CBP）局長）の証言。National Commission on Terrorist Attacks upon the United States archived website, https://govinfo.library.unt.edu/911/hearings/hearing7/witness_bonner.htm.
9. 参照文献の一例は以下。Genevieve LeBaron, *The Global Business of Forced Labor: Report of Findings* (Sheffield, UK: University of Sheffield Political Economy Research Institute, 2018).
10. "Statistics on Safeguard Measures," WTO, accessed April 20, 2019, https://www.wto.org/english/tratop_e/safeg_e/safeg_e.htm#statistics.
11. Vasco M. Carvalho, Makoto Nirei, Yukiko Saito, and Alireza Tahbaz-Salehi, "Supply Chain Disruptions: Evidence from the Great East Japan Earthquake," Columbia Business School research paper no. 17-5 (2016); Christoph E. Boehm, Aaron Flaaen, and Nitya Pandalai-Nayar, "The Role of Global Supply Chains in the Transmission of Shocks: Firm-Level Evidence from the 2011 Tōhoku Earthquake," *FEDS Notes*, Federal Reserve Board, May 2, 2016.
12. Sharon Silke Carty and Elaine Kurtenbach, "Tohoku Disaster May Bring Automakers to Their Knees," *Japan Times*, March 29, 2011.
13. Hans Greimel, "How Toyota Applied the Lessons of 2011 Quake," *Automotive News*, April 25, 2016; Thomas J. Holmes and Ethan Singer, "Indivisibilities in Distribution," NBER working paper 24525 (April 2018).

15章　グローバル金融危機

1. World Bank, *Market Access for Developing-Country Exports* (Washington, DC: World Bank, 2001), 9; Wei, "Foreign Direct Investment"; Federico and Tena Junguito, "Tale of Two Globalizations," abstract. 直接投資に関する統計の出典はUNCTAD、銀行融資の統計は国際決済銀行（BIS）。
2. Kate Kelly and Serena Ng, "Bear Stearns Bails Out Fund With Big Loan," *Wall Street Journal*, June 23, 2007.
3. Meredith A. Crowley and Xi Luo, "Understanding the Great Trade Collapse of 2008–09 and the Subsequent Trade Recovery," *Economic Perspectives* 35, no. 2 (2011): 45; Richard Baldwin and Daria Taglioni, "The Great Trade Collapse and Trade Imbalances," in *The Great Trade Collapse: Causes, Consequences and prospects*, ed. Baldwin (London: Centre for European Policy Research, 2009), 47.
4. Kiyoyasu Tanaka, "Trade Collapse and International Supply Chains: Japanese Evidence," 201–8, and Ryuhei Wakasugi, "Why Was Japan's Trade Hit So Much Harder?" 209–22, both in Richard Baldwin, *Great Trade Collapse*.
5. Logan T. Lewis, Ryan Monarch, Michael Sposi, and Jing Zhang, "Structural Change and Global Trade," Federal Reserve International Finance Discussion Paper 1225 (2018); Przemyslaw Wozniak and Malgorzata Galar, "Understanding the Weakness in Global Trade," European Commission Economic Brief 033 (2018); US Bureau of Economic Analysis and US Census Bureau, US Imports of Goods by Customs Basis from Mexico, retrieved from FRED, Federal Reserve Bank of St. Louis, May 22, 2019, https://fred.stlouisfed.org/series/IMPMX; Eurostat, "Evolution of intra-EU trade in goods:

注

13章　洋上の巨人

1. Daniel Jessel, "Banking on the Dragon," *Fairplay*, January 6, 2005.
2. A. P. Møller-Maersk A/S, *Annual Report 2003*, 10–12.
3. この部分の考察は以下の文書からとった。Maersk Archives, Department 131, Stubkjaers Secretariat, boxes 229488 and 229470 and various chronological notebooks.
4. Robert Wright, "World's Fastest Containerships Mothballed," *Financial Times*, February 22, 2010.
5. UNCTAD, *Review of Maritime Transport 2003* (New York: UN, 2003), 63; quotation from Knud Stubkjaer, then head of Maersk Line, i. "Maersk Deal Will Stir Up Liners," *Fairplay*, May 19, 2005.
6. 2005年に運航していた最大のコンテナ船の積載量は9200 TEUと報告されている。以下を参照。*Containerisation International Yearbook 2005*, 7. エマ・マースク号の積載量は1万5500 TEUと報告されている。出典は以下。*Containerisation International Yearbook 2012*. その前年のyearbookは同船の積載量を1万4770 TEUと記している。積載量の数字は、前提となるコンテナ当たり平均積載量をどう算定するかによっても変わってくる。Gregory Richards, "Emma Maersk May Be as Big as a Container Ship Can Get," *Virginian-Pilot* (Norfolk, VA), August 23, 2006.
7. "Are Shipbuilders Hurtling Towards Overcapacity?" *Fairplay*, September 8, 2005.
8. Peter T. Leach, "Shakeup at Maersk," *Journal of Commerce*, July 1, 2007.

14章　想定外のリスク

1. Brent Hunsberger, "Worried about Lockout at West Coast Ports, Some Importers Cancel Orders," *Oregonian*, October 3, 2002; John Gallagher, "Shippers' Nightmare," *Traffic World*, October 14, 2002; David Teather, "Gap Warns of Knock-On as US Dock Strike Ends," *Guardian*, October 11, 2002; Daniel B. Wood, "Dock Backlog Likely to Hit Christmas Sales," *Christian Science Monitor*, October 10, 2002; Danielle Herubin, "Retailers Say They Think Port Delays Will Cause Toy Shortages for Christmas," *Orange County Register*, October 29, 2002.
2. Peter V. Hall, "'We'd Have to Sink the Ships': Impact Studies and the 2002 West Coast Port Lockout," *Economic Development Quarterly* 18 (2004): 354–67.
3. Freeman, *Behemoth*, 138–44.
4. Andrew Pollack, "Shortage of Memory Chips Has Industry Scrambling," *New York Times*, March 12, 1988; Jason Amaral, Corey A. Billington, and Andy A. Tsay, "Safeguarding the Promise of Production Outsourcing," *Interfaces* 36 (2006): 220–33.
5. Ila Manuj, "Risk Management in Global Sourcing: Comparing the Business World and the Academic World," *Transportation Journal* 52 (2013): 80–107 (quotes 92).
6. Stephan M. Wagner and Christoph Bode, "An Empirical Investigation into Supply Chain Vulnerability," *Journal of Purchasing and Supply Management* 12 (2006): 301–12; "BMW to Recall Faulty Diesel Cars," *BBC News*, February 1, 2005, news.bbc.co.uk/2/hi/business/4227159.stm.
7. Amy Chozick, "A Key Strategy of Japan's Car Makers Backfires," *Wall Street Journal*, July 20, 2007;

cial Deregulation and Integration in East Asia, ed. Takatoshi Ito and Anne O. Krueger (Chicago: University of Chicago Press, 1996), 77–105; Joshua B. Freeman, *Behemoth* (New York: Norton, 2017), 272–74.

12章 分散する価値

1. Andrea Andrenelli, Iza Lejàrraga, Sébastien Miroudot, and Letizia Montinari, "Micro-evidence on Corporate Relationships in Global Value Chains," OECD trade policy paper 227 (2019).
2. Samuel J. Palmisano, "The Globally Integrated Enterprise," *Foreign Affairs*, May–June 2006.
3. Alex Barker and Peter Campbell, "Honda Faces the Real Cost of Brexit in a Former Spitfire Plant," *Financial Times*, June 29, 2018; US National Highway Traffic Safety Administration (NHTSA), "Part 583 American Automobile Labeling Act Reports," NHTSA, June 4, 2019, https://www.nhtsa.gov/part-583-american-automobile-labeling-act-reports.
4. Andrew B. Bernard, J. Bradford Jensen, Stephen J. Redding, and Peter K. Schott, "Global Firms," *Journal of Economic Literature* 56 (2018): 565–619; John R. Baldwin and Beiling Yan, "Global Value Chain Participation and the Productivity of Canadian Manufacturing Firms," Institute for Research in Public Policy, March 17, 2016, https://on-irpp.org/2JDRQsR.
5. Marc J. Melitz and Daniel Trefler, "Gains from Trade when Firms Matter," *Journal of Economic Perspectives* 26 (2012): 91–118; Carolyn Freund and Martha Denisse Pierola, "The Origins and Dynamics of Export Superstars," Peterson Institute of International Economics working paper 16–11 (2016); Ricardo Monge-González, *Moving up the Global Value Chain: The Case of Intel Costa Rica* (Lima: International Labour Organization, 2017).
6. IHS Markit, "iPhone 3G S Carries $178.96 BOM and Manufacturing Cost, iSuppli Teardown Reveals," press release, Omdia, June 24, 2009, https://technology.ihs.com/389273/iphone-3g-s-carries-17896-bom-and-manufacturing-cost-isuppli-teardown-reveals.
7. Yuqing Xing and Neal Detert, "How the iPhone Widens the United States Trade Deficit with the People's Republic of China," Asian Development Bank Institute working paper 257 (2010).
8. iPhone 3Gの純利益についての情報は公表されていない。ここで挙げている1台当たり推定利益は、2009年度の全四半期とも同社の売上高純利益率（約19%）を、iPhone 3Gの平均販売価格に適用して算出した。また売上高純利益率は純利益を総収入で割って計算した。iPhone全機種と関連商品がアップルの売上に占める割合は2009年度が30%、2010年度が39%で、iPhone 3Gの売上高純利益率は同社全体のそれを上回った可能性もあれば、下回った可能性もある。
9. Teresa C. Fort, "Technology and Production Fragmentation: Domestic versus Foreign Sourcing," *Review of Economic Studies* 84 (2017): 650–87; Richard Baldwin and Javier Lopez-Gonzalez, "Supply-Chain Trade: A Portrait of Global Patterns and Several Testable Hypotheses," *World Economy* 38 (2015): 1682–721.
10. この部分の出典は以下。OECD-WTO Trade in Value Added database.
11. WTO, *World Trade Statistical Review 2017*, table A54, https://www.wto.org/english/res_e/statis_e/wts2017_e/wts2017_e.pdf.

Three's Outsourcing Plan: Make Parts Suppliers Do It," *Wall Street Journal*, June 20, 2004.

10. Nicholas R. Lardy, "China's WTO Membership," *Policy Brief* (Brookings Institution), April 1, 1999; Loren Brandt, Johannes Van Biesebroeck, Luhang Wang, and Yifan Zhang, "WTO Accession and Performance of Chinese Manufacturing Firms," *American Economic Review* 107 (2017): 2784–820, and the related correction at *American Economic Review* 109 (2019): 1616–21; Chang-Tai Hsieh and Zheng Song, "Grasp the Large, Let Go of the Small: The Transformation of the State Sector in China," *Brookings Papers on Economic Activity* (2015): 295–362.
11. Office of the US Trade Representative, "Background Information on China's Accession to the World Trade Organization," December 11, 2001, https://ustr.gov/archive/Document_Library/Fact_Sheets/2001/Background_Information_on_China%27s_Accession_to_the_World_Trade_Organization.html; Alan Matthews and K. Ingersent, "The WTO Negotiations in the Field of Agriculture and Food," European Parliament Directorate-General for Research, working paper AGRI 135 EN (2001), 58–59; Joseph Fewsmith, "The Political and Social Implications of China's Accession to the WTO," *China Quarterly* 167 (2001): 573–91.
12. WTO, "Special and Differential Treatment Provisions in WTO Agreements and Decisions," WT/COMTD/W/239 (October 12, 2018).
13. Peter T. Kilborn, "Wal-Mart's 'Buy American' " *New York Times*, April 10, 1985; Nelson Lichtenstein, *The Retail Revolution* (New York: Metropolitan Books, 2009), 159–78; David Barboza and Elizabeth Becker, "Free of Quotas, China Textiles Flood the U.S.," *New York Times*, March 20, 2005; Mei Fong, "Trade Disputes Cause Liz Claiborne to Change China Sourcing Levels," *Wall Street Journal*, September 29, 2005; "Trade in Value Added (TiVA): Origin of Value Added in Gross Imports: 5," OECD.Stat, December 2018, https://stats.oecd.org/.
14. James Kynge, *China Shakes the World* (Boston: Houghton Mifflin, 2006), 57–60.
15. 輸入品は1992年に加重平均で41%の関税を課されたが、1997年には16%に低下。だが一部の輸入品は2001年に至っても100%以上の関税を課されていた。以下を参照。Dani Rodrik, "What's So Special about China's Exports," NBER working paper 11947 (2006). GDPに対する輸出の割合は世界銀行のデータ。
16. Surafael Girma, Yundan Gong, Holger Görg, and Zhihong Yu, "Can Production Subsidies Explain China's Export Performance?: Evidence from Firm Level Data," *Scandinavian Journal of Economics* 111 (2009): 862–91; Zhi Wang and Shang-Jin Wei, "What Accounts for the Rising Sophistication of China's Exports," NBER working paper 13771 (2008). 1990年代末に提供されていた補助金の一部についての中国政府の説明については以下を参照。WTO, "Accession of the People's Republic of China," Annex 5A, WT/L/432 (November 23, 2001).
17. USITC, *Certain Passenger and Light Truck Vehicle Tires from China*, Publication 4085 (Washington, DC: USITC, 2009), and *Certain Passenger and Light Truck Vehicle Tires from China*, Publication 4545 (Washington, DC: USITC, 2015).
18. OECD, "Measuring Distortions in International Markets: The Aluminum Value Chain," *OECD Trade Policy Papers* 218 (2019).
19. 他の事例については以下を参照。Usha C. V. Haley and George T. Haley, *Subsidies to Chinese Industry* (Oxford: Oxford University Press, 2013).
20. OECD, "Recent Developments in the Automobile Industry," *Economics Department Policy Notes* 7 (2011); Shang-Jin Wei, "Foreign Direct Investment in China: Sources and Consequences," in *Finan-*

15. Chong-Hyun Nam, "Protectionist U.S. Trade Policy and Korean Exports," in *Trade and Protectionism*, ed. Takatoshi Ito and Anne O. Krueger (Chicago: University of Chicago Press, 1993), 183–222; USITC, *DRAMS of One Megabit and Above from the Republic of Korea*, Publication 2629 (Washington, DC: USITC, 1993), I-99.
16. Kim Gyu-Pan, "Korea's Economic Relations with Japan," *Korea's Economy* 31 (2017): 23–29. OECD Trade in Value Added databaseによれば、2015年の中国のエレクトロニクス・光学製品の付加価値の源泉は 21%が韓国に由来していた。"Trade in Value Added (TiVA): Origin of Value Added in Gross Imports," OECD.Stat, December 2018, https://stats.oecd.org.

11章 中国製品の光と影

1. Carl E. Walter and Fraser J. T. Howie, *Red Capitalism* (Singapore: Wiley, 2011), 32, 153.
2. Joe Studwell, *How Asia Works* (London: Profile Books, 2013), 184; USITC, *China's Economic Development Strategies and Their Effects on U.S. Trade*, Publication 1645 (Washington, DC; USITC, 1985), 23–32.
3. Dennis Tao Yang, Vivian Weija Chen, and Ryan Monarch, "Rising Wages: Has China Lost Its Global Labor Advantage?" *Pacific Economic Review* 15 (2010): 482–504; Don Oberdorfer, "Trade Benefits for China Are Approved by Carter," *Washington Post*, October 24, 1979. 欧州共同体は1970年代末に中国製品に対する関税を引き下げた。欧州議会はソ連には同様の特恵関税を与えなかったが、これは人権問題、特にユダヤ人に対する移住制限が原因だった。
4. 1986年当時、世界の工業品輸出に占める中国市場の割合は1%以下だった。
5. GATT脱退に関しては以下を参照。Monica Hsiao, "China and the GATT," *Pacific Basin Law Journal* 12 (1994): 433–34.
6. Donald C. Clarke, "GATT Membership for China?" *University of Puget Sound Law Review* 17 (1994): 517–31; Preeg, *Brave New World*, 106.
7. Dori Jones Yang and Maria Shao, "China's Push for Exports Is Turning into a Long March," *Business Week*, September 15, 1986, 66. 天安門事件の死者数には諸説ある。駐中国英国大使アラン・ドナルドがロンドンに送った1989年6月5日付公電は「第27集団軍による残虐行為」に触れ、「一般市民の死者は最低に見積もって1万人」とした。当時の米政府の報告書によれば、「一般市民の死者は一部の報道機関が報じた3000人より少なかったと思われるが、公式発表の数字を上回っていたことは確実」と結論づけている。中国政府の発表は数百人という数字を挙げており、日本の共同通信は7000人としている。Cable, US Embassy, Beijing, to Secretary of State, "What happened on the night of June 3/4?" June 19, 1989. 鄧小平の引用出典は以下。Liang Zhang (compiler), *The Tiananmen Papers*, ed. Andrew J. Nathan and Perry Link (New York: Public Affairs, 2001).
8. Roderick MacFarquhar, "Deng's Last Campaign," *New York Review of Books*, December 17, 1992; "Full Text of Jiang Zemin's Report at 14th Party Congress," *Beijing Review*, accessed March 15, 2020, http://www.bjreview.com.cn/document/txt/2011–03/29/content_363504.htm.
9. Takashi Kawakami, "Uniqlo's China Factories Key to Success," *Nikkei Asian Review*, October 21, 2014, https://asia.nikkei.com/Business/Uniqlo-s-China-factories-key-to-success. ゼネラル・モーターズは1997年に中国における最初の調達事務所を設置した。以下を参照。Norihiko Shirouzu, "Big

Economies," ed. Hisao Kanamori, Center Paper 29, Japan Economic Research Center (September 1976), 33; Yoshimitsu Imuta, "Transition to a Floating Exchange Rate," in *A History of Japanese Trade and Industry Policy*, ed. Mikiyo Sumiya (Oxford: Oxford University Press, 2000), 528; Sueo Sekiguchi, "Japan: A Plethora of Programs," in *Pacific Basin Industries in Distress*, ed. Hugh Patrick (New York: Columbia University Press, 1991), 437.

7. William Diebold Jr., *Industrial Policy as an International Issue* (New York: McGraw-Hill, 1980), 162; Japan Automobile Manufacturers Association, *Motor Vehicle Statistics of Japan 2014* (s.l., 2014) 16, 32.
8. Gary R. Saxonhouse, "Industrial Restructuring in Japan," *Journal of Japanese Studies* 5 (1979): 273–320; Steven Englander and Axel Mittelstädt, "Total Factor Productivity: Macroeconomic and Structural Aspects of the Slowdown," *OECD Economic Survey* 10 (1988): 36. 「産業空洞化deindustrialization」という言葉を広めたのは以下。Barry Bluestone and Bennett Harrison, *The Deindustrialization of America* (New York: Basic Books, 1982).
9. 米国の競争力低下と日本の躍進を警告した多くの文献の一例は以下。Ezra F. Vogel, *Japan as Number One* (Cambridge, MA: Harvard University Press, 1979); Bruce R. Scott and George C. Lodge, eds., *U.S. Competitiveness in the World Economy* (Boston: Harvard Business School Press, 1985); and Clyde V. Prestowitz Jr., *Trading Places: How We Allowed Japan to Take the Lead* (New York: Basic Books, 1988)（のちに副題を変えて再版）
10. Jimmy Carter, "American Bolt, Nut, and Large Screw Industry Memorandum from the President," December 22, 1978, Pub. Papers (1978, bk 2), 2284; "Proclamation 4632—Temporary Duty Increase on the Importation into the United States of Certain Bolts, Nuts, and Screws of Iron or Steel," January 4, 1979, Pub. Papers (1979), 3; US Department of Commerce, International Trade Administration, "An Economic Assessment of the United States Industrial Fastener Industry (1979 to 1986)," March 1987; Gary Clyde Hufbauer and Howard Rosen, *Trade Policy for Troubled Industries* (Washington, DC: Institute for International Economics, 1986), 20.
11. Stephen D. Cohen, "The Route to Japan's Voluntary Export Restraints on Automobiles," working paper no. 20, National Security Archive (1997); USITC, *A Review of Recent Developments in the U.S. Automobile Industry Including an Assessment of the Japanese Voluntary Restraint Agreements* (Washington, DC: USITC, 1985), 4–11. The Reagan quote appeared in Richard J. Cattani, "Carter, Reagan Cast for Votes among Blacks, Auto Workers," *Christian Science Monitor*, September 3, 1980.
12. Dale W. Jorgenson and Masahiro Kuroda, "Productivity and International Competitiveness in Japan and the United States, 1960–1985," in *Productivity Growth in Japan and the United States*, ed. Charles R. Hulten, (Chicago: University of Chicago Press, 1991), 45; Philip Turner and Jean-Pierre Tuveri, "Some Effects of Export Restraints on Japanese Trading Behavior," *OECD Economic Studies* 2 (1984): 94–107.
13. Amsden, *Asia's Next Giant*, 69–80 (Park quote 69; Amsden quote 80); Somi Seong, "Competition and Cooperation among Asian Countries and the Future Prospect of Korean Industrial Policy," working paper, Korea Development Institute, January 1, 1996.
14. Hee-Yhon Song, "Economic Miracles in Korea," in *Economic Interaction in the Pacific Basin*, ed. Lawrence B. Krause and Sueo Sekiguchi (Washington, DC: Brookings Institution, 1980), 117–46. 以下の文献によれば製造部門は1963年から1980年にかけて年平均で17.1%成長したという。Kwang Suk Kim, "Lessons from Korea's Industrialization Experience," Korea Development Institute monograph no. 8105 (1981).

9. Ole Andersen, "The Rise and Fall of German Shipping," *Shippingwatch*, May 2014.
10. Ulrike Dauer, "Commerzbank Moves to Repay More State Aid," *Wall Street Journal*, March 13, 2013; Arno Schuetze and Jan Schwartz, "State Owners Sell Germany's HSH Nordbank to Buyout Groups," Reuters, February 28, 2018, https://uk.reuters.com/article/us-hsh-nordbank-sale/state-owners-sell-germanys-hsh-nordbank-to-buyout-groups-idUKKCN1GC1YJ; UNCTAD, *Review of Maritime Transport 2018* (New York: UN, 2018), 29.
11. Myrto Kalouptsidi, "Detection and Impact of Industrial Subsidies: The Case of Chinese Shipbuilding," *Review of Economic Studies* 85 (2018): 1111–58. 2009年に立ち上げられた別の補助金プログラムでは、中国の国有企業に古い船を廃棄し、汚染の少ない新しい船を購入するよう奨励し、こちらも同様の効果があった。マースクでは2007年4月にコスト比較を行っている。"Container Market Crash on the Horizon?" *Fairplay*, September 22, 2005; "New Decade of Bursting Yards Predicted," *Fairplay*, October 13, 2005.
12. Margot Roosevelt, "Battles Erupt over Warehouse Jobs as the Legislature Moves to Curb Subsidies," *Los Angeles Times*, May 13, 2019; Office of Inspector General, United States Postal Service, "Terminal Dues in the Age of Ecommerce," RARC-WP-16-OU3 (December 14, 2015).

10章 輸出のかさ上げ

1. 補助金の範囲や金額については以下を参照。WTO, *World Trade Report 2006* (Geneva: WTO, 2006).
2. Steve Dryden, *Trade Warriors* (New York: Oxford University Press, 1995), 38.
3. James T. Walker, "Voluntary Export Restraints between Britain and Japan: The Case of the UK Car Market (1971–2001)," *Business History* 59 (2017): 35–55; Laurent Warlouzet, "Towards a European Industrial Policy?: The European Economic Community (EEC) Debates, 1957–1975," in *Industrial Policy in Europe after 1945*, ed. C. Grabas and A. Nützenadel (London: Palgrave Macmillan, 2014), 213–35; Christian Marx, "A European Structural Crisis Cartel as a Solution to a Sectoral Depression?" *Economic History Yearbook* 58 (2017): 163–97; Étienne Davignon, interview with Étienne Deschamps, Brussels, Centre virtuel de la connaissance sur l'Europe, January 14, 2008, www.cvce.eu; Stuart W. Leslie, "The Biggest 'Angel' of Them All: The Military and the Making of Silicon Valley," in *Understanding Silicon Valley*, ed. Martin Kenney (Stanford, CA: Stanford University Press, 2000), 48–67.
4. Arvind Panagariya, "Evaluating the Case for Export Subsidies," World Bank policy research working paper 2276 (2000).
5. I. M. Destler, Haruhiro Fukui, and Hideo Sato, *The Textile Wrangle: Conflict in Japanese-American Relations, 1969–1971* (Ithaca, NY: Cornell University Press, 1979), 66 (Nixon quote); "Agreement on Wool and Man-made Fibers" in US Department of State, *United States Treaties and Other International Acts*, vol. 23, part 3 (Washington, DC: Government Printing Office, 1972), 3167; Japan guidance quote from Japan Industrial Structure Council, *Japan in World Economy: Japan's Foreign Economic Policy for the 1970s* (Tokyo: Ministry of International Trade and Industry, 1972), 48–50.
6. Takafusa Nakamura, *The Postwar Japanese Economy: Its Development and Structure, 1937– 1994* (Tokyo: University of Tokyo Press, 1981), 224; Konosuke Odaka, "Are We at the Verge of a Stagnant Society?" in "Recent Developments of Japanese Economy and Its Differences from Western Advanced

8. George W. Grayson, *The Mexico-U.S. Business Committee* (Rockville, MD: Montrose, 2017), 96–98.
9. General Agreement on Tariffs and Trade (GATT): Punta del Este Declaration (September 20, 1986), SICE Foreign Trade Information System, http://www.sice.oas.org/trade/punta_e.asp.
10. *Washington Post*, December 14, 1992. Perot's statement was made during the second presidential debate of the 1992 election campaign, October 15, 1992.
11. Ernest H. Preeg, *Traders in a Brave New World* (Chicago: University of Chicago Press, 1995), 165–73; quote from "The Uruguay Round," WTO, accessed February 2, 2019, https://www.wto.org/english/thewto_e/whatis_e/tif_e/fact5_e.htm.
12. IMF and World Bank, *Market Access for Developing Countries' Exports* (2001), 15–25.
13. Arvind Subramanian and Martin Kessler, "The Hyperglobalization of Trade and its Future," Peterson Institute for International Economics working paper 13–6 (2013), 24; WTO Regional Trade Agreements Information System, https://rtais.wto.org/UI/PublicMaintainRTAHome.aspx.
14. Christian Marx, "Reorganization of Multinational Companies in the Western European Chemical Industry," *Enterprise and Society* 21 (2020): 38–78.

9章　歯科医の船

1. オナシスOnassisについては以下を参照。Harlaftis, *Creating Global Shipping*, 193.
2. 鉄鋼生産に関するデータ出典は世界鉄鋼協会（World Steel Association）。引用の出典は以下。Center for Naval Analysis, "A Brief History of Shipbuilding in Recent Times," CRM D0006988.A1/Final (September 2002); OECD, *Trade and Structural Adjustment: Embracing Globalization* (Paris: OECD, 2005), 244–51; OECD Working Party on Shipbuilding, "Imbalances in the Shipbuilding Industry and Assessment of Policy Responses," C/WP6(2016)6/final (April 2017). 1956年から1970年にかけての米国の造船補助は10億ドルを超えた。US House of Representatives, Committee on Ways and Means, *Trade with Japan*, Serial 96–121 (Washington, DC: Government Printing Office, 1980), 123, citing Ira C. Magaziner and Thomas M. Hout, *Japanese Industrial Policy* (London: Policy Studies Institute, 1980).
3. Alice H. Amsden, *Asia's Next Giant: South Korea and Late Industrialization* (New York: Oxford University Press, 1989), 269–90.
4. 1984年、韓国の造船所は予定した船の購入ができなくなった船会社にコンテナ船6隻を貸し出した。Lars Bruno and Stig Tenold, "The Basis for South Korea's Ascent in the Shipbuilding Industry, 1970–1990," *Mariner's Mirror* 97 (2011): 201–17.
5. OECD Council Working Party on Shipbuilding, "Peer Review of Japanese Government Support Measures to the Shipbuilding Sector," C/WP6(2012)26 (2012), 7.
6. "Fünfte Kolonne," *Der Spiegel*, April 16, 1973.
7. Erik Lindner, *Die Herren der Container* (Hamburg: Hoffmann und Campe Verlag, 2008), 87–97, quote 91.
8. European Commission, "Community Guidelines on State Aid to Maritime Transport," 97/C 205 (July 5, 1997), 11; European Commission, "Community Guidelines on State Aid to Maritime Transport," 2004/C 13 (January 17, 2004), 6.

Pelletier, "Privatization in Developing Countries: What Are the Lessons of Recent Experience?" *World Bank Research Observer* 33 (2018): 65–102. 民営化の利点を主張した例は以下を参照。Alberto Chong and Florencio Lópes-de-Silanes, eds., *Privatization in Latin America: Myths and Reality* (Washington, DC: World Bank, 2005).

13. Shane Greenstein, *How the Internet Became Commercial* (Princeton NJ: Princeton University Press, 2015).

8章 国際貿易協定の拡大

1. GDPに占める貿易の割合（推定値）は以下を参照。Findlay and O'Rourke, "Commodity Market Integration," 41. 世界貿易機関（WTO）のデータによれば、EC6カ国の商品輸出は1960年から1973年にかけて、平均値で384％、デンマークは218％、英国は79％、アイルランドは299％増加した。
2. 1984年2月15日、欧州議会でのトルンThornの演説。Commission of the European Communities, *Programme of the Commission for 1984* (Luxembourg: Office for Official Publications of the EC, 1984), 8, 10.
3. 生産性に関するデータの出典は以下。Conference Board's Total Economy Database; "Key Issues for Talks," *New York Times*, June 8, 1984; Herbert Giersch, "Eurosclerosis," Kiel Discussion Papers no. 112, Institut für Weltwirtschaft, Kiel (1985), 4.
4. Commission of the European Communities, *Completing the Internal Market*, COM 85(310) (Brussels, June 14, 1985); Eichengreen, *European Economy*, 345.
5. 単一欧州議定書（Single European Act）は1986年に調印されたが、1987年のデンマークおよびアイルランドの批准で正式発効した。
6. 1979年、米国との国境地帯には540の工場（「マキラドーラ」と呼ばれる）が稼働していた。製品はメキシコ国内で販売できなかった。以下を参照。Leslie Sklair, *Assembling for Development* (Boston: Unwin Hyman, 1989). ポルティーヨ大統領の発言は1979年2月14日、メキシコシティでのカーター大統領との会談におけるもの。以下を参照。"Memorandum of Conversation," in *Foreign Relations of the United States, Foreign Relations 1977–1980*, vol. 23, *Mexico, Cuba, and the Caribbean*, ed. Alexander O. Poster (Washington, DC: Government Publishing Office, 2016), 358.
7. ロナルド・レーガン大統領は北米自由貿易という考え方の発案者とされることもある。例えば以下。"Ronald Reagan's Announcement for Presidential Candidacy," Ronald Reagan Presidential Library, November 13, 1979, https://www.reaganlibrary.gov/11-13-79. しかし3カ国の協議が提案されたのはこれが初めてではなかった。1977年2月5日、ホワイトハウスでのカーター＝ポルティーヨ会談で、メキシコ外相サンチャゴ・ロエル・ガルシアは「メキシコ・カナダ・米国という北米の3つの民主国家の間で協議があれば有益と思う」と述べた。以下を参照。*Foreign Relations 1977–1980*, 23: 289. ただし、ガルシア発言は契機とはならなかった。以下を参照。Richard Lawrence, "Hopes for Closer U.S.-Mexican Ties Deflate," *Journal of Commerce*, May 13, 1982; comments of Deputy US Trade Representative Alan Wolff, "Summary of Conclusions of a Policy Review Committee Meeting," January 19, 1979, *Foreign Relations 1977–1980*, 23: 344; and Robert J. McCartney, "Mexico to Lower Trade Barriers, Join GATT," *Washington Post*, November 26, 1979.

注

7章 第三のグローバル化の火付け役

1. Vincent P. Carosso and Richard Sylla, "U.S. Banks in International Finance," in *International Banking 1870–1914*, ed. Rondo Cameron and V. I. Bovykin (New York: Oxford University Press, 1991), 68; Roberts, *Saving the City*, 169, 195.
2. Tommaso Padoa-Schioppa and Fabrizio Saccomanni, "Managing a Market-Led Global Financial System," in *Managing the World Economy: Fifty Years after Bretton Woods*, ed. Peter B. Kenen (Washington, DC: Institute for International Economics, 1994), 262.
3. Herbert Baum, "Possibilities and Limits of Regulation in Transport Policy," in *Possibilities and Limits of Regulation in Transport Policy*, by European Conference of Ministers of Transport (ECMT) (Paris: ECMT, 1983), 5–106.
4. Walter Y. Oi and Arthur P. Hurter, *Economics of Private Truck Transportation* (Dubuque, IA: W. C. Brown, 1965).
5. Bureau of Transport Economics, "Overview of Australian Road Freight Industry: Submission to National Inquiry, 1983" (Canberra: Australian Government Publishing Service, 1984); Michael Beesley, "UK Experience with Freight and Passenger Regulation," in *The Role of the State in a Deregulated Market*, by ECMT (Paris: ECMT, 1991), 45–76; Martha Derthick and Paul J. Quirk, *The Politics of Deregulation* (Washington, DC: Brookings Institution, 1985), 36.
6. 9件の法律は以下。Railroad Revitalization and Regulatory Reform Act (1976), the Air Cargo Deregulation Act (1977), the Airline Deregulation Act (1978), the Motor Carrier Regulatory Reform and Modernization Act (1980), the Household Goods Transportation Act (1980), the Staggers Rail Act (1980), the Bus Regulatory Reform Act (1982), the Shipping Act (1984), and the Surface Freight Forwarder Deregulation Act (1986).
7. 1978年、米国の貨物列車は40件に1件の割合で予約が取れなかった。以下を参照。US General Accounting Office, *Economic and Financial Impacts of the Staggers Rail Act of 1980* (Washington, DC: Government Printing Office, 1990), 55. 鉄道への損害賠償請求は常に運賃収入の1.3%を超えていた。以下を参照。Marc Levinson, "Two Cheers for Discrimination: Deregulation and Efficiency in the Reform of U.S. Freight Transportation, 1976–1988," *Enterprise and Society* 10 (2009): 178–215.
8. Aden C. Adams and Carl W. Hoeberling, "The Future of Contract Rates," *ICC Practitioners' Journal* 47 (1980): 661–64; US Federal Maritime Commission, *Section 18 Report on the Shipping Act of 1984* (Washington, DC: Federal Maritime Commission, 1989), 162, 178.
9. "Rates on Overseas Phone Calls Decline," *New York Times*, May 19, 1982; US Census Bureau, *Statistical Abstract of the United States 1992* (Washington, DC: Government Printing Office, 1990).
10. Guillermo Barnes, "Lessons from Bank Privatization in Mexico," World Bank policy research working paper WPS 1027 (1992).
11. Mary M. Shirley, "The What, Why, and How of Privatization: A World Bank Perspective,"*Fordham Law Review* 60 (1992): S23–S36.
12. Brian Pinto and Sergei Ulatov, "Financial Globalization and the Russian Crisis of 1998," World Bank policy research working paper 5312 (2010); World Bank, *Economic Growth in the 1990s: Learning from a Decade of Reform* (Washington, DC: World Bank, 2005), 192 (quote); Saul Estrin and Adeline

2. 免税限度額はPublic Law 87–132にて引き下げられた。外国証券取得に課せられる金利平衡税（Interest Equalization Tax）はPublic Law 88–563で1964年に施行されたが、1963年7月まで遡って適用された。ブレトンウッズ体制の崩壊については以下を参照。Paul Volcker and Toyoo Gyohten, *Changing Fortunes* (New York: Times Books, 1992), 18–136; Eichengreen, *Globalizing Capital*, ch. 4.
3. Eric Helleiner, *States and the Reemergence of Global Finance* (Ithaca, NY: Cornell University Press, 1994), 101–6 (quote 101).
4. Federal Deposit Insurance Corporation (FDIC), *History of the Eighties: Lessons for the Future*, vol. 1, *An Examination of the Banking Crises of the 1980s and Early 1990s* (Washington, DC: FDIC, 1997), 196–97; Harold James, "International Capital Movements and the Global Order," in Neal and Williamson, *Cambridge History of Capitalism*, 285.
5. 1970年代半ばにフォード大統領の経済顧問だったウィリアム・シードマンがのちに記したところによると、「私も含めフォード政権全体が、オイルダラーを低開発国に回すことが有益であり、恐らく愛国者の務めでもあると大手銀行に伝えた」。以下を参照。Seidman, *Full Faith and Credit* (New York: Crown, 1993), 38. リストンの言葉は、その後も形を変えながら本人が繰り返したもので、初出はリストンの以下の記事だが、リストンのオリジナルではない。"Banking against Disaster," *New York Times*, September 14, 1982.
6. Basel Committee on Bank Supervision, "Report to the Governors on the Supervision of Banks' Foreign Establishments," September 26, 1975.
7. Gerardo Della Paolera and Alan M. Taylor, "A Monetary and Financial Wreck: The Baring Crisis, 1890–91," in *Straining at the Anchor*, ed. Della Paolera and Taylor (Chicago: University of Chicago Press, 2001), 67–79; Kris James Mitchener and Marc D. Weidenmier, "The Baring Crisis and the Great Latin American Meltdown of the 1890s," *Journal of Economic History* 68 (2008): 462–500; Jon R. Moen and Ellis W. Tallman, "The Bank Panic of 1907: The Role of Trust Companies," *Journal of Economic History* 52 (1992): 611–30; Anna Grodecka, Seán Kenny, and Anders Ögren, "Predictors of Bank Distress: The 1907 Crisis in Sweden," Lund Papers in Economic History 180 (2018); Mary T. Rodgers and James E. Payne, "How the Bank of France changed U.S. Equity Expectations and Ended the Panic of 1907," *Journal of Economic History* 74 (2014): 420–48; Richard Roberts, *Saving the City: The Great Financial Crisis of 1914* (Oxford: Oxford University Press, 2013), 195–227.
8. 世界銀行によれば低・中所得国の外貨建て債務は1982年末に6010億ドルと見積もられているが、これにはアルゼンチン（1982年に440億ドル）、ポーランド（270億ドル）など、複数の主要債務国の借款は含まれていない。
9. Susan M. Collins and Wong-Am Park, "External Debt and Macroeconomic Performance in South Korea," in *Developing Country Debt and the World Economy*, ed. Jeffrey Sachs (Chicago: University of Chicago Press, 1989), 121–40; Rüdiger Dornbusch, "Our LDC Debts," in *The United States in the World Economy*, ed. Martin S. Feldstein (Chicago: University of Chicago Press, 1988), 192.
10. Volcker and Gyohten, *Changing Fortunes*, 226.
11. International Monetary Fund (IMF), *Annual Report 1985* (Washington, DC: IMF, 1985), 21; Jerome I. Levinson, "A Perspective on the Debt Crisis," *American University International Law Review* 4 (1989): 504–8; Lois M. Plunkert, "The 1980's: A Decade of Job Growth and Industry Shifts," *Monthly Labor Review*, September 1990, 3–16.

working paper 21782 (2015); *Reciprocal Trade Agreement between the United States of America and Nicaragua*, effective October 1, 1936, US Department of State Executive Agreement Series, No. 95. 関税同盟と自由貿易協定に関する文言はGATT article XXIV。
4. 97 Cong. Rec. 10842 (August 30, 1951); Food and Agriculture Organization, *The State of Food and Agriculture 1948* (Washington, DC: Food and Agriculture Organization, 1948), 4–12.
5. Benn Steil, *The Marshall Plan* (Princeton, NJ: Princeton University Press, 2017).
6. Barry Eichengreen, *The European Economy since 1945: Coordinated Capitalism and Beyond* (Princeton, NJ: Princeton University Press, 2007), 6. 米国はマーシャル・プランとは別に、西ドイツと日本の経済に大きな影響力を行使し、両国は戦後何年も占領軍の統治を受けた。
7. 引用はRobert Schumanの1950年5月9日の演説より。協定の正式名は以下。Treaty Constituting the European Coal and Steel Community, April 18, 1951 (*American Journal of International Law* 46, no. S4 (1952): 107–48, doi:10.2307/2213971).
8. Eichengreen, *European Economy*, 82, 84. 生産性と所得のデータはGroningen Growth and Development Centre及びConference Board Total Economy Databaseに基づく。いずれもAngus Maddisonが出典。イタリアの輸出については以下を参照。Alfred Maizels, *Industrial Growth and World Trade* (Cambridge: Cambridge University Press, 1963), 479.
9. Maizels, *Industrial Growth*, 8, 133–34, 535, 539.
10. Maizels, 122–23, 243.
11. Quoted in Marc Levinson, *An Extraordinary Time* (New York: Basic Books, 2016), 36–46.
12. David M. G. Newbery and Joseph E. Stiglitz, *The Theory of Commodity Price Stabilization* (Oxford: Oxford University Press, 1981), 13; UNCTAD, Convention on a Code of Conduct for Liner Conferences, Geneva, April 6, 1974, UN *Treaty Series* 1334: 15 and 1365: 360, article 2.
13. UNCTAD, *Review of Maritime Transport 1968* (New York: UN, 1968), 4.

5章 コンテナ革命

1. Marc Levinson, *The Box: How the Shipping Container Made the World Smaller and the World Economy Bigger*, 2nd ed. (Princeton, NJ: Princeton University Press, 2016), 21–46.（マルク・レビンソン『コンテナ物語——世界を変えたのは「箱」の発明だった（増補改訂版）』2019年、日経BP）
2. Quoted in *Containers*, no. 12 (December 1954), 20. Author's translation.
3. Levinson, *Box*, 47–71.
4. US International Trade Commission (USITC), *Automotive Trade Statistics 1964–80*, Publication 1203, December 1981 (Washington, DC: USITC, 1981).
5. Joseph Grunwald and Kenneth Flam, *The Global Factory* (Washington, DC: Brookings, 1985).

6章 ホットマネーの功罪

1. より専門的考察は以下を参照。Robert Triffin, *Gold and the Dollar Crisis* (New Haven, CT: Yale University Press, 1960).

Wayne State University Press, 1964); "Ford in Europe: A Historical Timeline," *Automotive News*, June 2, 2003; Petri Paju and Thomas Haigh, "IBM Rebuilds Europe: The Curious Case of the Transnational Typewriter," *Enterprise and Society* 17 (2016): 281; Wilkins and Hill, *American Business Abroad*, 132, 145; Don Nerbas, *Dominion of Capital: The Politics of Big Business and the Crisis of the Canadian Bourgeoisie, 1914–1947* (Toronto: University of Toronto Press, 2013), 170; Geoffrey Jones, *Multinationals and Global Capitalism* (Oxford: Oxford University Press, 2005), 81.

13. McKeown, "Global Migration, 1846–1940."
14. Òscar Jordà, Moritz Schularick, and Alan M. Taylor, "Microfinancial History and the New Business Cycle Facts," in *NBER Macroeconomics Annual 2016*, ed. Martin Eichenbaum and Jonathan A. Parker (Chicago: University of Chicago Press, 2017), 213–63; Harold James, *The End of Globalization: Lessons from the Great Depression* (Cambridge, MA: Harvard University Press, 2001).
15. 1948年の米労働省の推定値によれば、1930年の文民労働人口4982万に対し、失業者数は434万人とされ、失業率は8.7%ということになる。このデータも含む推定値については以下を参照。Stanley Lebergott, "Labor Force, Employment, and Unemployment, 1929–1939: Estimating Methods," *Monthly Labor Review*, July 1948, 50–53. 農業労働者の賃金については以下を参照。US Census Bureau, *Historical Statistics of the United States*, Bicentennial Ed. (Washington, DC: Government Printing Office, 1976), 468. 経済成長の推定値（購買力平価による名目ドル値で表現）の出典は以下。J. P. Smits, P. J. Woltjer, and D. Ma, "A Dataset on Comparative Historical National Accounts, ca. 1870–1950: A Time-Series Perspective," Groningen Growth and Development Centre research memorandum GD-107 (2009).
16. 実効関税率の計算法はさまざまである。一例はIrwin, *Peddling Protectionism*, 103–6.
17. 引用はIrwin, 170–74より。世界の工業品輸出高は1930年に15%下落した。以下を参照。Statistical Office of the United Nations, "International Trade Statistics, 1900–1960," draft paper (1962), UN Trade Statistics, https://unstats.un.org/unsd/trade/data/tables.asp#historical. スムート・ホーリー関税法は同年半ばに制定された。
18. Peter S. Jacks, "From Boom to Bust: A Typology of Real Commodity Prices in the Long Run," NBER working paper 18874 (2016); Peter H. Lindert and Jeffrey G. Williamson, "Does Globalization Make the World More Unequal?" in Bordo, Taylor, and Williamson, *Globalization in Historical Perspective*, 264.

4章　第二のグローバル化

1. Barry Eichengreen and Peter Temin, "Fetters of Gold and Paper," NBER working paper 16202 (2010); Barry Eichengreen, *Golden Fetters: The Gold Standard and the Great Depression, 1919–1939* (New York: Oxford University Press, 1992).
2. Barry Eichengreen, *Globalizing Capital* (Princeton, NJ: Princeton University Press, 2008), ch. 4; Lawrence H. Officer, "Exchange Rates between the United States Dollar and Forty-one Currencies," MeasuringWorth, 2018, http://www.measuringworth.com/exchangeglobal/; ロビンソンの引用はWilkins, *History of Foreign Investment*, 566.
3. Chad P. Bown and Douglas A. Irwin, "The GATT's Starting Point: Tariff Levels circa 1947," NBER

る。William L. Silber, *When Washington Shut Down Wall Street* (Princeton, NJ: Princeton University Press, 2007).

2. Mira Wilkins, *The History of Foreign Investment in the United States, 1914–1945* (Cambridge, MA: Harvard University Press, 2004), 9, 22–37. Wilkinsは1914年の外国からの対米投資（債務を含む）を71億ドルと見積もっている。当時の米国のGNPは345億ドルだった。
3. J. A. Salter, *Allied Shipping Control: An Experiment in International Administration* (Oxford: Clarendon, 1921), 1.
4. Wilkins, *History of Foreign Investment*, 15–16. ドイツの貿易データは以下参照。Giovanni Federico and Antonio Tena Junguito, "Federico-Tena World Trade Historical Database: Europe," e-cienciaDatos, V1, 2018, doi:10.21950/XBOWYN. 封鎖の効果についての当局の分析については以下を参照。"Memorandum in Regard to the Present Position of the Blockade, January 1st, 1917," War Cabinet, Miscellaneous Records, UK National Archives CAB1/22.
5. 1914年、Peninsular & Oriental (P&O)は総積載量110万トンと、Royal Mail Steamship Companyに次ぐ大手2位だった。以下を参照。Gordon Boyce, *Information, Mediation, and Institutional Development: The Rise of Large-Scale British Shipping, 1870–1919* (Manchester: Manchester University Press, 1995), 128. China Navigationについては以下を参照。Miller, *Maritime World*, 88–93. Salter, *Allied Shipping Control*, 24–29, 352–53.
6. Salter, *Allied Shipping Control*, 80–81, 123, 355–59. Salterによれば、戦争中、中立国や協商側が失った船舶トン数は約 1250万トン。開戦当初、これらの国の所有船舶トン数は約3100万トンなので、損失率は40%にのぼった。中国とペルシャの貿易量推定値については以下を参照。Giovanni Federico and Antonio Tena Junguito, "Federico-Tena World Trade Historical Database: Asia," e-cienciaDatos, V2, 2018, doi:10.21950/05CZKM.
7. Miller, *Maritime World*, 243–44.
8. Margaret Macmillan, *Versailles 1919* (New York: Random House, 2001), 13.
9. Giovanni Federico and Antonio Tena Junguito, "Federico-Tena World Trade Historical Database: World Trade," e-cienciaDatos, V2, 2018, doi:10.21950/JKZFDP; Maurice Obstfeld and Alan M. Taylor, "Globalization in Capital Markets," in Bordo, Taylor, and Williamson, *Globalization in Historical Perspective*, 141.
10. 1921年産業保護法の法律番号は11 & 12 Geo. 5, c. 47である。US Department of Commerce and Labor, *Foreign Tariff Notes* 42 (Washington, DC: Government Printing Office, 1921), 188; Douglas A. Irwin, *Peddling Protectionism* (Princeton, NJ: Princeton University Press, 2011), 17; Edward S. Kaplan, "The Fordney-McCumber Tariff of 1922," *EH.Net Encyclopedia*, ed. Robert Whaples, March 16, 2008, https://eh.net/encyclopedia/the-fordney-mccumber-tariff-of-1922/. Michael Clemens and Jeffrey G. Williamsonの指摘によれば、この時代の関税の多くは価格でなく、品物の個数ないし重さに対して課されていたから、価格が下がれば、価格に占める関税の比率は上がった。以下を参照。"A Tariff-Growth Paradox: Protectionism's Impact the World Around, 1875–1997," NBER working paper 8459 (2001).
11. Saif I. Shah Mohammed and Jeffrey G. Williamson, "Freight Rates and Productivity Gains in British Tramp Shipping 1869–1950," *Explorations in Economic History* 41 (2004): 172–203; Fiona Scott Morton, "Entry and Predation: British Shipping Cartels, 1879–1929," *Journal of Economics and Management Strategy* 6 (1997): 679–724; Estevadeordal, Frantz, and Taylor, "Rise and Fall."
12. Mira Wilkins and Frank Ernest Hill, *American Business Abroad: Ford on Six Continents* (Detroit:

13. Campbell Gibson and Emily Lennon, "Nativity of the Population and Place of Birth of the Native Population, 1850 to 1990," US Census Bureau, Population Division, revised October 31, 2011, https://www.census.gov/population/www/documentation/twps0029/tab01.html; Stefan Zweig, *The World of Yesterday* (New York: Viking, 1943; repr. Lincoln: University of Nebraska Press, 1964), 194; Barry R. Chiswick and Timothy J. Hatton, "International Migration and the Integration of Labor Markets," in *Globalization in Historical Perspective*, ed. Michael D. Bordo, Alan M. Taylor, and Jeffrey G. Williamson (Chicago: University of Chicago Press, 2003), 81.
14. Adam McKeown, "Global Migration, 1846–1940," *Journal of World History* 15 (2004): 155–89.
15. Dunning, "Changes in the Level," 87–88; Hein A. M. Klemann, "The Central Commission for Navigation on the Rhine," in *The Rhine: A Transnational Economic History*, ed. Ralf Banken and Ben Wubs (Baden Baden: Nomos, 2017), 31–68; Leslie Hannah, "Logistics, Market Size, and Giant Plants in the Early Twentieth Century: A Global View," *Journal of Economic History* 68 (2008): 46–79; Sidney Pollard, "The Integration of European Business in the 'Long' Nineteenth Century," *Vierteljahrschrift für Sozial- und Wirtschaftsgeschichte* 84, no. 2 (1997): 156–70.
16. 1906年、米国のヨーロッパ向け輸出に工業製品が占める割合は27%で、その大半は銅製錬や石油精製など、付加価値は極小だった。以下を参照。US Department of Commerce and Labor, *Exports of Manufactures from the United States and Their Distribution by Articles and Countries, 1800 to 1906* (Washington, DC: Government Printing Office, 1906), 32–33, and Douglas Irwin, "Explaining America's Surge in Manufactured Exports, 1880–1913," *Review of Economics and Statistics* 85 (2003): 364–76. ベルギー領コンゴについては以下を参照。Maya Jasanoff, *The Dawn Watch* (New York: Penguin, 2017), 205–10.
17. Pomeranz, *Great Divergence*, 55; David Chilosi and Giovanni Federico, "Asian Globalizations: Market Integration, Trade, and Economic Growth, 1800–1938," London School of Economics Department of Economic History working paper 183 (2013). アジア・アフリカ・中南米のデータは以下を参照。John R. Hanson for *Trade in Transition: Exports from the Third World, 1840–1900* (New York: Academic, 1980)（2018年8月9日にEconomic History Associationのeh.netにて閲覧）。世界貿易の各国シェアは以下を参照。Federico and Tena Junguito, "World Trade, 1800–1938."
18. 英国の摂取カロリーについては以下を参照。Michael Miller, *Europe and the Maritime World* (Cambridge: Cambridge University Press, 2012), 218. GNPに比して貿易額が少ないとの推定は以下を参照。Ronald Findlay and Kevin H. O'Rourke, "Commodity Market Integration, 1500–2000," in Bordo, Taylor, and Williamson, *Globalization in Historical Perspective*, 13–64. より高い推定値を挙げているのは以下。Federico and Tena Junguito, "World Trade, 1800–1938," and Giovanni Federico and Antonio Tena Junguito, "Federico-Tena World Trade Historical Database: World Share Primary Products Exports and Imports," e-cienciaDatos, V2, 2018, doi:10.21950/O53TLR.
19. US Department of Commerce and Labor, *Exports of Manufactures*, 5, 34. 材料の価格は1905年の数字。

3章　戦間期の後退

1. H.G.S. Noble, *The New York Stock Exchange in the Crisis of 1914* (Garden City, NY: Country Life, 1915), 12. Nobleは「銅鑼gong」と書いているが、取引所の銅鑼は1903年に鐘に取り替えられてい

from Trade and Openness 1800–2010," *Review of World Economics* 153 (2017): 601–26, and Michel Fouquin and Jules Hugot, "Back to the Future: International Trade Costs and the Two Globalizations," Centre d'études prospectives et d'informations internationales, working paper no. 2016–13 (2016).

6. Sven Beckert, *Empire of Cotton: A Global History* (New York: Knopf, 2015), 199–241, 306–7, 334; Roderick Floud and Bernard Harris, "Health, Height, and Welfare: Britain 1700–1980," in *Health and Welfare During Industrialization*, ed. Richard H. Steckel and Floud (Chicago: University of Chicago Press, 1997), 91–126; Charles Dickens, *Oliver Twist*, ch. 50.
7. Pomeranz, *Great Divergence*, 33; Richard E. Baldwin and Philippe Martin, "Two Waves of Globalisation: Superficial Similarities, Fundamental Differences," NBER working paper 6904 (1999).
8. C. Knick Harley, "Ocean Freight Rates and Productivity, 1740–1913," *Journal of Economic History* 48 (1988): 857–58. Harleyのデータによると、米国からリヴァプールに入港する平均的な船が積んでいた綿は1859年時点で約140万ポンド（700トン）だったのに対し、1820年は22万9000ポンド（115トン）だった。この考察は以下の出典のデータに基づいている。Federico and Tena Junguito, "World Trade, 1800–1938." また以下の文献は運賃の低下と貿易の増大の因果関係は双方向に働くことを力説している。David S. Jacks and Krishna Pendakur, in "Global Trade and the Maritime Transport Revolution," *Review of Economics and Statistics* 92 (2010): 745–55.
9. 1870年代の東アジア貿易や太平洋貿易では、まだ帆船が主流だった。以下を参照。Bert Becker, "Coastal Shipping in East Asia in the Late Nineteenth Century," *Journal of the Royal Asiatic Society Hong Kong Branch* 50 (2010): 245–302, and Max E. Fletcher, "The Suez Canal and World Shipping, 1869–1914," *Journal of Economic History* 18, no. 4 (1958): 556–73. 米国に関しては以下を参照。Charles H. Fitch, "Report on Marine Engines and Steam Vessels in the United States Merchant Service" (1880), in *Report on Power and Machinery Employed in Manufactures*, by US Department of the Interior (Washington, DC: Department of the Interior, Census Office, 1888). 1876年まで、英国の造船所で建造された船舶の大半は帆船だった。以下を参照。 Mark Dunkley, *Ships and Boats, 1840–1950* (s.l.: Historic England, 2016). 貨物料金については以下を参照。Douglass C. North, "Ocean Freight Rates and Economic Development 1750–1913," *Journal of Economic History* 18 (1958): 537–55; Federico and Tena Junguito, "World Trade, 1800–1938."
10. Gelina Harlaftis, *Creating Global Shipping* (Cambridge: Cambridge University Press, 2019); Håken Lobell, "Foreign Exchange Rates, 1804–1914," Swedish Rjksbank, https://www.riksbank.se/globalassets/media/forskning/monetar-statistik/volym1/6.pdf, table A-6, accessed March 15, 2020.
11. Antoni Estevadeordal, Brian Frantz, and Alan M. Taylor, "The Rise and Fall of World Trade, 1870–1939," *Quarterly Journal of Economics* 188 (2003): 359–407; Findlay and O'Rourke, *Power and Plenty*, 404–5.
12. Dong-Woon Kim, "J. & P. Coats as a Multinational before 1914," *Business and Economic History* 26 (1997): 526–39; Alan Green and M. C. Urquhart, "Factor and Commodity Flows in the International Economy of 1870–1914: A Multi-Country View," *Journal of Economic History* 36 (1976): 217–52; Kevin H. O'Rourke and Jeffrey G. Williamson, "Introduction: The Spread of and Resistance to Global Capitalism," in Neal and Williamson, *Cambridge History of Capitalism*, 11; John H. Dunning, *Studies in International Investment* (London: George Allen and Unwin, 1970), 171; John H. Dunning, "Changes in the Level and Structure of International Production: The Last One Hundred Years," in *The Growth of International Business*, ed. Mark Casson (London: George Allen and Unwin, 1983), 84–139.

1750–1830," in *The Workplace before the Factory: Artisans and Proletarians, 1500–1800*, ed. Thomas Max Safley and Leonard N. Rosenband (Ithaca, NY: Cornell University Press, 1993), 31.

11. N.S.B. Gras, "The Origin of the National Customs-Revenue of England," *Quarterly Journal of Economics* 27 (1912): 107–49; Eli F. Heckscher, *Mercantilism*, vol. 1, trans. Mendel Schapiro (London: George Allen and Unwin, 1935), 57, 77; Johannes Hasebroek, *Trade and Politics in Ancient Greece*, trans. L. M. Fraser and D. C. Macgregor (London: G. Bell and Sons, 1933), 161; Fritz Machlup, *A History of Thought on Economic Integration* (London: Palgrave Macmillan, 1977), 107; Findlay and O'Rourke, *Power and Plenty*, 287.
12. 引用は以下。Heckscher, *Mercantilism*, 85; Joseph H. Davis and Douglas Irwin, "Trade Disruptions and America's Early Industrialization," National Bureau of Economic Research (NBER) working paper 9944 (2003).
13. Hironori Asakura, *World History of the Customs and Tariffs* (World Customs Organization, 2003, e-book), 188–96.
14. "William III, 1698: An Act to prevent the Exportation of Wool out of the Kingdoms of Ireland and England into Forreigne parts and for the Incouragement of the Woollen Manufactures in the Kingdom of England," in *Statutes of the Realm*, vol. 7, *1695–1701*, ed. John Raithby (s.l.: Great Britain Record Commission, 1820), 524–28. Lord Cornbury to Charles Hedges, July 15, 1705, in "America and West Indies: July 1701, 11–20," in *Calendar of State Papers Colonial, America and West Indies*, vol. 22, *1704–1705*, ed. Cecil Headlam (London: Stationery Office, 1916), 567–84.
15. Markus Zbroschzyk, "Die preußische Peuplierungspolitik in den rheinischen Territorien Kleve, Geldern und Moers" (PhD dissertation, University of Bonn, 2014).
16. Zhuo Li, Laura Panza, and Yong Song, "The Evolution of Ottoman-European Market Linkages, 1469–1914," working paper, August 28, 2017, https://mpra.ub.uni-muenchen.de/80953/; Pomeranz, *Great Divergence*, 53; Joel Mokyr, *Lever of Riches: Technological Creativity and Economic Progress* (Oxford: Oxford University Press, 1992), 98.

2章 第一のグローバル化

1. John P. Henderson, *The Life and Economics of David Ricardo* (New York: Springer, 1995), 81–82, 105–11, 120; David Weatherall, *David Ricardo: A Biography* (The Hague: Martinus Nijhoff, 1976), 5, 13.
2. David Ricardo, *The Works of David Ricardo, Esq., M.P.* (Union, NJ: The Lawbook Exchange, 2000), 385, 75.
3. Larry Neal and Jeffrey G. Williamson, "The Future of Capitalism," in *The Cambridge History of Capitalism*, ed. Neal and Williamson (Cambridge: Cambridge University Press, 2014), 532.
4. "An Act to repeal the Laws relative to Artificers going into Foreign Parts," 5 Geo. 4 c. 97. リカードの役割については以下の出典における 1824年2月12日のJoseph Hume の発言を参照。*Hansard*, 10 Parl. Deb. (2nd ser.) (1824) col. 141. 廃止された法律の中で最も有名なのは1846年に廃止された穀物法である。
5. Findlay and O'Rourke, *Power and Plenty*, 314, 325. 第一のグローバル化の時期については以下の出典を参照。Giovanni Federico and Antonio Tena-Junguito, "A Tale of Two Globalizations: Gains

national Monetary Fund working paper WP/19/92 (2019).

1章 グローバル化の夢

1. ハーゼンクレヴァーの生涯と事業については以下を参照。Marc Levinson, “Peter Hasenclever (1716–1793),” in *Immigrant Entrepreneurship: German-American Business Biographies, 1720 to the Present*, vol. 1, ed. Marianne S. Wokeck (Washington, DC: German Historical Institute), last updated January 4, 2016, https://www.immigrantentrepreneurship.org/entry.php?rec=224.
2. Audrey W. Douglas, “Cotton Textiles in England: The East India Company's Attempt to Exploit Developments in Fashion, 1660–1721,” *Journal of British Studies* 8 (1969): 28–43; David Hancock, *Citizens of the World* (Cambridge: Cambridge University Press, 1995), ch. 6. アフリカの奴隷貿易の推定規模の出典は以下。Slave Voyages database, www.slavevoyages.org.
3. Ole J. Benedictow, “The Black Death: The Greatest Catastrophe Ever,” *History Today* 55, no. 3 (2005): 42–49.
4. Kenneth Pomeranz, *The Great Divergence: Europe, China, and the Making of the Modern World Economy* (Princeton, NJ: Princeton University Press, 2000), 117, 157. ハンザ同盟の貿易に関する試算の出典は以下。International Maritime Museum, Hamburg.
5. Sheilagh Ogilvie, *The European Guilds: An Economic Analysis* (Princeton, NJ: Princeton University Press, 2019), 229; Giovanni Federico and Antonio Tena Junguito, “World Trade, 1800–1938: A New Data Set,” EHES Working Papers in Economic History, no. 93 (2016); Hendrik Van den Bert, *International Economics: A Heterodox Approach* (Abingdon, UK: Routledge, 2015), 85; Angus Maddison, *The World Economy*, vol. 1, *A Millennial Perspective* (Paris: Organisation for Economic Co-operation and Development [OECD], 2006), 95. 2018年の世界の全船舶を合わせた輸送力は、以下によれば19億トンだった。United Nations Conference on Trade and Development (UNCTAD), *Review of Maritime Transport 2019* (New York: UN, 2019),.
6. Frederic Chapin Lane, *Venetian Ships and Shipbuilders of the Renaissance* (Baltimore: Johns Hopkins University Press, 1934; repr. Westport, CT: Greenwood, 1975), 13–24, 239.
7. Maddison, *World Economy*, 64, 84; Filipe Castro, Nuno Fonseca, and Audrey Wells, “Outfitting the Pepper Wreck,” *Historical Archaeology* 44 (2010): 14–34.
8. Ronald Findlay and Kevin H. O'Rourke, *Power and Plenty* (Princeton, NJ: Princeton University Press, 2007), 307.
9. Dan Bogart, “The Transport Revolution in Industrializing Britain: A Survey,” in *Cambridge Economic History of Britain 1700 to 1870*, ed. Roderick Floud and Jane Humphries, 3rd ed. (Cambridge: Cambridge University Press, 2014), 370; W.H.R. Curtler, *A Short History of English Agriculture* (Oxford: Clarendon, 1909), ch. 17.
10. Fernand Braudel, *The Mediterranean and the Mediterranean World in the Age of Philip II*, vol. 1, trans. Sian Reynolds (Berkeley, CA: University of California Press, 1995), 432; J.K.J. Thomson, “Industrial Structure in Pre-industrial Languedoc,” in *Manufacture in Town and Counry before the Factory*, ed. Maxine Berg, Pat Hudson, and Michael Sonenscher (Cambridge: Cambridge University Press, 1983), 75; Christopher Clark, “Social Structure and Manufacturing before the Factory: Rural New England,

注

はじめに

1. Paul James and Manfred B. Steger, "A Genealogy of 'Globalization': The Career of a Concept," *Globalizations* 11 (2014): 417–34. James and Stegerによれば、globalizationという語の初出はJ. O. Decroly, *La fonction de globalisation et l'enseignement* (Brussels: Lamertin, 1929)という。*Oxford English Dictionary*によれば英語での最初の用例は1930年で、やはり教育関連だった。Theodore Levitt, "The Globalization of Markets," *Harvard Business Review*, May–June 1983, 92–102.
2. Jürgen Osterhammel and Niels P. Petersson, *Globalization: A Short History* (Princeton, NJ: Princeton University Press, 2005), 26; David Clingingsmith and Jeffrey G. Williamson, "Deindustrialization in 18th and 19th Century India," *Explorations in Economic History* 45 (2008): 209–34.
3. Ben Zimmer, "The Origins of the Globalist Slur," *Atlantic*, March 14, 2018, https://www.theatlantic.com/politics/archive/2018/03/the-origins-of-the-globalist-slur/555479/; *New York Times*, September 3, 1943.
4. 工業製品の貿易の成長率はGeneral Agreement on Tariffs and Trade, *International Trade 1986–87* (Geneva, 1987), 10, 18.より算出。多国籍企業multinational corporationという用語を最初に使ったのは投資銀行家のDavid Lilienthalで、本国以外で本国の経営者の指揮下で業務を行っている企業、と定義していた。以下参照。D. Eleanor Westney, "The Organizational Architecture of the Multinational Corporation," in *Orchestration of the Global Network Corporation*, ed. Laszlo Tihanyi et al. (Bingley, UK: Emerald Group, 2014), 7–10.
5. Philip Turner, "Capital Flows in the 1980s: A Survey of Major Trends," BIS Economic Paper no. 30, Bank for International Settlements, April 1991, 22; Simon Evenett, "The Cross-Border Mergers and Acquisitions Wave of the Late 1990s," in *Challenges to Globalization: Analyzing the Economics*, ed. Robert E. Baldwin and L. Alan Winters (Chicago: University of Chicago Press, 2004), 411–67.
6. James Goldsmith, *The Trap* (London: Carrol and Graf, 1994); Viviane Forrester, *L'horreur économique* (Paris: Fayard, 1996); Anthony Giddens, *Runaway World: How Globalisation is Reshaping Our Lives* (London: Profile Books, 1999); John Micklethwait and Adrian Wooldridge, *A Future Perfect* (New York: Crown, 2000).
7. John Tagliabue, "Eastern Europe Becomes a Center for Outsourcing," *New York Times*, April 19, 2007; William Greene, "Growth in Services Outsourcing to India: Propellant or Drain on the U.S. Economy?" US International Trade Commission Office of Economics, working paper 2006–01-A (2007), 4–6, 11–12, 15, quote A-4.
8. Donald Trump speech, West Palm Beach, Florida, October 13, 2016; "Le Pen Says Will Defend France against Globalization," Reuters, April 23, 2017, https://www.reuters.com/article/us-france-election-le-pen-idUSKBN17P0TW.
9. Chiara Criscuolo and Jonathan Timmis, "The Relationship between Global Value Chains and Productivity," *OECD International Productivity Monitor* 32 (2017): 61–83.
10. Federico J. Díez, Jiayue Fan, and Carolina Villegas-Sánchez, "Global Declining Competition," Inter-

［著者略歴］

マルク・レヴィンソン（Marc Levinson）

著名な経済学者であり、ジャーナリスト、歴史家。『ハーバード・ビジネス・レビュー』『ニューヨーク・タイムズ』『フォーリン・アフェアーズ』などに寄稿している。複雑な経済・財政問題を、一般市民にもわかりやすく解説することに定評がある。著書に『コンテナ物語――世界を変えたのは「箱」の発明だった』（日経BP社）、『例外時代』（みすず書房）など。

［訳者略歴］

田辺希久子（たなべ・きくこ）

翻訳家。主な訳書に『ザ・ビジョン[新版]』『新1分間マネジャー』『新1分間リーダーシップ』『ケン・ブランチャード リーダーシップ論 [完全版]』（以上ダイヤモンド社）、『真のダイバーシティをめざして』（上智大学出版）など。共著書に『英日日英 プロが教える基礎からの翻訳スキル』（三修社）など。

物流の世界史
——グローバル化の主役は、どのように「モノ」から「情報」になったのか？

2022年２月15日　第１刷発行

著　者——マルク・レヴィンソン
訳　者——田辺希久子
発行所——ダイヤモンド社
〒150-8409　東京都渋谷区神宮前6-12-17
https://www.diamond.co.jp/
電話／03･5778･7233（編集）　03･5778･7240（販売）

編集協力——坪井賢一
装丁————田村 梓(ten-bin)
本文デザイン —布施育哉
校正————加藤義廣(小柳商店)
DTP ———桜井 淳
製作進行——ダイヤモンド・グラフィック社
印刷・製本 —勇進印刷
編集担当——柴田むつみ

ISBN 978-4-478-10708-9